KB206487

도리천 가는 길

* 이 도서의 국립중앙도서관 출판예정도서목록(CIP)은 서지정보유통지원시스템 홈페이지
(http://seoji.nl.go.kr)와 국가자료공동목록시스템(http://www.nl.go.kr/kolisnet)에서
이용하실 수 있습니다. (CIP제어번호 : CIP2018008103)

도리천 가는 길 <1

먹이사슬의 서막

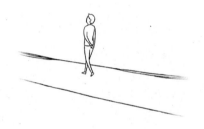

목차

1
장

저 때베 어둠만 있었다
물도 흙도
빛도 없었고
바람도 생명도 없었다

혼 불의 발정 · 15

도리천으로 가는 길 · 32

신神의 힘을 받아들이다 · 48

똥에서 진실을 찾아내다 · 56

똥에도 도의 향기가 있다네 · 74

**2
장**

미련도 공포도 없이
태연히 맞이할 수 있는
마음의 자세가
최고의 가치이다

삶과 죽음은 다르지 않다네 · 87

꿈꾸는 정글의 두 사자 · 100

인연을 찾아온 사랑 · 114

도의 본질과 타락한 섹스 · 130

참 사랑은 목숨을 들어 바치는 것 · 139

섹스는 도의 첫 사랑행위 · 157

참사랑으로 맺어진 인연 · 192

드러난 거짓 사랑의 본색 · 204

욕심으로 천하를 취하려 하는 자
절대로 취할 수 없음을 안다
천하는 신령한 그릇이라!

3
장

깨어난 악마의 자식들 · 227

배신자는 충성으로 위장한다 · 261

포식자들의 음흉한 그림자 · 305

제왕을 꿈꾸는 정글의 무법자 · 326

무법자의 주먹은 무자비하다 · 362

우주의 음양원리와 삶

필자는 여러 장르의 저서 30여 권을 출판하였다. 동양학, 힌두와 불교철학, 종교철학, 역사학, 문학, 음양학, 의학까지 두루 섭렵해서 어느 하나의 학문에만 매이지 않았다. 청년시절 맹호부대의 일원으로 2년간 월남전에 참전하던 중 당시 문화공보부 신춘문예 작품공모에 전쟁중에 피어난 이민족의 사랑과 이별을 그린 단편소설 <호랑이와 쥐와 새>로 응모하여 입선하였다. 그 후 약 10년 만에 수필 <내 영혼의 희망과 믿음에 대하여>를 출간하고 나서 20여 년간 글을 쓰지 않았다. 그 기간 동안 학문에 뜻을 세워 동양철학을 독학하며 수행에 전념하는 한편, 유학길에 올라 불교철학 종교역사철학박사, 명예문학박사 학위를 받았다.

필자는 여러 학문의 원류가 음양사상에 있음을 절감하고 우주의 원리를 찾기 위해 치열한 열정을 쏟았다. 그 결과 천지의 이치가 인간에 집약됨은 물론이요, 천지자연과 인간은 불가분의 관계에 있음을 깨닫고는 음양의 논리를 대입한 자연과학의 시각으로 동양의학 영역으로 심취해 들어갔다. 그리고 기어이 체질과 질병진단의 백미라 할만한 <32상진단법>을 완성해 『의명학』을 창시하여 학술원에 등록하였다. 거듭된 연구의 결과로 체질 맞춤형 한약재를 기능성 식품인 '의명환'으로 전환하고, 독특한 의술까지 창안해 "혈기통치

법"이라고 명명하였다.

　뿐만 아니라 동의보감에 버금갈만한 분량의 진단과 치료원리를 집대성한 의명학 원전인 『생로병사의 절대원리 의명보감』 전 5권을 완성한 후, 그 이치를 소설 형식으로 쉽게 푼 <생명의 열쇠>를 완필하였다.

　이어 『의명보감』을 원전으로 한 105개의 강의를 동영상으로 제작하여 널리 보급하고 있다. 『의명보감』 강의는 한의사와 한약사를 비롯하여 의사, 약사 등이 수강하고 있고, 마침내 일반인도 생로병사의 원리를 깨우치기 위해 열성을 쏟기에 이르렀다.

　필자가 젊은 시절부터 한 갑자를 거치며 열정을 쏟은 동양철학은 한마디로 우주원리인 음양사상으로 귀결된다. 인류의 영원한 숙제인 '생로병사의 비밀'이 우주의 음양원리에 숨겨져 있다는 것을 깨달았기 때문이다. 이 음양의 원리를 밝히고 있는 노자의 『도덕경』을 이야기로 쉽게 풀어 <도리천 가는 길> 3권으로 엮었다. 2010년 입춘 사흘 전부터 시작하여 5년여의 세월을 보내며 음양의 원리를 통해 사람이 살아가는 기본원리와 그 가치를 밝히고자 했으나 책 몇 권에 담아 세상에 내놓기가 부끄러웠다. 2년여의 부심 끝에 2017년 봄이 되어서야 예전의 글을 다듬어 이번 가을에 빛을 보게 되었다.

　필자는 동양철학을 바탕으로 한 이 소설을 통해 시중에 나도는 종교철학과 도덕경, 불경을 필자의 시선으로 다시 살펴보고, 한편으로는 잃어버린 한민족의 상고대 역사와 예언까지 들추어내며 우리의 정체성을 밝히는 데 많은 지면을 할애했다. 심오한 동양철학과 궤를 같이 하는 한민족의 역사를 통해 정글에 비유되는 인간사의 가지가

지를 이야기로 풀어내며 재미까지 더하려다 보니 고심도 그만큼 깊었다.

이 소설은 동양철학과 종교철학 내지는 한민족역사의 진실을 두루 섭렵하고 있다. 인문학으로서의 지식과 지혜도 두루 갖추고 있다고 감히 확신한다. 독자들이 이 소설을 통해 진정한 삶의 가치를 되돌아보고 삶을 새롭게 추스르는 계기가 되기를 기대한다. 필자는 전문 소설가가 아니기에 보람은 더욱 클 것이며 두고두고 행복한 추억에 젖을 것이다. 벌써부터 가슴이 설렌다.

독자 여러분의 행복을 기원한다.

2017년 10월

素山 鄭 慶 大

1장

저 때에 어둠만 있었다
놀도
흙도
빛도 없었고
바람도 생명도 없었다

잠에서 깨어난 그는
자신과 같은 생명을 번식시키고 싶었다.

혼불의 발견

저 때에 어둠만 있었다. 물도, 흙도, 빛도 없었고 바람도 생명도 없었다. 먼 훗날 인간으로부터 도 또는 신이라 불린 자만이 오직 혼자 잠들어 있었다. 그는 무엇으로부터 태어나지도 않았고, 무엇으로부터 만들어지지도 않은 스스로 탄생한 유일한 자였다.

그는 스스로 자신을 만들고 깊이 잠들었다. 그러다가 어느 순간 의식이 일어나고 콧구멍으로 숨을 토해냈다.

숨은 바람이 되어 그의 몸 안과 밖으로 퍼져나갔다. 바람은 어둠을 희미하게 밝히는 빛이 되었다. 그리고 열이 되고 물이 되고 흙이 되었다. 잠에서 깨어난 그는 자신과 같은 생명을 번식시키고 싶었다.

그런데 언제부터일까? 자신의 힘을 받아 뭇 생명을 번식시켜 줄 여자가 곁에 누워 있었다.

그가 물었다.

여자여, 그대는 언제부터 여기에 있었느냐?

여자가 대답했다.

당신이 태어나기 이전부터 나는 형체도 모습도 없는 어둠으로 존재하고 있었지요. 당신이 내 안에서 깨어나 숨을 쉬고 숨이 바람이 되어 나에게 불어오고 빛이 되어 나를 비출 때 비로소 모습 없는 어둠을 몸으로 당신 곁에 나투었답니다.

그는 혼자뿐이던 자신의 짝을 보자 번식욕이 강하게 일어났다. 그것은 천지만물을 탄생시키는 그의 혼불이며 번식을 위한 발정이었다. 그의 발정을 알아차린 여자가 기다리지 않고 먼저 신음소리를 내며 반듯하게 누웠다. 그는 여자 위에 몸을 싣고 뜨겁게 달구어진 성기를 위에서 아래로 내리 찔렀다.

그의 성기가 들어간 곳은 여자가 번식물을 쏟아내는 문이었다. 후일 곡신谷神이라고도 하고 현묘한 암컷의 문玄牝之門이라고도 불리는 그곳은 빛이 없는 깊은 계곡 같은 곳이었다.

그의 성기가 계곡 같은 여자의 문을 열고 힘차게 찌르고 들어가 깊숙한 곳에 번식의 물을 쏟아내자 여자의 은밀한 곳으로부터 솟아난 물과 한데 섞여 소용돌이가 거세게 일었다. 긴 소용돌이는 여자를 여러 번 쾌감으로 까물어치게 하였다. 그는 그때마다 만족한 미소를 머금었다.

그후에 여자는 배가 불러오고 드디어 여자의 현묘한 문이 우레소리와 함께 열렸다. 하늘과 땅 그리고 생명이 있는 것과 생명이 없는 것, 움직이는 것과 움직이지 않는 것 그 모든 만물이 현묘한 암컷의 열린 문으로부터 쉼 없이 태어나기 시작하였다.

<태어난 그 모든 것들은 그 자신이자 그의 혼불이 깃든 자식들이다.>

한성민은 꼿꼿이 앉은 자세에서 만물의 탄생을 상상으로 그려내었다. 그리고 생각을 이어갔다.

우주를 탄생시킨 유일한 자는 유일하므로 이름이 없다. 이름이 없으므로 신 또는 도라고 명칭을 붙이고 삼인칭으로 부르자.

그는 음양을 결합시킨 섹스로 만물을 탄생시켰다. 탄생된 만물과 나는 그의 정기로 생겨났다. 나의 육신 속에는 그의 혼불이 깃들었으며 살과 뼈와 피도 그로부터 받았다.

나는 그이자 그의 자식이다. 그러므로 나는 당연히 자식을 낳아야 하고 자식을 낳기 위해서는 섹스를 하지 않으면 안 된다. 섹스는 그가 처음으로 행한 번식행위이고 나는 그의 행위를 성스럽게 받아들여 재현해야 한다. 아, 그러려면 나에게 여인이 있어야 하는데 아직은 아무도 없다. 아무도 없지만 명상 중에 끌어들인 그의 섹스 행위를 그대로 나의 행위로 실천해보면 어떨까? 그것이 그가 최초로 행한 도의 실현이니까 수치가 아니지 않느냐?

한성민은 속으로 그렇게 자위하다가 깜짝 놀랐다. 또 다른 번뇌에 헤매고 있는 자신을 발견했던 것이다.

하지만 즉시 다른 생각이 떠올랐다. 명상할 때 명상을 방해하는 한 생각이 떠오르면 억지로 그 생각을 지우려 하지 말아야 한다. 그러면 또 다른 번뇌가 명상을 방해하게 된다. 차라리 떠오른 그 생각을 끝까지 따라가자. 그러면 그 생각의 끝에서 더 생각할 것이 없으므로 곧 무아에 들 수 있지 않을까?

명상의 깊음 속으로 진입하기 직전에는 어김없이 비온 뒤의 죽순처럼 솟아나오는 번뇌, 그것은 지금껏 영원히 무너뜨릴 수 없는 철옹성 같았다.

그런데 오늘따라 번뇌의 시작이 뜻밖에 태초를 열었던 도의 행진이었다는 점에서 예전의 번뇌와 사뭇 달라서 의아했다. 그것도 생각지도 못한 도와 인간의 섹스행위였다. 아마도 만물과 자신은 이름지을 수 없는 그 무엇이라 할 도로부터 탄생되었고, 탄생된 자신은 도의 분화물이어서 명상 중에 저절로 의식으로 깨어난 본능의 발로인 것 같았다.

섹스는 생명 있는 그 모든 것들의 번식행위이다. 그리고 번식행위는 도의 창조 본능을 그대로 내림받은 성스러운 의식儀式이다.

본성은 그러한 이치를 혼백이 하나였던 모태 속에서부터 알고 있었다. 그러나 태어남과 동시에 혼백이 갈라져 앎의 앎은 깊이를 알 수 없는 해저처럼 까마득한 의식의 저 밑바닥에 잠재돼 영원히 묻혀서 다시는 깨어나지 못한다. 하지만 오랜 세월 거듭해온 명상을 통해 앎을 품고 잠자던 의식이 깨어났던 것은 아닐까? 짧은 순간에 혼백이 하나로 묶여서 몇억 겁의 시공을 뛰어넘어 창조와 번식을 위한 도의 행위를 밝혀볼 수 있었을 것이다. 그것이야 말로 인간에게 성스러운 섹스행위로 내림되어 면면히 자식을 낳아 널리 번식하게 한 불변의 진리이다.

생각이 여기까지 미치자 한성민은 의식을 현실로 돌이켰다.

잠재해 잊혔던 앎이 무엇인지 깨달았다고는 하지만 그것도 번뇌의 하나였다. 진정한 진리는 완전한 무아無我에 들어서 얻는 것, 오늘도 명상의 깊음 속에 들지 못한 자책감이 솨 하게 밀려들었다. 눈을 떠보니 짙은 어둠이 어슴푸레한 빛을 띠었다.

천장과 사방이 울퉁불퉁한 바위로 싸인 석굴 안의 모습은 아직 완연하게 드러나지 않았고 칙칙하고 차디찬 기운이 맴돌았다. 그리고 밖에서는 산을 휘감는 바람소리가 입구를 가린 가마니 양쪽 가장자리 사이로 매섭게 밀고 들어왔다.

그런데 웬일일까?

좀 전에 실패한 명상 때문에 자책의 한숨을 토해내는 몸과 마음이 이상하게 가벼웠다. 의식의 나래가 빛보다 몇 배나 빠른 속도로 시공을 헤치고 몇억 겁 전인지도 모를 태초의 시기로 달려갔었다. 그리고 신이기도 하고 도라고도 하는 그 무엇의 발정과 탄생행위를 상상으로 그려내던 그 순간까지만은 어떤 번뇌도 없었다는 사실을 생각해냈다. 몸과 마음의 가벼움도 그 때문이었다. 이제는 명상의 깊음 속에 들 수 있다는 자신감이 가슴을 뛰게 하였다. 그리고 감동까지 솟구쳐 자리를 박차고 일어나 동굴 입구를 가린 가마니를 활짝 열어 제치고 밖으로 나갔다.

하늘의 별과 땅의 불빛마저 먹구름에 묻혀버린 산중의 밤은 음산했다. 진눈깨비가 풀풀 흩날리고 앙상한 숲을 몰아치며 어둠을 찢어놓는 칼바람소리는 귀신들의 울부짖음 같았다. 춥기도 하지만 산중 분위기가 썩 내키지 않아서 석굴로 되돌아갔다. 그리고 모닥불을 피우고 앉아 이런저런 생각에 잠기다가 웬만큼 날이 밝은 듯해서 밖으로 다시 나가보았다.

놀랍게도 눈이 하얗게 쌓였다. 하늘에 한가득 쌓였던 눈이 사태가 나서 한꺼번에 쏟아졌든지 그 사이 무릎만큼 자란 풀이 끝만 뾰족이 보인다. 다행히 먼동이 어슴푸레할 즈음이어서 하늘이 눈이 시리도록 푸르고 푸른 본 모습을 드러내고 있었다. 보석을 뿌려놓은 듯 찬란히 반짝이는 별들은 하얀 숲에 내려앉아 산중의 밤을 등잔불처럼 밝히고 적막을 자아냈다. 사방이 적막하니 마음도 따라 적막해서 한동안 생각 없이 멍하니 서있기만 하였다.

얼마 지나지 않아서 희끄무레하던 동녘이 속살을 훤히 드러내자 그토록 찬란한 별들이 순식간에 자취를 감추었다. 그 대신 동녘의 붉은 빛은 어둠에 잠든 대지를 깨워놓았다. 태초 이전의 순결한 천상인양 희디 흰 눈꽃으로 장식한 산야가 하늘정원인 듯 아름답게 드러났다.

한성민의 마음은 벌써 하늘 꼭대기까지 내달려 대지의 풍경을 그곳에 옮겨 그려보았다.

하얀 대지는 하늘 마당, 산야는 정원, 그리고 이제 막 비상하는 학의 날개처럼 부드러운 듯 힘차게 달려 내려가는 산맥은 하늘 언덕, 그리고 그 안쪽 계곡 끝자락에 하얀 눈에 덮인 집들이 옹기종기 모여 앉은 마을은 하늘 사람들이 사는 듯 평화로웠다.

그리고 멀리 하늘과 맞닿아 끝없이 펼쳐진 운무雲霧에 쌓인 무수한 산봉우리들은 천상으로 오르는 길인 듯 신비스러웠다. 그리고 그 길을 밝혀주는 듯 좀 지나서는 동녘 하늘이 이글이글 타오르기 시작하였다. 하늘이 열리고 어둠에 숨을 죽였던 광활한 대지가 훤히 나타나고 생명의 영기靈氣가 마치 웅장한 오케스트라처럼 장엄하게 피어올랐다.

"저 생명의 영기는 단절 없이 이어지는 신… 아니 도의 자식들이 내뿜는 혼 불, 귀한 생명의 정기를 황홀하고 황홀한 곡신 깊숙이 품었다가 어미 닭이 알을 깨 자식을 면면히 번식시키 듯 도의 행적이 저 대지에 펼쳐졌구나!"

생각이 여기에 미치자 무심코 보던 자연이 전혀 새로운 환희와 감동을 불러 일으켰다. 온누리에 가득한 도의 행진소리가 들리는 듯해 귀를 기울이니 적막이 대답을 대신했다. 문득 생각이 나 뒤를 돌아보니 눈에 쌓인 하얀 절벽 밑으로 적막을 자아내는 통로인 듯 아치형으로 뚫어진 석굴 입구를 가린 가마니가 눈에 들어왔다.

그런데 웬일일까? 이전까지 사그라들지 않고 불꽃처럼 들끓는 번뇌와 싸우느라 사투를 벌이던 석굴로부터 강력한 흡인력이 느껴졌다. 누군가 어서 들어오라고 부르는 소리가 들리는 듯도 하고 밤새 앉았던 그 자리에 어서 가서 앉아 명상하라는 마음의 소리까지 덩달아서 덜 풀린 피곤한 몸을 재촉하였다. 그 소리는 떠오르는 해가 어둠을 걷어내듯 그깟 번뇌 따위는 가볍게 떨쳐낼 수 있다는 유혹이자 강요이기도 하였다. 어찌나 안달스럽든지 조급증까지 일어나서 자신도 모르게 쫓기듯 몸을 돌이켰다. 순간 바로 곁의 싸리나무 가지에 소복이 쌓인 눈꽃이 스치는 옷자락에 우수수 무너져 내리고 몰아친 칼바람이 따갑게 얼굴을 할키고 지나갔다. 그제야 귀가 시리고 손발이 얼어붙는 매운 추위가 느껴져 한달음에 석굴로 들어갔다.

석굴은 그 옛날 원효 대사가 수행정진했다는 천년 전설의 석굴 '부사의 방'을 닮았다. 언덕이 무너질까 저어해 등으로 버티고 서있는 거인처럼 산봉우리를 떠받치고 있는 거대한 바위, 어느 도인道人이 제 삶터인 양 쪼아 만든 방일까? 겉으로는 험악해 보여도 그 안은 의외다. 그리 깊지 않은 석굴 벽은 곰살궂지 못한 돌 더미처럼 울퉁불퉁 거칠긴 해도 아늑하다. 드나드는 좁은 공간만 내주고 위와 사방을 에워싼 바위는 고요를 방해하는 밖의 소리를 막아주니 예보다 더 좋은 명상의 터는 없지 싶었다.

"모닥불을 피울까?"

석굴 안에 들어와 잠시 서성이다가 장작개비를 힐끗 바라보았다. 못 견딜 추위에 혹여 몸을 상할까 염려돼 쌓아놓은 장작이었다. 그러나 여태 혹한이 여러 번 몰려온 겨울 내내 불을 붙인 적은 별로 없었다. 얼어 붙는 몸이 와들와들 떨릴 때면 활활 타오르는 불길이 못내 그리웠어도 웬만해서는 굳은 의지로 추위를 견뎌냈다. 그러나 세속의 인연을 찾아다니며 발광하는 마음은 의지와 뜻을 따르지 않아서 늘 한탄하였다. 의지를 곧추세우면 세울수록 되려 온갖 번뇌가 미치광이처럼 날뛰었다. 그런데 지금은 이상하게도 마음자세부터가 달랐다. 아까 얻었던 자신감이 그대로 유지되고 있는 데다가 하얀 대지에 펼쳐진 도의 행진이 아직 뇌리 속에 황홀하게 남아 있었다. 그래서인지 수십 수백 번도 더 갈구하며 도전했던 깨달음의 실패가 저어되지도 않았다. 마치 도의 문턱에 다다르기라도 한 듯 신명까지 났다.

한성민은 조용히 가부좌를 틀고 앉았다. 그리고 고요히 눈을 감고 편안함을 갈구하는 육신의 본능을 다잡아 도를 향한 결연한 의지의 불씨부터 용맹하게 지피고 나서 뒤안길을 되돌아보고 냉정하게 비판을 가하였다.

"지금껏 무엇이 명상을 방해하였는가? 과거의 악연을 들쑤셔서 분노를 자아내도록 발광하는 마음이었다. 그런데도 어찌하여 그 마음에 번번이 굴복하고 말았는가? 오, 그것은 도를 갈구하는 의지가 부족해서라고 자책하지 않을 수 없다. 모름지기 번뇌의 고리를 끊어내고 명상의 깊음 속에 들어 도의 경계에 들기 위해서는 목숨을 들어 바칠 만큼 의지가 굳어야 한다."

하고 자신을 꾸짖었다. 그리고 마음으로 마음을 다스리라고 가르친 붓다의 치열한 명상을 상상하였다. 왕위에 대한 미련, 그리고 아름다운 아내 아쇼다라 공주와 아들 라훌라를 잊기 위해 처절하게 자신을 채찍질했을 터, 자신도 그리 하리라 결심하고 내면을 관찰하였다.

"과거의 악연을 못 잊어 원한과 분노를 부채질하는 마음이야말로 명상을 방해하는 흉악한 마군魔群이다. 끈질긴 그놈의 마군을 무엇으로 몰아낼 것인가? 아, 그렇다! 마음으로 마음을 다스려야 한다. 하지만 쉽지가 않을 것이다. 도를 갈구하는 그 마음이 붓다처럼 목숨을 들어 바칠 만큼 절실해야 한다. 그렇지 않고서는 마군을 굴복시킬 수 없다 오늘은 이 한 목숨 바쳐서라도 기필코 마군의 속박으로부터 벗어나리라."

수도 없이 다짐하고 다짐한 맹세의 소리였다. 감은 눈꺼풀 속의 동공을 무섭게 부릅떴다. 그리고 시궁창의 썩은 거품처럼 과거사를 끌어올리려고 부글부글 발광하는 마음을 향해 냉엄하고 모질게 꾸짖었다.

"너는 육신을 떠나보내고 싶을 만큼 고통스럽던 뒤안길의 사슬에 아직도 묶여 있다. 가슴에 맺힌 분노와 원한 덩어리를 남김없이 씻어내지 않으면 너로 인해 진실한 자아마저 썩어 없어질 것이다."

한성민은 과거 모함과 배신에 처참하게 짓밟히고, 가진 것을 사기당해 모든 걸 잃었을 때였다. 원한이 뼈에 사무쳐 가해자들을 수도 없이 죽였다. 하루에도 수십 번씩 시퍼런 칼로 목을 베어 죽이고 배를 난도질하여 죽이고 음식에다 독을 타서 죽였다. 그래도 분이 풀리지 않아서 고통을 줄 수 있는 갖은 방법을 다 생각해내서 죽이고 또 죽였다. 술에 취했을 때는 정말로 그리 할 생각으로 구체적인 계획까지 세우기도 하였다. 그러나 살의에 불타는 극단의 증오와 분노는 생명력이 없는 감정의 불길이었다. 잠시 잠깐 끓다가 식는 물거품처럼 금방 삭아져서 본래의 자리인 평정심에 회귀하곤 하였다. 하지만 분노와 증오로 가득 찬 감정의 화살이 마음자리에 얼마나 단단히 들어와 박혔던지 평정심을 시시때때로 뒤흔들어 놓았다. 그럴 때면 살의를 맹수처럼 두 눈동자에 이글이글 쏟아냈다. 그러다가 자신 속의 살의 본색을 발견하고는 소스라치게 놀랐다.

"아, 나에게 살인본색이 도사리고 있었다니!" 하고 수십 수백 번을 더 한탄하였다. 그러나 증오와 분노는 용서를 모르고 항상 살의를 끌어올리고 자책감에 시달리게 하였다. 다행이었던 것은 일찍부터 마음은 미래에 사는 생명의 에너지임을 자각하고 있었던 터라 자신을 추스르려고 무던히도 노력하였다.

"삶의 원동력은 욕망의 진화이며 그 욕망을 주도하는 에너지는 미래에 사는 마음으로부터 나온다. 그래서 욕망의 진화를 포기시키는 절망이야말로 죽음의 병이다. 그러므로 미래에 사는 마음이 살아 있는 한 절망은 없다. 절망이 없으므로 희망은 마음의 등대로 언제나 가슴 속에서 빛나고 있는 것이다."

하고 수도 없이 독백하였다.

그러나 이성을 잃을 정도의 충격에 매몰된 자아를 일깨워 자신을 구원한다는 게 그리 쉽지가 않았다.

하지만 세월이 소리 소문도 없고 어떤 기미도 없이 골수에 맺힌 원한을 조금씩 씻겨내 주기는 하였다.

그러던 겨울 어느 날 극적인 순간에 자아발견과 동시에 희망의 빛이 찾아왔다. 질곡의 사슬을 풀고 미래를 향한 마음의 종착지를 스스로 깨우쳐 찾아냈던 것이다.

그날따라 으스스한 바람이 인연이 다한 낙엽을 앙상한 가지에서 우수수 떼어내 땅에 어지럽게 휘날리던 초저녁이었다. 방황의 걸음을 멈춘 곳은 바다가 시작되는 땅 끝이었다. 땅이 시작되는 바다 끝이기도 한 곳에 아슬아슬하게 서있었다. 질곡에서의 탈출구를 땅 끝에서 몸을 던져 찾으려 했었다. 그런데 저승과 연결되는 바다에 마지막 한 발을 내디디려던 순간이었다. 갑자기 악마의 혓바닥 같은 시커먼 파도가 큰 높이로 솟구치며 집어삼킬 듯 덮쳐왔다. 순간 어디에 숨어 있었는지 삶의 본능이 기겁을 하고는 깨어났다. 원한에 사무쳐 이성을 잃었던 자아가 위기의 순간에 본색을 드러냈던 것일까?

"네가 죽음의 사자에 사로잡힌 포로이더냐! 네 목숨이 그렇게 내던져도 좋을 하찮은 것이더냐!"

하고 외치는 처절한 절규가 어디로부턴가 천둥처럼 들려오는 것 같았다.

알 수 없는 설움이 울컥 치밀어 올랐다. 그리고 나오는 울음을 참지 못하였다. 듣는 이도 들어줄 이도 없는 통곡소리는 시커먼 파도가 메아리조차 쓸어 담아 어둠 속으로 사라졌다.

얼마나 울었을까?

제풀에 지쳐서 한 방울의 눈물도 나오지 않을 즈음 설움에 동참이라도 하려는지 멀쩡하던 하늘이 부슬부슬 비를 뿌렸다.

그런데 무슨 조화일까?

"내가 지금 여기서 무엇을 하고 있지?"

하는 의문의 소리가 천둥처럼 머릿속을 강타했다. 전류에 감전된 듯 온몸이 떨리며 정신이 번쩍 들었다.

"남은 인생이 구만 리 같은데 왜 세상의 고통을 혼자 다 짊어지기라도 한 듯 궁상을 떨고 있지?"

하고 자책하는 소리가 자신도 모르게 입 밖으로 터져 나왔다. 그리고 좀 전까지의 꼴이 사납게 느껴지고 언젠가 마주본 거울 속의 자화상이 선명하게 떠올라 몸서리가 처졌다. 시커먼 얼굴에 광대뼈가 각이 지게 불거져 나오고 가죽만 남은 홀쭉해진 양 볼, 그리고 움푹 들어간 눈덩이는 산송장에 다름 아니었다.

"아…!"

탄식이 섞인 신음이 절로 터져 나오고 회한이 파도처럼 밀려들었다.

모함과 배신에 재산과 명예마저 다 잃은 원인 제공자는 타인이 아니라 바로 자신이었다는 생각이 번쩍 들었다. 원한과 분노를 못 참아 자학의 늪에 빠져 허우적인 꼴 역시 스스로 할퀸 못난 모습이었다. 그 모두의 원인은 화려한 욕망과 영육의 쾌락을 쟁취하기 위한 투쟁에서 비롯되었던 것이다.

삶 자체가 더 많은 이익을 얻기 위해 마치 먹이를 찾아 산야를 헤매는 들개처럼 치열했다. 그러다가 하이에나 떼거리 같은 또 다른 사냥꾼들의 표적에 걸려들고 말았던 것이다.

만족을 모르는 욕심의 결과였다.

인간세상 역시 먹이사슬 법칙이 난무하는 정글과 다르지 않았다. 그런데도 과욕에 정신을 빼앗겼던 자신을 탓하기는커녕 원한에 사무쳐 살의까지 품었다니 몸서리가 쳐졌다. 어리석고 못나서 하늘과 땅과 바다에 부끄러웠다. 아니 자신의 몸속에 있는 살기殺氣… 이 끔찍한 사실을 어찌해야 할까? 누구보다도 선량하고 착하다고 생각했는데… 타인의 작은 잘못도 용서 못하고 분노를 터뜨린 것도 악을 미워하는 착한 심성 때문이라 여겼었다.

하지만 착각이었다. 착하다고 믿었던 심성 한구석에 살기가 음흉하게 도사리고 있었던 것이다.

"불이익에 분노하는 악함이 착한 본심을 짓밟았구나. 끝까지 제 자리를 지키지 못하고 악함에 굴복한 심성이여, 곧고 굳지 못하면 살인도 불사하겠구나!"

하고 개탄하였다.

실로 종잡을 수 없는 마음의 변화였지만 따지고 보면 처절한 고뇌가 나락에 떨어졌던 본성을 건져 올려 최악과 최선의 자리를 바꾸어놓았던 것이다. 그리고 최선은 그동안 잊고 지내던 노자의 가르침을 마침내 떠올려 확실한 깨달음을 주었다.

"명예욕·권력욕·탐욕·지배욕·색욕 이 다섯 가지 인간의 본능적 욕망에 눈이 멀어 바른 생각, 바른 판단, 바른 행동을 못하여 스스로를 망친다."

돌이켜 보면 한성민 자신이 한창 성공하던 그 시절의 삶이 그랬다. 화려한 욕망五色과 영육靈肉의 쾌락五音과 육신의 만족五味을 위한 투쟁이었다. 그러나 그러한 욕망 때문에 마침내 눈이 멀고, 귀가 먹고, 입이 썩어 바르게 보고, 바르게 생각하고, 바르게 판단하고, 바르게 행동하지 못하여 모함과 배신에 재산과 명예마저 다 잃고 말았던 것이다.

"그러니 누구를 탓하랴! 오로지 내 탓이요! 내 탓이요! 내 탓이요! 하고 자책하고 반성해야 한다. 그리고 생각지도 못한 마음 속의 살기를 끔찍이 여기고 청정하고 깨끗한 몸과 마음이 되도록 자신을 다스리는 노력을 하지 않으면 안 된다."

하고 자신을 독려하였다.

겨울비가 내리던 그날 밤의 바닷가는 한성민의 삶을 송두리째 바꿔놓은 외계의 세계와 같은 곳이었다. 아마도 현실을 인정하면 체념이 뒤따르고, 체념은 불씨조차 없는 차디찬 부싯돌이 제 몸통을 깨뜨려 번쩍하고 빛을 쏘아내는 것과 같아서일까? 끝이 곧 시작이니 바닥을 차고 훌쩍 날아오르는 새의 힘찬 날갯짓처럼 그날 바닷가에서 한성민은 분노와 증오와 절망을 극복하고 새로운 희망의 불꽃을 피워 올렸다.

한스러움이 돌변해 저 나락으로 끌고 가던 절망이 허공에 제 몸을 산화시킨 연기처럼 그 처절한 모습이 돌연히 사라졌다. 그리고 그 자리에 이승의 화려한 유혹五色, 五音, 五味을 못 잊어 울부짖는 혼백처럼, 인연이 없는 터에서 발광하던 욕망의 추악함이 찰나 간에 말끔하게 사라졌다. 하늘도 덩달아 개였다. 바람에 이리저리 흩날리던 이슬같은 비도 그치고 검은 바다 위로 별들이 찬란한 빛을 쏟아냈다.

"아, 나는 미치광이 춤을 춘 욕망의 화신이었구나!"

다시 한번 절규에 가까운 자책의 탄식을 토해낸 그는 짙은 어둠에 더 찬란한 별들을 바라보며 또 다른 깨달음을 얻었다.

"태어남은 태어날만한 원인이 있을 것이며, 그 원인은 존재해야할 몫까지 주어져 있다. 그런데도 내 몫이 없는 터전에서 내 몫을 찾겠노라며 물고기가 땅에서 버둥대듯 하였으니!" 하고 거듭 탄식하였다. 그리고 자신에게 주어진 삶의 몫이 무엇인지를 섬광처럼 번쩍하고 깨달았다. 오색, 오음, 오미에 가려졌던 천성이 깊은 바다에서 유영하던 물고기가 솟아오르 듯 모습을 드러냈다. 바로 도에 이르는 배움이었다. 그것이 자신에게 주어진 삶의 몫이었다. 그런데도 오색에 눈이 멀어 바르게 보지 못하고, 오음에 귀가 멀어 바르게 듣지 못하고, 오미에 사물을 바르게 인식하지 못한 채 영혼이 썩어가는 줄도 모르고 '나' 아닌 '나'의 탈을 쓰고 병신춤을 추었던 것이다.

그런 사실을 확인한 그는 두터운 땅을 밀치고 부글부글 끓어오르는 용암처럼 도를 향한 열망이 솟구쳐 올랐다. 그 마음은 실로 제어할 수 없는 화산 같아서 두 눈을 부릅떴다. 그리고 사납게 몰아치는 파도를 향해 목이 터져라 소리쳤다.

"파도여! 파도여! 삶의 몫을 찾았노라!
배우고 또 배워서 도를 얻으리라!

파도여, 파도여! 욕망의 파도여!
너는 나를 막지 못한다!"

한성민은 그 바닷가에서 곧바로 고향으로 돌아갔다. 그리고 여러 해 전에 돌아가신 부모가 물려준 논밭을 하나뿐인 여동생을 위해 여남은 마지기만 남겨두고 다 팔았다. 그런 뒤에 훌쩍 유학을 떠나 여러 나라를 전전하며 공부에 열을 올렸다. 십수 년을 수도승처럼 명상하며 치열하게 배워서 최고의 학위를 받고서야 만족하고 귀국 길에 올랐다.

그러나 세속의 집단 속으로 또 뛰어들 생각은 티끌만큼도 없었다. 주어진 삶의 몫이 아닌 탓에 세속의 미련을 썩은 찌꺼기 버리듯 말끔히 치워내고 뒷산 석굴에서 도를 향한 명상수행에 들어갔다. 그리고 금년 겨울까지 3년이란 세월을 치열하게 정진하였다.

농사일할 때를 제외하고는 삼백 예순 닷새가 세 번이나 지난 지금까지 삼매에 들기 위해 자신과의 처절한 투쟁을 계속했다. 쉬지 않는 물레방아처럼 생각과 생각을 상속시켜 돌고 도는 업의 발광을, 도를 그리워하는 심혼心魂이 사투를 벌이며 특히 마음 속 깊이 살기를 품었던 업을 멸하려고 혼신의 힘을 다한 세월이었다.

그 결과 넘어지고 자빠지는 꿈같은 번뇌를 웬만큼은 가라앉힐 수가 있었다. 명상을 시작하고 세 번째 계절을 맞이한 금년 겨울부터는 그토록 거칠던 마음의 행로가 거문고 소리를 들으며 걷는 비단길처럼 평온했다. 거미줄처럼 엉켜서 심혼을 괴롭히는 온갖 업의 발광도 미세해졌다. 이제는 가파른 산길을 올라 푸른 하늘과 맞닿은 정상을 바라보듯 도의 문이 가까워지는 것 같아 희열이 느껴지기도 하였다.

하지만 아직은 시시각각 꿈틀대는 업의 뜬금이 완전히 소멸된 것은 아니었다. 사랑을 시샘하는 연적처럼 방해가 하도 심해서 그리운 그곳 도의 주변을 겉돌기만 하였다. 특히 모함을 일삼은 배신자들에 대한 원한과 분노 그리고 살의가 부지불식간에 한 번씩 치솟을 때가 있었다. 한 번 모질게 지은 업의 잔재는 진드기보다 질기고 끈적였다. 그러나 영혼을 괴롭히는 그 어떤 업의 그림자도 금년 겨울과 여름에 뜻을 이루지 못하면 3년을 더 정진하여 지워내고, 그래도 안 되면 또 3년…… 그렇게 죽음에 이를 때까지, 아니 죽어서도 지워내 그리운 그곳 도의 문을 열 때까지 멈추지 않으려 하였다.

도리천으로 가는 길

한성민의 궁극은 우주의 중심이자 위가 없이 높은 그곳, 천상천하를 다스리는 천제天帝의 집에 드는 데에 있었다. 그 집을 불교에서는 도리천忉利天이라 하고 천제를 빛으로 존재하는 하늘 제왕이란 뜻에서 제석천帝釋天이라 부른다.

도리천忉利天은 불교의 이상세계이다. 인류의 위대한 성자 붓다Buddha가 인간의 몸으로 지구별에 태어나기 전에 거주했다는 그곳은 하늘 꼭대기에 하나밖에 없는 유일의 성城이다. 하나인 그 성을 32개의 성이 호위하고 있어서 삼십삼천三十三天이라고도 한다. 그 성에 드는 문은 사방에 4개가 있으며 4명의 신의 사자使者가 지키고 있다. 도를 얻은 자가 아니면 감히 성문조차도 바라볼 수 없는 지극히 신령한 신의 집이 바로 그곳이다.

한성민은 거기로 가서 붓다처럼 되고자 원을 세웠다. 그러기 위해서는 오직 명상으로 한마음 한뜻에 집중하여 도를 얻어야만 했다. 하지만 처절했던 뒤안길의 고뇌가 번번이 명상을 방해하였다. 어제 초저녁부터 오늘 동이 틀 무렵까지만 해도 고뇌와 사투를 벌였다. 그러다가 숲을 휩쓸며 윙윙 울어대는 바람소리에 더는 버티지 못하고 밖으로 나갔다. 그런데 하얀 눈에 덮여 까마득히 펼쳐진 대지를 바라보는 순간부터 그간의 고뇌가 한꺼번에 사라짐을 느낄 수 있었다.

하늘정원인 양 눈 덮인 대지에서 살아 숨 쉬는 도의 행진소리를 느꼈던 황홀한 마음이 그대로 유지되고 있어서일까? 명상의 자세에서 잠깐 되돌아보고 폭풍이 몰아치듯 그릇된 상념을 자책한 뒤 끝은 고요했다. 희미한 어린 시절의 추억을 회상해 본 듯 가벼운 마음 속에는 실로 처음으로 느껴보는 평화가 따스한 햇볕처럼 깃들었다.

행복했다.
몸도 마음도 어떤 신명이 들린 양 흥겨웠다.

명상의 자세를 취하기만 해도 질곡의 과거를 되살리던 요물 같은 마음이 별난 짓을 다하려고 발광하던 기미도 감지되지 않았다.

그렇게 명상에 집중해 몸을 곧추세워 눈을 감은 그는 저 심연心淵으로부터 고요를 열망하는 혼불을 타올려 스스로 묻고 답하기 시작했다. 자문자답自問自答은 한 몸에 두 개의 뱀 머리처럼 공존하면서도 엇갈린 삶을 추구하는 상반된 마음의 소리였다.

"너는 과거의 원한과 고뇌의 질곡에서 벗어나야 한다. 아니 기필코 벗어나라!"하고 먼저 간곡하게 속으로 소리쳤다. 그 소리는 오직 고요로서 하늘과 통하고 신령함을 잃지 않는 진아眞我 진실한 자아의 부르짖음이었다. 그러자 광대처럼 춤추던 욕망의 마음이 때맞추어 한울 속의 진아眞我와 하나가 되고 자문자답이 저절로 이어졌다.

"과거의 원한과 고통은 인과因果였다. 이미 겪었으니 회한의 뒤안길을 되짚을 필요는 없지 않은가!"

"그렇다! 하지만 너는 의지를 배반하고 또 다른 욕망의 유혹에 이끌려 몸 밖을 벗어나서는 안 된다. 과거의 회한을 되풀이할 수는 없으니까."

"물론이다!"

"그러면 지금부터 너의 마음을 발광시키는 업의 뜬금부터 차근차근 걷어내다가 최후의 일격을 가해 뿌리까지 뽑아내야 한다."

"당연히 그래야지! 그래야 도를 얻어 도리천에 갈 수 있으니까!"

"하지만 너는 또 업의 노예가 돼 욕망의 화신으로 돌변할 것이다. 너를 유혹하는 인연을 찾아가서 업을 시행하고 또 다른 업을 짓는 탕아蕩兒가 될까 두렵다. 과연 본성 진아眞我에 머물 수 있겠는가? 모름지기 도를 얻고자 하는 자의 적이요, 마군魔群이 타인이 아닌 바로 네가 아니더냐!"

"그러기에 흐트러짐이 없이 용맹을 유지하되 목숨을 들어 바치는 집중으로 발광하는 나 아닌 나를 본성에 귀의시켜 오직 고요만을 지키게 할 것이다! 그리 하면 나 아닌 나 탕심蕩心은 자연히 고요를 따르고 업은 자연히 멸해지지 않겠는가!"

"그렇다! 그러면 이제 너의 의지만 남았다. 본심에 머물기 위해 우선 육신의 감각부터 여의자. 아, 그런데 너의 육신이 추위를 못 견뎌 하는구나!"

"너는 알고 있지 않느냐 집중에 집중을 거듭해 일심一心에 이르면 육신은 추위도 없고 더위도 없으며 아픔도 없지 않은가. 그러므로 지금부터 집중한 의식意識으로 더위를 부르고, 집중으로 육신의 감각을 여의고, 집중으로 의식마저 없애 기어이 도에 들도록 하라!"

"그리 하리라. 아, 혼불이여! 목숨을 들어 본성에 귀의하는 의지를 버려두고 네 욕망이 몸속을 벗어나 탕아가 되지 않게 의지에서 의지로 단속하고 단속하게 하라."

그렇게 자문하고, 자답하며, 다짐하고 다짐한 그는 두 손바닥을 가볍게 포개 배꼽 아래에 가지런히 놓았다. 그리고 혀끝을 입천장에 살짝 붙이고는 머리끝부터 발끝까지 차례로 몸을 이완시켜 추위와 감각을 여의며 의식을 집중하기 시작했다.

그러자 곧바로 정수리로부터 뜨거운 기운이 쏟아져 들어오더니 얼굴을 무겁게 짓누르는 느낌이 강하게 밀려왔다. 더욱 집중하자 머리, 가슴, 배, 허벅지, 발, 손 할 것 없이 열기가 무럭무럭 피어오르고 벌레가 기어 다니듯 꿈틀댔다. 천지의 기氣가 온 몸으로 쏟아져 들어오는 기미가 확연했다. 그리고 강력한 의식의 에너지로 둘러싸인 몸을, 몸 밖의 인연이 뚫고 들어와 마음을 발광시키지 못하는 낌새도 알아차렸다.

이제는 내면에서 업을 발현시키는 오장五臟을 관해나갈 차례! 신장에서 간으로, 간에서 심장으로, 심장에서 비장으로, 비장에서 폐로, 폐에서 뱃속 전체로 상생하여 관한 다음, 신장에서 심장으로, 심장에서 폐로, 폐에서 간으로, 간에서 비장으로, 비장에서 신장으로 집중해 상극의 힘으로 업의 발동을 누르기를 거듭하고 거듭했다.

그러다가 몸의 어느 곳에서 아픔이나 근지러움이 오면 아프고 근지러운 그곳을 관해서 감각이 없어질 때를 기다렸다가 다시 오장을 관찰했다. 그리고 마음을 몸 밖으로 꺼내 한 번 더 겉을 관찰하고는 하늘의 무수한 별들을 관찰하고 대자연을 관찰하여 그 기운을 몸속으로 끌어들였다.

오장이 꿈틀대다가 이윽고는 그 모습이 하나씩 하나씩 의식의 공간에 나타나고 연이어 뱃속 전체가 선명하게 보였다. 그리고 뱃속의 똥,오줌, 가래, 침, 음식의 찌꺼기 같은 더러운 것들이 사라져 깨끗해짐을 느낄 수 있었다. 그러다가 어느 순간에 이르자 그것들마저 순식간에 사라짐과 동시에 고막을 터뜨려놓을 것 같은 무거운 압력이 몰려와 귀가 터질 듯 했다.

그럼과 동시에 번쩍 눈을 떴는데도 몸이 보이지 않았다. 그리고 의식마저 있는지 없는지 몽매했다. 드디어 혼백이 하나로 꽁꽁 묶여져 삼매三昧에 들어 도를 얻을 수 있을 것일까?

그러나 아직은 아니었다. 도를 얻으면 우주의 중심이요 위없이 높은 하늘 꼭대기 도리천忉利天으로 가기 위해서는 아직 거쳐야 할 몇 단계가 남아 있었다.

그런데 그 처음 단계인 도리천 문으로 오르는 계단 바로 밑에 서서 첫 발을 막 내디뎌 한 발 오르려 할 때였다. 그 계단을 오르기 위해서는 목숨을 내놓을 의지로 마지막 한 방울 기름을 태우듯 심혼의 불꽃을 한곳에 집중해야 했다. 그러고 나서 최후에는 심혼의 불꽃마저 꺼뜨린 후에야 한 발자국씩 계단을 밟아 오를 수 있었다. 그러기에 활을 쏘듯 의식의 눈을 용맹하게 집중하고 집중했다.

그런데 하필 이때 상상도 못했던 뜻밖의 사태가 펼쳐졌다.

사력을 다해 첫 계단에 왼발을 올려놓았다가 다음 계단을 향해 오른 발을 들려는 찰나였다. 한 여인이 마술을 부리듯 연기처럼 홀연히 나타나 심혼을 홀렸다.

아름다웠다.

자비로운 미소로 사람의 마음을 사로잡는 관세음보살이 현신한 것일까? 눈부신 미모에 황홀한 빛을 띠고 있어서 그 여인을 바로 볼 수가 없었다.

눈을 내리깔았다가 다시 떴다.

그런데 눈 한 번 깜빡한 사이였는데 도리천 문으로 향하는 수많은 계단이 온데간데 없이 사라지고 그 자리에 작은 동산이 스크린처럼 나타나 있었다. 향기가 진동하는 붉은 도화가 만발해 관능을 자극했다.

문득 한 여인이 홀연히 나타나 흐드러진 복숭아꽃 가지 하나를 들고 소복소복 잘 자란 푸른 잔디를 물에 뜬 연꽃처럼 디디고 서 있었다. 감로수 병을 들고 바다 위에 고요히 선 수월보살水月菩薩이 저리도 고울까 싶어 넋을 놓았다. 멍하니 바라보니 여인의 붉은 입술이 움직였다.

"도를 구하는 사람아, 현빈지문玄牝之門. 현묘한 암컷의 문을 아시나요?"

알면서도 매료될 수밖에 없는 유혹의 목소리와 미소가 뇌쇄시킬 듯 요염했다.

"세상의 소리를 다 들어주는 보살님이신가요?"

그는 그저 넋을 놓은 황홀한 의식이 시키는 대로 되물었다.

"세상의 소리는 누구나 다 듣는 법, 나의 물음에 대답해보세요."

"알다 뿐입니까. 그 문 안에 천지지근天地之根. 천지만물을 탄생시킨 근원인 도가 있는 것도 알고 있습니다."

"그럼 당신도 그 문에서 나왔지요?"

"예, 저도 만물도 다 그 문으로부터 탄생했습니다."

"또 물어볼게요. 당신은 소우주인가요?"

"예, 대우주를 고스란히 함축한 작은 우주입니다."

"그럼 나도 소우주지요?"

"신도 사람의 형상이라면 소우주입니다."

"내가 우주라면 내가 낳은 자식도 우주지요?"

"……? 그, 그렇습니다."

"내가 우주를 낳았으니까 내가 바로 도이지요. 그렇죠? 그리고 내가 우주를 낳는 곳은 어디인가요?

"예? 그건…!"

그는 당황해 얼른 대답을 못하고 말꼬리를 흐렸다.

"순진도 하셔라, 현묘한 암컷의 문이 어디겠어요? 바로 여기예요!"

여인이 힘주어 말하며 자신의 사타구니 가운데를 한 손가락으로 가리켰다. 그리고 미소 머금은 붉은 입술을 활짝 열어 가지런한 하얀 이를 드러내더니 한참을 깔깔 웃어댔다. 그리고 대뜸 옷고름을 풀고 허리 매듭마저 살짝 끌러놓았다. 우윳빛 젖가슴이 탐스럽게 드러났다. 그리고 비단으로 지은 승니의 옷자락처럼 하늘거리는 치마가 뱀이 허물을 벗듯 스르르 흘러내렸다. 알몸은 백옥보다 더 희었다.

여인은 조각해 세운 듯 쭉 뻗은 양 다리 사이 그곳에 잘 자란 잔디처럼 탐스럽게 소복한 까만 음모를 손바닥으로 쓸어내리며 가벼운 신음을 토해냈다.

"아, 여인이여 지금 무엇을 하려 하십니까?"

그의 의식은 황홀하고 황홀했다.

그리고 끓어오르는 정염의 불꽃을 어찌하지 못해 금방이라도 그녀에게 달려들고 싶었다. 그러나 여인의 몸에서 함부로 범접할 수 없는 기묘한 기운이 감돌아서 멈칫하였다.

"도를 구하는 사람아, 볼 수도 없고 만질 수도 없고 있는지 없는지도 모르는 도의 문은 왜 수고스럽게 찾나요? 당신의 눈에 보이고 만질 수 있고 분명하게 존재하는 여기 이 도의 문을 어서 와서 열어보세요. 그럼 당신이 원하는 도를 구할 수 있답니다. 자 보세요. 여기를!"

"아, 그곳은 사랑을 받아들이는 당신의 가장 소중한 골짜기가 아닙니까?"

"그렇지요, 여기가 태극이요 카오스가 일어나는 신령한 골짜기랍니다. 천지는 카오스kaos,混沌로 탄생하는 것, 어서 와서 소우주의 카오스를 경험해보세요."

이번에는 여인이 음모를 쓸던 손길을 멈추고 두 다리를 살짝 벌려서 엉덩이를 가볍게 흔들어댔다. 그리고는 보란 듯이 주위로 눈길을 한 번 돌렸다.

놀라웠다.

언제부터인지 그녀보다 풍만한 나체의 여인 셋과 역시 벌거벗은 한 소년과 건장한 사내 둘이 복숭아나무 사이사이에 서있었다.

그런데 젖가슴이 가장 풍만해 보이는 한 여인이 소년을 향해 두 팔을 활짝 열고 달려오라는 시늉을 하였다. 소년은 망설임 없이 바람처럼 달려가 그녀를 애무하기 시작했다. 두 사내들도 제 짝이라 생각되는 여인에게 달려들었다.

그들은 행위를 하기 시작했다.

가슴이 풍만한 여인은 소년을 제 무릎 위에 올려놓고 아래에서 위로 엉덩이를 들썩이고, 한 사내는 여인을 복숭아나무를 붙들고 엎드리게 하여 뒤에서, 그리고 또 한 사내는 잔디 위에 반듯하게 드러눕고 여인이 그 위에서 엉덩이를 들썩였다. 그녀는 장단을 맞추듯 가슴을 출렁이며 괴성을 내질러댔다.

"아-아-!"

그의 혼불은 진아眞我를 향한 집중의 의지마저 사라졌다. 오직 그들의 행위인 색色,오색의 하나과 신음소리音,오음의 하나, 그 쾌감五味,오미의 하나에 혼을 불사르고 있었다. 육신도 성기性器도 불같이 뜨거웠다. 그런 기미를 의식하면서도 그의 혼은 깨어나기를 거부하며 계속해서 신음을 토해냈다. 그러다가 기어이 의지를 무너뜨리고 여인을 향해 달려가려 하였다. 여인은 그런 그의 의식을 간파하고 회심의 미소를 머금고 가만가만 다가왔다.

"도를 구하는 사람아, 당신도 나의 문으로 들어오세요. 나의 문은 활짝 열려 있어요. 이 문 안에 당신이 그토록 찾아 헤매던 도가 기다리고 있답니다."

가까이 다가온 그녀가 드디어 그와 밀착해왔다. 이때 그의 성기性器는 최고조로 뻗쳐 있었다. 그 끝으로 우유 같은 뿌연 물이 질금질금 흘러내려 축축이 젖었다. 더 무너뜨릴 인내의 한계마저 없었다. 오직 그녀를 향해 들소처럼 달려들고 싶은 욕망뿐이었다. 여인은 그런 그의 의식을 더욱 부채질하였다.

"오소서, 나에게로! 닫힌 도의 문을 열어보소서. 당신은 위에서 아래로 내려찌르고 나는 아래서 위로 치받아 당신이 도에 이르도록 도와 드리오리다."

여인은 마치 서사시를 읊듯 속삭였다.

"갑니다. 당신의 문을 닫지 마소서!"

그는 기어코 입술을 움직여 소리쳤다.

하지만 그와 동시였다.

감았던 두 눈이 번쩍 뜨였다.

동산도 그토록 요염하던 여인의 모습도 온데간데 없었다. 뜨인 눈앞에 보이는 것은 희끄무레한 어둠 속이었다. 그리고 사방이 바위로 둘러싸인 적막한 공간뿐이었다.

어리둥절해서 한참을 멍하니 정신을 놓았다.

"아!"

그는 현실세계로 돌아온 자신의 모습을 그제야 발견했다. 그리고 어처구니없는 꿈을 꾼 듯 무아의 삼매에서 황당한 망상에서 헤매다가 깨어났음을 알았다. 여태 무감각하던 추위가 느껴지고 막혔던 귀가 열려 석굴 밖에서 부는 솔바람소리가 들려왔다.

"아!"

그는 또 한 번 소리 없이 절규하며 앉은 자세 그대로 나무토막처럼 옆으로 쓰러졌다. 참담한 마음을 가눌 수 없었다. 설움이 북받쳐 울컥 뜨거운 눈물이 쏟아져 내렸다. 그리고 연이어 어깨를 들썩여 흐느꼈다.

그런데 설움에 겨운 흐느낌을 기다리기라도 했다는 듯 어디선가 여인의 목소리가 들려왔다. 아까 도리천 계단을 오르려는 순간 느닷없이 나타나 앞길을 방해한 그 여인의 목소리와 닮았다. 그러나 요염한 유혹의 목소리가 아니었다. 칼바람처럼 싸늘하고 준엄하다는 느낌까지 들었다.

"어리석은 사람아, 네 속에 도가 있는데 어디서 도를 구하느냐!"

저 먼 허공의 어디인 것 같기도 하고 바로 곁에서 속삭이는 듯도 하였다. 다른 말을 덧붙이지도 않았다. 같은 말을 반복하며 꼬리별처럼 긴 여운을 남기고 멀리멀리 사라져갔다.

"오, 아름다운 여인이시여!"

그는 아까와는 달리 비통해서가 아니라 저도 모르게 찬양의 목소리로 여인을 불렀다. 그 여인이 방해꾼만은 아니라는 생각이 들어서였다. 자신을 시험하고 바른 가르침을 주기 위한 착한 신이 틀림없을 듯싶었다. 그러고 보니 도리천에 들 수 있는 마지막 관문이 성욕을 자유자재로 억제할 수 있는 의지가 아닐까? 하고 생각했다.

당연한 깨달음을 얻은 생각이었던지 희열감에 정신이 한결 더 맑았다. 노자는 만물부음이포양萬物負陰而捕陽, 충기이위화沖氣以爲化 이라 하였다.

만물은 음이 성질이 전혀 다른 양을 등지고 끌어안아서 부드럽게 기가 부닥쳐서 화합한 것이라 하였다. 음양의 결합은 만물을 탄생시키기 위한 도의 행진이 시작됨을 의미한다. 그것은 우주적 섹스이며 황홀한 오르가즘이다. 그리고 일체 생명의 원초적 본능이자 번뇌의 근원이기도 하다.

따라서 만물은 암컷과 수컷의 결합으로 도의 행진을 면면히 이어간다. 하지만 도로부터 탄생된 인간은 육신의 쾌락에 빠져 순수하고 순결하게 음양을 화합시켜 널리 덕을 베푸는 도의 본질을 잃고 말았다. 그가 기쁨과 비통이 섞인 비명을 내지른 것도 그녀가 착한 신이어서 기쁘기는 하지만 욕정에 무너지고 만 자신의 의지가 실망스러워서였다. 도리천에 드는 최후의 방해꾼이 성욕인 것을, 그것을 알고도 탕심蕩心에 지배당한 자아가 통탄스러웠다.

그러나 그는 오래 그러고 있지 않았다.

성욕을 제어하지 못한 것은 육신의 정기인 넋魄과 마음의 정기인 혼魂을 완전한 한 묶음으로 묶을 만한 정신력이 부족한 탓이었다. 넋은 육신의 욕망이고 혼은 육신의 욕망을 의식으로 받아들여서 마음을 발광시키는 정신계이다.

혼이 육신을 떠나지 않으면 마음이 의지를 꺾지 않을 뿐더러 온갖 욕망을 찾아다니며 발광하지 않는다. 좀 더 수행에 열중하면 언제든 혼백魂魄을 하나로 묶어 세속에 집착한 거친 마음을 여의고 어린아이처럼 순진무구한 마음을 간직할 자신이 있었다. 그 어떤 유혹도 극복할 수 있는 절정의 경지에 도달할 자신감도 생겼다.

그리 확신하자 엄중한 목소리로 다그치는 노자의 목소리가 바로 곁에서 들려오는 것 같았다.

"너는 과연 혼백을 하나로 묶어 능히 떨어지지 않게 할 수 있느냐?"

"너는 과연 기운을 부드럽게 유지하여 갓난아이와 같이 할 수 있느냐?"

"너는 과연 마음 깊숙한 곳까지 (음란함)을 씻어내어 깨끗이 할 수 있느냐?"

한성민은 인자하면서도 엄숙한 목소리로 또박또박 말해주는 노자의 가르침을 가슴에 새기고 또 새겼다.

그 가르침이 완전한 자신의 것이 되었다 싶어져서였다. 소금처럼 절었던 회한과 슬픔이 거짓말처럼 사라지고 구름을 벗어난 하늘같이 상쾌했다.

석굴 입구를 막아놓은 가마니 양 옆으로 비집고 들어온 아침 햇살이 어둡고 침침했던 몸과 마음을 한결 가볍게 해주었다. 그리고 어디로부터인지 알 수 없는 힘과 용기가 신명이라도 잡힌 듯 불길처럼 타 올랐다. 그래서인지 추위도 느껴지지 않았다. 신기하게도 마음에 걸리는 그 무엇도 없었다. 깊은 명상에 들 수 있는 최상의 순간이라 판단한 그는 지체 없이 결가부좌하였다. 마음을 다시 한번 가다듬어 굳세고 용맹한 기운을 한껏 끌어안고 도리천을 향한 마음의 여정을 시작하였다. 그러나 한 발자국도 내딛기 전에 어느새 떠오른 한 생각이 여정을 방해하였다.

"부드러운 의식으로 거친 마음을 다스리면 마음이 순해지고, 순한 마음으로 몸을 관찰하면 몸이 순해진다. 몸과 마음이 순해지면 어린 아이와 같아지고, 어린 아이와 같아지면 혼백이 하나가 된다.

그리고 혼백이 하나가 되면 일체 번뇌가 사라져서 도의 경계에 들어 도리천에 다가갈 수 있다."

하고 자신도 모르게 배우고 익힌 지식을 되뇌이고 있었던 것이다. 지식은 뗏목과 같은 것, 강을 건넜으면 뗏목을 버려야지 짊어지고 갈 수는 없듯, 차안此岸 이쪽 세속에서 피안彼岸 저쪽 도의 세계으로 가는 법을 터득하였으면 지식은 버려야 하는데 타고 간 뗏목을 짊어지고 가는 어리석은 나그네처럼 배운 지식을 머릿속에 싣고 있으니 도리천을 향한 여정에 첫걸음조차 뗄 수 없었던 것이다. 오직 텅 비운 것 외의 그 어떤 진리를 품은 명언이라 할지라도 그저 그런 지식 나부랭이에 지나지 않는다는 것쯤은 지식을 넘어 깨달음으로 알고 있는 터였다. 그런데도 번연한 지식을 떠올렸으니 앎이란 것도 도리천을 향한 여정의 훼방꾼이요 재앙이었다.

그러기에 노자는 말했다.

"절학무우絕學無憂, 즉 배운 지식마저 끊어버려야 우환이 없다" 하였다.

붓다 역시 같은 말을 하였다.

배운 지식마저 끊어버리면 마음에 걸림이 없고 마음에 걸림이 없으면 공포심도 없고 온갖 꿈같은 망상도 없어서 늙음도 죽음도 없는 열반涅槃, nirvana 마음의 불꽃이 삭아들어 도의 경지에 이른 상태에 든다 하였다.

그런 사실을 뼈저리게 자각한 그는 다시 마음을 다잡아 명상에 들었다.

이제는 아무것도 생각나지 않았다. 잠깐 잠깐 맹수나 벌레, 그리고 아까와 같은 여인의 모습이 스크린처럼 스치고 지나가기는 하였으나 곧 잊었다.

그러다가 얼마 후에는 그것들마저 그림자처럼 자취를 감추었다.

그리고 그 자리에는 그리도 보고자 했던 황금색 빛 무리가 나타났다. 눈이 부시지도 않고 은은하기만 한 빛 무리는 그저 황홀하기만 하였다.

이 빛이 부처가 말한 열반의 세계일까?

이 빛이 노자가 말한 도의 세계일까?

그렇다면 황홀한 황금빛은 본성진리요 소우주로서 볼 수는 없어도 만물의 정기와 성품이 자신 속에 다 들어있다는 사실을 확인한 자아 발견이었다. 자아 발견은 천지만물이 자신이요, 자신이 천지만물임을 자각하게 하였다. 그러나 그는 아직은 마치 먼 산을 바라보듯 도를 그윽이 관조하고 있을 뿐이었다.

하지만 어느 순간 황홀감에서 벗어나 광대한 우주를 걸림 없이 유영하는 자신을 발견했다. 유체를 이탈한 영혼이 고요히 앉은 자신의 육신을 바라보면서 알아차린 또 다른 황홀감이었다.

그리고 뒤이어 아무것도 보이지 않은 것 같은데 광대한 우주를 걸림 없이 유영하고 있는 영靈의 모습을 의식할 수 있었다. 천상천하가 한눈에 보였다. 그러나 그것마저 곧 사라지고 우주의 중심이라 느껴지는 한곳에 저절로 머물렀다.

神의 힘을 받아들이다

일체를 초월한 그곳, 불멸의 기운을 면면히 뿜어내는 신神의 집과 같은 곳, 육신을 땅에 두고 한성민의 영靈은 기어이 그 신령한 문 앞에 우뚝이 섰다.

얼마나 시간이 지났을까?

한없는 길고 긴 영겁의 시간이 흐른 것 같기도 하고 찰나 간인 것 같기도 한 느낌이 의식계意識界에서 일어나더니 영롱한 오색 빛이 찬란하게 비춰왔다.

그런데 이번에는 놀라웠다.

오색영롱한 빛 뒤로 하얀 도포를 입은 백발의 노인이 큰 지팡이를 들고 홀연히 나타나 가만히 서 있었다. 백옥으로 빚은 듯 희면서도 근엄한 그 얼굴은 소년처럼 앳된데, 길고 짙은 백설 같은 눈썹, 그리고 그 아래서 쏟아지는 안광은 심금을 꿰뚫어보는 영롱한 빛을 발산해 감히 마주 바라볼 엄두가 나지 않았다.

누구일까?

억겁의 세월을 기氣를 타고 자유자재하는 신선일까? 어쩌면 홍익인간의 진리를 땅에서 실현하라 가르친 신령한 그분환인천제.桓因天帝 불교에서는 도리천의 주인이며 하늘을 다스리는 제석천.帝釋天이라 한다. 아니면 그분의 명으로 신시(神市. 신령한 나라)를 개천(開天.하늘의 진리를 폄)하여 땅에서 홍익을 몸소 실천하고 가르친 저 도(道)의 종조(宗祖)요 배달국의 태조 환웅(桓雄) 거발환 천황(居發桓 天皇. 진리를 설파하는 자인 듯도 싶었다.

"어찌하여 저에게 오셨나이까?"

유체를 이탈한 그의 영혼은 이를 데 없는 황홀감에 도취돼 엉겁결에 노인 앞에 무릎을 꿇고 공손하게 물었다.

"도를 구하는 너의 정성이 하늘에 닿았노라."

노인의 목소리는 인자했다. 눈빛은 귀여운 손자를 바라보는 듯 그윽해서 떼를 써도 될 만큼 편하게 느껴졌다.

"그러하옵니까! 진심으로 도에 이르고자 하나이다."

그는 지극히 공손한 마음으로 대답했다. 그러나 얼른 입이 열리지 않아서 속으로만 한 말이었다. 그런데도 노인은 속마음을 알아들었는지 즉시 타이르듯 말했다.

"얘야, 너는 항상 도와 함께 있느니라. 달리 어디서 도를 구하려 드느냐."

"세상만물이 다 도인 것을 배워서 아나이다. 하지만 저의 소원은 신의 집에서 영원한 삶을 살고자 하나이다."

"어리석은 자여! 네가 누구더냐? 네가 바로 도이자 우주이며 신이요 신의 집이 아니더냐! 너에게 원하는 모든 것이 다 들어 있거늘 어디서 무엇을 찾는단 말이냐."

노인이 뜻밖에 귓속을 쩌렁쩌렁 울리는 천둥 같은 호통을 쳤다. 너무 놀라서 가슴이 떨리고 오금이 저려서 속으로도 말이 나오지 않았다. 그러나 그의 의식은 천재일우의 기회를 놓칠까 두려워서 용기를 내어 다급히 반문했다.

"무슨 말씀인지 깨닫지 못하겠나이다. 제가 어찌 만물을 태어나게 하는 무위의 도이겠습니까? 그리고 어찌 신이라 하시나이까?"

그러자 용기 있는 그의 물음에 노인은 짐짓 미소 띤 느낌의 음성으로 처음처럼 부드럽고 인자하게 말했다.

　"애야, 네 속에 모든 것이 다 있느니라. 더럽다고 생각하는 세속에 도道가 있으며 신이 있음을 알라. 스스로 찾아보아라. 지금처럼 네 마음이 하나일 때 네가 도요 신임을 알 것이니라. 또한 네가 가장 더럽다고 생각하는 세속에 도와 신이 있으니 세속으로 돌아가라. 아직 너는 육신의 옷을 벗을 때가 멀었으니 세속에서 네 삶의 몫을 다한 날 너의 진실한 영靈은 허울을 벗고 영원히 살리라."

　심장을 뛰게 하던 좀 전의 호통이 아니었다. 첫 만남에서 느꼈던 그 부드럽고 인자한 목소리였다. 그런데 책 속에서, 혹은 수많은 선각자들의 강연에서 들었던 말과 다르지 않아서 특별한 생각은 들지 않았다. 하지만 같은 말이라도 느낌은 분명하게 달랐다. 그러나 그보다는 세속으로 돌아가라는 말에는 자신이 없어서 강하게 도리질을 치며 단호하게 대답했다.

　"세속이 두렵고 무서워서 싫습니다!"

　"애야, 너의 세속에서의 고통을 다 지켜보았느니라. 마땅히 네가 걸어야 할 업보였음을 알라. 그러나 아직도 너의 업은 다하지 못하였으니 세속으로 돌아가 더 많은 시련을 이겨내거라."

　노인이 문득 온몸에 발산하던 빛을 잠깐 거두어들여 자신의 모습을 선명하게 나타내는 듯 했다. 그러나 찰나였다. 전등불이 잠깐 희미해졌다가 다시 밝아지듯 은은한 광채가 노인을 감싸고돌았다.

　"아, 저의 모진 업이 아직도 남았습니까? 그렇다면 석굴에서 업을 더 닦겠나이다. 하지만 모함과 배신과 시기와 질투와 위선과 속임수와 교만과 폭력, 그리고 온갖 추악한 욕망의 화신들이 들끓는 세속에는 다시 나아가고 싶지가 않습니다.”

그는 이제 망설이지 않고 하고 싶은 말을 다하였다.

“두려워하지 말라! 너의 순수한 마음이 추악함에서 도망치려 했기 때문에 견디기 어려웠느니라. 그러나 개가 짖는 소리를 듣고 확연히 깨달아라. 네가 평시에 인간 세상을 개소리에 잘 비유했듯, 개가 왜 짖느냐? 제 자신을 위해서 짖느니라. 주인은 도둑이라도 짖지 않으나 타인은 성인聖人이라도 짖는 것이 개가 아니더냐. 악이 지배하는 세속은 그러하느니라. 그들이 모두 멸할 날도 멀지 않았느니라! 아무튼 너는 그들 속에서 도를 구해보아라. 반드시 큰 얻음이 있을 터이니.”

노인의 말속에는 단호함이 있었다. 그러나 말끝을 흐린 데서 측은심을 느낄 수 있었다. 하지만 머릿속은 복잡했다. 느닷없이 개소리를 더 들으란 말도 얼른 이해하기 어려운데다, 악인의 멸망을 언급한 뜻이 의혹스러워 고개를 갸웃했다.

그러나 노인이 갑자기 빛 무리를 온몸에 다시 한번 은은히 발산하는가 싶더니 아득히 저 먼 곳에서 들리는 뇌성처럼 우렁우렁한 소리가 장엄하게 들려왔다.

“악인들은 개소리처럼 말하고 사느니라. 개는 이익이 있으면 악인이라도 꼬리를 흔들고, 이익이 없으면 성인에게도 짖어대니, 악한 인간들의 행각이 개소리와 다를 바가 뭐 있겠느냐! 그러나 애야! 개소리가 추악하다 해도 개 자체는 악하지 않느니라. 그 본성은 착함도 악함도 없는 진실한 도이니라. 인간의 마음 역시 그러하도다.

본래 선악이 분별없는 도인데, 이익을 위해 물거품이 일어나듯 악한 마음이 선한 마음을 눌렀을 뿐이다. 그래서 깨끗한 몸에 더러운 옷을 입듯 착함을 가리고 악함을 덧칠해서 악한 행세를 하는 것이니 이 이치를 세속에서 깨닫도록 하여라. 그리고 내가 말한 인간의 멸망은 사악함에 물든 그들 육신이지 그 진실한 영혼은 아니니라. 진실한 영혼이 바로 도요 신이거늘 어찌 그것을 멸할 수 있겠느냐. 그러나 육신의 욕망에서 벗어나지 못하여 사악함을 돌이키지 못하는 혼魂.인간의 세속성으로서 느낌, 감정 따위의 마음. 실재하는 자신은 불구덩이에 태워서 영원히 없어질 것이며, 영靈.실재하는 자신 속의 진실한 존재. 즉 도이자 신은 거두어 가리니 그때가 도래했도다! 너는 그때를 대비해야 하느니 도를 얻어 천하에 펼쳐서 많은 중생을 구원하여라. 그것이 너의 삶의 몫이로다!"

"아, 신령한 분이시여! 무슨 뜻인지 이제야 알겠나이다! 그런데…"

그는 잠에서 깨어난 듯 깨달음을 얻었다. 하지만 뒤이어 검은 그림자처럼 덮쳐 오는 의혹 하나가 요동치는 감동의 파도를 밀어냈다. 악인들의 죽음, 그것은 무엇을 의미하는 것일까? 인류의 멸망을 내비친 것은 아닌지 가슴을 때리는 당혹감에 번쩍 고개를 들어 묻고자 하였다.

그러나 노인의 모습은 온데간데 없었다.

빛도 사라졌다.

황급히 일어나 사방을 두리번거렸으나 푸른 허공에 혼자 외로이 놓여 있었다. 그러나 바로 가까이인 듯도 하고 까마득히 먼 곳 같기도 한 어느 곳으로부터 노인의 음성이 은은하게 들려왔다.

"도를 구하는 자여! 너의 몫을 다할 때 원하는 것을 얻으리라. 이제 그 석굴에서 나와 개소리를 찾아가거라. 그리고 깨달아서 진실로 도를 행하여 만민을 구원하여라! 내 너에게 불가사의한 기운을 불어넣어줄 터이니 함부로 쓰지 말고 세상을 위하여 쓰도록 하여라."

"아, 신령한 분이시여! 저는 아직 깨닫지 못한 것이 많습니다!"

그는 안간힘을 다해 소리쳤다. 그리고 사방을 두리번거려 소리치다가 노인의 음성이 들려온 곳으로 달려가려 하였다.

그러나 몸을 움직일 수가 없었다. 기를 쓰고 발버둥을 쳐도 몸은 태산같이 무겁고 목소리마저 나오지 않았다. 그리고 깜깜한 어둠 속에 갇히는가 싶더니 천 길 낭떠러지로 떨어지는 느낌이 들었다. 그와 동시에 자신의 몸에서 번쩍하고 빛 무리가 감싸고 돌았다가 사라졌다. 노인이 말한 불가사의한 기운이 임한 것일까? 어딘지 알 수 없는 무한의 힘이 느껴졌다. 신령한 기운이 틀림이 없다는 확신이 들었다. 하지만 그 생각을 시험해 볼 틈이 없었다.

"멍멍!"

몹시 귀에 익은 개 짖는 소리가 어렴풋이 들려왔다.

"오빠!"

그리고 연이어 들리는 반가운 목소리에 눈이 번쩍 뜨였다.

누렁이 진돗개가 꼬리를 흔들어 반기고 여동생 선희가 활짝 웃고 서있었다.

"눈이 많이 왔을 텐데 그냥 집에 있지 않고."

"오빠, 배고프지? 눈이 너무 많이 내렸어, 걸음 옮기기도 힘들 정도야."

수다스럽게 말한 그녀가 손에 든 겹겹이 싼 밥통보자기를 주섬주섬 풀어놓으려 하였다.

"오늘 아침밥은 집에 가서 먹자"

"응? 왜?"

"그냥… 당분간은 여기 오지 않을 생각이야."

"어머, 우리 오빠 도를 통했나 보네?"

선희가 짐짓 놀란 시늉으로 의아스러운 눈동자를 굴렸다. 그는 대답하지 않고 알 듯 모를 듯한 미소를 머금고 일어섰다. 누렁이 진돗개가 기다렸다는 듯 앞발로 풀쩍풀쩍 뛰어올라 그에게 안기려 하였다. 전에 같았으면 옷을 버릴까 저어해 앉아! 하고 명령했을 텐데 오늘은 사랑스러워서 목을 꼭 껴안아 등을 쓸어주고는 가벼운 발걸음으로 석굴을 벗어났다.

"오빠, 정말 하산하는 거야? 다시는 여기 안 와?"

"응, 그럴 것 같다."

"정말 도통했나 보네?"

선희가 기뻐하며 그의 뒤를 따랐다. 그러나 속마음은 다른 이유로 기뻤다. 도의 길을 걷는 오빠를 지난 몇 년간 정성껏 보살펴주기는 하였으나 한시도 마음을 놓지 못하였다. 춥고 칙칙한 석굴에서 병이라도 나지 않을까 전전긍긍하였다. 그리고 치열하게 수행하는 오빠의 모습이 아름다우면서도 안쓰러워서 마음 편히 지낼 수 없었다. 하지만 이제는 마음 놓고 읽고 싶은 책도 읽고 쓰고 싶은 글도 쓰면서 한결 여유롭게 살 수 있을 것 같아서 행복했다.

"보아라 선희야, 산과 들이 얼마나 아름다우냐! 하늘정원을 보는 것 같다."

밖으로 나온 한성민이 탄성을 자아냈다.

온통 눈으로 덮인 하얀 산야가 눈부시게 찬란했다. 아까 해가 뜰 무렵에 바라보았던 느낌과는 전혀 다른 아름다움이었다. 매서운 바람도 상큼하게 느껴져 가슴이 탁 트였다.

"아름다워! 하늘정원이 뭐 별거겠어? 여기가 하늘정원이지! 그런데 오늘 오빠가 아무래도 이상하네… 어제 밤에 정말 좋은 일이 있었나봐? 그치?"

선희는 아름다움을 아름답다고 표현하는 오빠의 마음이 기뻤다. 별로 웃음을 모르고 늘 우울해하던 사람이었다. 그런데 갑자기 밝은 모습을 보여서 뭔가 얻기 어려운 것을 얻었음이 틀림없다는 생각이 들었다.

"그래 보이니? 맞다! 아주 좋은 일이 있었지! 따뜻한 아랫목에 앉아서 이야기해줄 테니 추운데 어서 내려가기나 하자!"

한성민은 유쾌하게 껄껄 웃었다. 오랜 세월 함께 했던 석굴을 등지고 성큼 내딛는 하산의 첫걸음이 날아갈듯 가벼웠다. 눈치 빠른 누렁이가 재빨리 앞장을 서더니 몸뚱이까지 푹푹 빠지는 눈길을 힘을 다해 껑충껑충 뛰어 산 아래로 내달렸다. 선희가 올라오면서 처음으로 낸 태고의 흔적 같은 발자국을 되짚어 가는 그 길은 석굴에서 산허리를 돌아 마을로 내려가는 비탈이 심한 오솔길이라 꽤나 미끄러웠다.

똥에서 진실을 찾아내다

한성민은 선희가 차려준 아침밥상을 물리자마자 이부자리를 반쯤 덮고 비스듬히 벽에 기대앉았다.

"오빠, 편하게 누워서 한숨 푹 자요."

"응, 그래 좀 있다가… 좀 과식한 것 같아서."

"애걔! 밥 한 그릇도 안 비웠는데, 반찬도 된장국하고 나물만 먹었으면서… 그러다가 병나면 어쩌려고, 오늘 점심은 소고깃국 끓일까?"

"아니다. 한 사흘 지난 뒤에 먹는 것이 좋겠다. 갑자기 육식을 하면 탈이 날 수가 있어. 그런데, 선희야!"

"응?"

"봄에 나 서울에 갈 생각인데 어쩌지? 당분간 너 혼자 집에서 지내야 할 텐데."

"왜? 서울에 무슨 일이 있어? 금방 갔다가 오는 게 아니고 오래 있을 거야?"

선희는 놀랐다. 부모처럼 의지하고 있는 오빠가 또 집을 떠난다니 한순간 눈앞이 캄캄했다. 오빠가 방황을 할 때도 그랬지만 그 오랜 세월 유학을 떠나있는 동안 고아처럼 외로웠던 생각을 하면 다시는 혼자이고 싶지가 않았는데 충격이었다.

"이번에는 그리 오래 있지는 않을 것 같다. 실은 오늘 마지막 수련 중에 나는 많은 것을 깨달았다. 특히 사람들 속으로 들어가라는 신, 그래 신이시겠지. 그분의 말씀도 있으시고 해서 사람들 속으로 들어가 볼 생각이다."

한성민은 선희의 마음을 다치지 않으려고 애써 차분하게 말했다. 그리고 명상의 깊음 속에서 육신을 떠난 자신의 영혼이 신이라 여겨지는 한 노인으로부터 받은 가르침을 가만가만 말해주었다.

"오빠, 혹시 오빠가 너무 명상에 몰두한 나머지 헛것을 본 것은 아닐까? 잘 생각해야 돼요. 몸과 마음이 허하거나 어느 하나에 집착하면 이상한 현상을 보고 듣는다는 말을 들은 적이 있거든! 잘못하면 악마의 노예가 될 수도 있고."

"너의 말에 일리가 있다. 심신이 허하면 마치 귀신이 든 것처럼 헛소리를 듣거나 말을 하기도 하지. 또 무엇에 너무 집착해도 그렇다. 이상한 소리를 하기 마련이지. 그것은 순간적인 일종의 정신병이라 할 수 있다. 그러나 나의 경우는 그렇지가 않다. 그 노인으로부터 진실만을 들었으니까. 그러니까 그 노인은 결코 허상이 아니라 생각한다."

"어떤 말인데?"

"그분께서 하시는 말씀이 진실로 도를 깨우치고 싶거든 사람들

속으로 들어가라 하셨다. 그리고 일찍이 내가 경험했던 추악하다고 생각하는 인간들을 추악하게 생각하지 않을 때 거기에 도가 있다는 말씀을 듣고 깨달은 바가 많았다. 그리 보면 착하고 진실하다고 생각하는 사람에게도 추악함이 있다는 뜻도 된다. 나를 포함해서 말이다. 요는 사물을 피상적으로 보지 말고 지혜로써 내면을 관찰하라는 말씀이니 어찌 헛것의 장난이라 할 수 있겠느냐?"

"무슨 뜻인지 알 듯 모를 듯 하네. 아무튼 오빠의 말은 너무 어려워서 얼른 이해하기 힘들어."

"그럴 테지, 나도 나의 진실이 무엇인지 잘 모르고 있었으니. 하여간 내 인생의 목표가 도에 있는 이상 나는 그분의 말씀을 따르리라 결심하였다. 하지만 너에게 너무 미안하구나. 또 너를 혼자 두고 갈 생각을 하니 마음이 무겁다."

"괜찮아 오빠, 나는 오빠의 지금 모습이 좋아요! 내 걱정은 하지 말고 오빠의 꿈이나 성취되었으면 좋겠어. 전에 오빠가 땅 팔아서 준 돈 아직 많이 남아 있고, 읽을 책도 많이 사다 놨으니까 심심하지는 않을 거야. 정히 지루하면 나도 오빠 따라서 서울 가지 뭐."

선희는 짐짓 명랑하게 말하고는 아직 치우지 않은 밥상을 들고 얼른 밖으로 나갔다. 말은 그리 했어도 부엌으로 가서는 흐르는 눈물을 주체하지 못하였다. 그는 선희가 드러내지 않은 속내를 모르는 것은 아니지만 달리 해줄 말이 없어서 마음이 아팠다. 그러나 그 마음도 잠시, 자신과 사투를 벌이며 꼬박 밤을 지새웠던 긴장이 풀어지자 온몸이 무너져 내릴 듯 나른했다. 눈꺼풀이 천근같이 무거워 아픈 마음을 아스라이 안은 채 두 다리를 쭉 뻗어 길게 드러누웠다.

얼마나 잤을까?

"아가씨! 아가씨! 아가씨 집에 있어요? 얼른 좀 나와 봐요!" 선희를 부르는 다급한 여인의 소리가 어렴풋이 들려왔다.

"명식이 엄마, 무슨 일이 있어요?"

"아가씨! 빨리 우리 집에 같이 좀 가요! 우리 애들이 토하고 설사하고 난리에요, 난리!"

"애들이 아파요? 갑자기 왜요?"

"모르겠어요. 애들 아버지가 사온 생선을 먹고 나더니 갑자기 저래요."

"식중독인가? 알았어요. 먼저 가셔요. 금방 뒤따라 갈게요."

선희는 마을에서 알아주는 건강 도우미였다. 본래 간호사였는데 병원일을 그만두고 나서 사는 마을이 도시와 멀리 떨어진 산골이라 가벼운 병쯤은 혼자 해결할 수 있어야 할 것 같아서 이런 저런 간단한 의술을 배워둔 적이 있었다. 그랬던 것이 뜻밖에 마을사람들에게 큰 도움이 되었다.

"간호사 출신답구나."

선희가 비상약과 응급도구가 든 가방을 들고 제 방에서 나오자 마루에 먼저 나와 있던 한성민이 빙글빙글 웃고 서 있었다.

"깼어? 더 주무시지 않고."

"응, 명식이 엄마라는 사람과 얘기하는 소리 다 들었다."

"애들이 식중독 같은데 어찌 해야 될지 아직 잘 모르겠어."

"그래? 같이 가볼까?"

"오빠도 가게? 어머! 침통도 들고 있네!"

"그래 이 침으로 죽는 사람도 살리지!"

한성민이 침통을 찰랑찰랑 흔들어 보이며 유쾌하게 웃었다.

"하긴! 오빠 실력을 내가 좀 아니까! 근데 명식이 엄마 말을 들어 보니까 애들 식중독이 심한 것 같은데, 하여튼 어서 가요!"

선희가 서둘러 섬돌에 내려섰다. 오빠가 함께 가는 것만으로도 마음이 놓이고 좋아서 조금 들뜬 몸짓이었다.

"드디어 오늘 내 동생의 의술을 구경하게 되었군!"

한성민은 장난스럽게 말하며 선희 뒤를 따랐다. 마당을 걸어 나가자 어느새 누렁이 진돗개가 앞장서서 대문을 나섰다. 영리해서 선희가 어딜 나가면 항상 길잡이가 돼 앞장서서 걷는 녀석이다. 좀 앞선다 싶으면 기다렸다가 다시 걷는 등 일정한 거리를 두기를 잊지 않았다. 그리고 선희가 버스를 타고 먼 곳에라도 다녀올라치면 정류장에 나가서 기다렸다가 함께 돌아오곤 하였다. 영리한데다 충성심이 놀라워서 선희의 아낌이 여간 아니었다. 형편 따라서 돌변하는 사람보다 백 번 낫다고 선희가 입의 침이 마르도록 자랑하는 녀석이다.

그리 생각하니 누렁이가 기특했다. 그런데 그는 별로 정을 주지 않았던 누렁이가 새삼스레 정이 느껴져 누렁아! 하고 한 번 불러보려 하였다.

"개는 도둑을 지키지만 주인은 도둑이라도 짖지 않고, 타인은 도둑이 아닌 성인이라도 짖는다. 제 자신을 위하기 때문이니라. 인간 세상이 바로 그러하느니라. 그러나 그들의 내면을 관찰하라. 추악한 짖음 이면에 착함이 있느니… 그러나 악한 자 죽어 없어질 날이 곧 오리라."

하고 말한 노인의 음성이 허공 어딘가에서 들려오는 것 같아서 하늘을 올려다보았다.

무슨 뜻일까? 개소리와 이율배반적인 인간을 비유한 것은 이해가 갈 듯하지만, 악한 자 다 죽어 없어질 것이라 말한 대목에서는 도무지 납득이 가질 않았다. 흔히 말하는 지구의 종말을 예언한 것일까?

"천장지구天長地久"라 하였다.

장長은 오래임을 의미하므로 하늘은 영원하고, 구久는 가는 사람을 붙들어 놓는다는 뜻이니 언젠가는 지구가 사라진다는 뜻이다. 그렇다면 가끔 혹세무민하여 세상을 발칵 뒤집어 놓는 종말론자들의 말이 사실일까?

"오빠, 뭘 그리 골똘히 생각해? 어서 가요!"

한참 앞서 가던 선희가 뒤돌아서서 재촉했다. 생각에 젖어 걸음이 늦은 오빠의 모습이 또 우울해 보여서 바쁜 걸음을 멈추었다가 어깨를 나란히 해서 또 물었다.

"오빠, 무슨 생각해? 오빠가 말이 없으면 겁부터 나."

"그래? 미안! 문득 어제 노인이 하셨던 말씀을 되새겨봤을 뿐이야. 그런데 아까 그 여자가 명식이 엄마라고 했어? 우리 동네 사람이야? 나는 잘 모르겠던데?"

"으응! 오빠는 잘 모를 거야. 하도 오래 집을 떠나 있었으니까, 새로 이사 오거나 시집 온 사람들을 알 리가 없지. 집에 와서는 밖에 잘 나가지도 않고 책 읽고 수행이나 하고… 우리 동네 사람들도 많이 바뀌었어! 이사 간 사람도 있고 새로 들어온 사람도 많아. 근데 명식이 엄마는 있잖아, 일 년 전에 재취로 들어온 사람이야, 명식이 친모는 이태 전에 폐암으로 죽었거든."

"그래? 그 참! 젊어서 죽다니 안타깝다."

"나도 그래, 근데 오빠, 지금 명식이 엄마가 계모라고는 하지만 명식이를 얼마나 끔찍이 아끼고 사랑하는지 몰라. 집안일도 잘하고."

"참 고마운 사람이구나. 남의 자식을 키운다는 게 쉽지가 않을 텐데."

"말도 마, 재취로 들어오면서 수정이라고 다섯 살 난 딸 하나를 데리고 왔는데, 수정이는 옷도 아무렇게나 입히고 잘못하면 마구 때리기도 하지만, 명식이는 안 그래. 좋은 옷 사다 입히고 좋은 음식만 찾아 먹이지, 어딜 갈 때도 꼭 데리고 다니지… 하여튼 명식이만 애지중지해서 명식이가 친자식 같고, 정작 자기가 낳은 자식은 남의 자식이라 오해할 정도거든."

선희가 그 여자를 입에 침이 마르도록 칭찬했다. 듣고 보니 그 여자야말로 도가 무엇인지 잘 모를 테지만 도의 근본은 무위로 덕을 베푸는 데 있는 만큼 타고난 착한 천성으로 자연스럽게 도를 행하는 사람이란 생각이 들었다.

"오빠, 다 왔어. 이 집이야."

선희가 멈추어 선 곳은 그가 어릴 적에 자주 뛰놀던 마을 뒷동산 끝자락이었다. 낯이 익은 그 집은 예전과는 달리 흙 담장이 군데군데 무너지고 지붕 기왓장엔 잡초가 드문드문 나있어서 세월의 무상함이 느껴졌다. 대문도 없이 훤히 트인 양 담장 사이가 출입문이어서 선희가 큰 길을 가듯 망설임 없이 그 집으로 들어갔다.

"명식이 엄마, 저 왔어요!"

"아이고, 아가씨, 어서 오세요. 애들이… 어머, 아가씨 오빠도 오셨네!"

급히 문을 활짝 열고 나온 여인이 그를 발견하고는 깜짝 놀라며 반겼다.

"네, 우리 오빠가 애들을 봐주실 거예요."

"오메, 이렇게 고마울 수가! 고맙습니다. 선생님!"

여인이 황망한 몸짓으로 말하고 마루에 너저분하게 흩어져 있는 옷가지며 밥그릇을 주섬주섬 치우고는 연신 걸레질을 해대며 올라오라 하였다.

그는 오랜만에 시골 여인의 소박한 인정을 느끼며 바삐 서두르는 선희 뒤를 따랐다.

방안에는 아랫목에 두 아이가 물수건을 머리에 얹은 채 누웠는데 구린내부터 물씬 풍겼다. 선희가 잠깐 얼굴을 찡긋하다가 이내 화사한 얼굴로 두 아이 이마를 차례로 짚어보고는 능숙한 손놀림으로 두 아이의 윗옷을 차례로 벗겨냈다. 구린내가 더욱 진하게 풍겨 나오고 두드러기가 아이들의 몸 여기저기 불긋불긋 솟아나 있었다.

"오빠 식중독 맞는 거 같지? 머리에 열도 많은데 병원에 안 가도 될까?"

"우선 소금물로 몸을 씻어줘 보렴. 열이 가라앉을 수도 있으니까."

"그래 볼까?"

"아니, 애들이 또 똥을 쌌네! 아이고 이를 어째!"

여인이 아이들 아랫도리를 벗기다 말고 오만 상을 찌푸리고 쪼르르 마루로 달려가 걸레를 가져왔다. 그리고 딸애 밑부터 화난 손짓으로 똥을 쓱쓱 닦아내다가 끝내 성을 못 참아 냅다 소리를 질렀다.

"야 이년아, 나이가 몇 살이나 쳐 먹었는데 옷에다가 또 똥을 싸! 응? 급해도 참았다가 뒷간에 가서 싸야지! 왜 옷에다 싸고 지랄이야 지랄!"

그러자 딸애가 찔끔찔끔 눈물을 쏟아내고 어린 명식이는 지레 겁을 먹고 울음보를 터뜨렸다. 그래도 그녀는 화난 표정을 거두지 않았다.

"애들이 오죽했으면 그랬겠어요? 그러지 마세요."

선희가 보다 못해 아이들 역성을 들자 그녀는 아가씨 오빠도 오셨는데 미안해서 그렇다며 찌푸린 표정을 다소 누그러뜨리고는 딸

애의 밑을 다 닦아냈다. 그리고 어린 명식이의 두 발을 한 손아귀로 움켜잡아 번쩍 들어올렸다.

"잠깐만 아주머니!"

여태 묵묵히 지켜보고만 있던 한성민이 무슨 생각을 했는지 갑자기 여인을 다급히 불렀다.

"예?"

여인이 아이의 가랑이 사이를 부지런히 닦아내던 손을 멈추고 그를 의아한 표정으로 돌아보았다.

"애들 몸에 난 두드러기를 보니 다른 병일 수도 있다는 생각이 듭니다. 어떻습니까? 손끝으로 아이들의 똥을 조금만 집어서 혀끝에 살짝 대보고. 어떤 맛인지 알았으면 좋겠는데?"

"네에? 똥을 먹어요?"

여인이 놀란 눈을 휘둥그레 치켜뜨며 다급히 반문했다.

"아닙니다. 먹으라는 것이 아니라 그냥 아주 조금만 손끝에 묻혀서 혀끝에 살짝 대보고 무슨 맛인지만 말씀해주세요. 똥 맛을 보면 무슨 병인지 확실히 알 수 있으니까요."

한성민은 일부러 목소리에 힘을 주어 심각하게 말했다. 여인은 그의 표정에 찔끔했던지 먼저 딸애를 닦아낸 걸레에 묻은 똥을 둘째 손가락으로 슬쩍 찍어 묻혔다. 그리고 길게 혀를 쑥 내밀더니 별 망설임 없이 혀끝에다 살짝 대 한 번 입맛을 쩝쩝 다셔 보기까지 하였다.

"시큼한데요!"

그리 말하는 여인의 얼굴에 이렇다 저렇다 할 별 표정이 없었다.

그리고 곧장 대접을 들어 물 한 모금을 입 안 가득히 채워서 울렁울렁 씻어내기를 서너 차례 반복하고는 좀 개운한 표정으로 그를 쳐다보았다.

"그렇습니까? 그럼… 이 아이가 명식이지요? 명식이 똥도 맛을 좀 보세요. 나이가 딸아이보다 한참 어려서 별로 구리지 않을 겁니다."

"얘도요? 같은 병인데 맛이 뭐가 다르겠어요?"

이번에는 여인이 무슨 못 볼 것을 보기라도 한 듯 또 오만상을 찡그리고는 좀 짜증스럽게 반문했다.

"그래도 그렇지가 않습니다. 같은 증세라도 병이 다를 수가 있으니까요. 자 어서!"

한성민은 여인의 말에는 아랑곳하지 않고 명령하듯 엄숙하게 재촉했다. 여인이 힐끗 선희를 한 번 쳐다보았다. 정히 이래야 되느냐 하는 눈빛이었다. 선희는 여인의 속내를 알아차렸으나 굳이 똥 맛을 보라는 오빠가 뭔가 딴 생각이 있는 듯해서 고개를 끄덕여 그리하라는 눈짓을 보냈다.

여인은 마지못해 하는 눈치가 역력했다. 얼굴이 벌레 씹은 듯 일그러졌다. 아까와는 전혀 딴판이었다. 어린 명식이의 두 다리를 한 손으로 움켜잡고 덜렁 들어 올렸다. 그리고 으깨져서 엉덩이에 너저분하게 묻어 있는 똥을 검지 끝에 살짝 묻혀서 혀끝을 입술 밖으로 조금 내밀었다. 그리고 잔뜩 찌푸린 채 검지를 입으로 가져갔다. 그런데 그녀의 손끝이 입술 가까이에 이르기는 하였으나 똥이 혀끝에 닿기도 전이었다. 숨을 들이쉬어 냄새부터 맡아보다가 울컥

구역질을 하였다. 그러더니 부리나케 마루로 뛰쳐나가 토악질을
해댔다.

한성민이 짐짓 의미심장한 웃음을 머금었다. 여인이 방 안으로
다시 들어오자 보란 듯이 아이의 엉덩이에 묻은 똥을 집게손가락
으로 슬쩍 집어서 입안에 넣었다. 그리고 태연히 입맛까지 두어 번
쩍쩍 다셨다. 그러고 나서 물 주전자를 들어 입 안 가득 물을 머금
어 양 볼을 울렁울렁해서 서너 차례 입안을 씻어냈다. 여인은 무엇
에 홀린 양 그가 하는 모양을 우두커니 서서 바라만 보았다. 구역질
한 자신이 부끄러워서일까? 아니면 구린 똥을 더러워하는 표정 하
나 없이 태연자약한 그가 괴이하고 이상해서일까? 여인의 속내를
알 수는 없으나 놀라워하는 것만은 분명했다.

"선희야, 우선 아이들을 깨끗이 닦아내고 소금물로 온몸을 씻어
내 주어라, 그리고 명식이 엄마는 지금 즉시 생미나리를 씻어서 즙
을 내 아이들한테 먹이세요. 그러면 곧 나을 테니 염려하지 마시고
요."

"예, 예, 선생님!"

여인은 그제야 송구해 하며 연신 허리를 굽실댔다. 이때 그녀의
남편이 헐레벌떡 달려와 가쁜 숨을 몰아쉬며 방 안으로 들어섰다.
아이들이 설사를 쏟아내고 아픈 배를 움켜잡고 울어대자 부랴부랴
읍내 약국에 다녀오는 길이었다. 마을에서 읍내까지 갔다가 오는데
10리는 족히 되는 거리였다. 자전거도 없이 뜀박질로 갔다 온 터라

숨이 턱에 차서 헉헉 대다가 그가 하는 말을 듣고 긴장이 풀어졌는지 맥없이 털썩 주저앉았다. 그리고 후유! 하고 안도의 한숨을 내쉬더니 쓸데없이 발품만 팔았다며 기분 좋은 표정과 목소리로 투덜댔다.

집으로 돌아온 한성민은 한동안 생각에 잠겼다. 여인에게 두 아이의 똥 맛을 보라 했던 것은 마침 그녀가 낳은 자식과 전처 자식 둘을 기르고 있어서였다. 낳은 자식보다 전처 자식을 더 애지중지한다는 선희의 말을 듣고 인간의 진실과 거짓 이 두 가지 양면성의 존재를 확인하고 싶어서 의도적으로 똥 맛을 보라고 강요하다시피했었다.

그런데 과연 여인은 자신이 낳은 자식의 똥은 더럽다는 생각 없이 쩝쩝 입맛까지 다셔보고 시큼하다는 말까지 하였다. 그러나 끔찍이 아끼고 사랑한다는 전처 자식의 똥은 아직 어려서 구린내가 훨씬 덜할 텐데도 똥을 혀끝에 대기도 전에 구역질부터 했던 것이다. 그렇다면 그 여인의 내심은 낳은 자식은 사랑하고 낳지 않은 전처 자식은 겉으로만 사랑하는 체하고 사실은 미워하고 있었던 것일까?

한성민은 고개를 가로저었다. 만약 낳지 않은 전처 자식을 정말로 미워했다면 아무리 겉으로 애지중지한다 해도 남몰래 구박했을 것이다. 그러나 그녀는 그리 할 사람으로 보이지 않았다. 낳은 정만큼이나 기른 정도 깊어 보였다.

그런데도 왜 그랬을까?

"그렇구나!"

한성민은 오래지 않아서 깨닫고는 고개를 크게 끄덕였다. 그 여인은 똥 맛을 보려는 순간, 자기 뱃속으로 낳은 자식과 낳지 않은 자식이란 잠재된 의식이 즉시 차별심을 일으켰음이 분명했다. 그것은 세속적 사랑의 감정 뒤에 도사리고 있는 미움과 같은 것이었다. 어쩔 수 없는 상황에 놓이자 뿌리 깊게 각인돼 있던 낳은 자식이 아니라 타인이란 의식이 불쑥 일어났던 것이다. 그녀의 전처 자식 사랑은 친자식과 같은 무위의 사랑이 아니라 남의 자식이라도 내 자식처럼 아끼고 사랑해야 한다는 일종의 의무감에서 비롯되었던 것이다. 따라서 전처 자식에 대한 사랑이 유위有爲한 것이어서 외향적으로 거짓이 아니기는 하지만, 그리고 그녀 자신마저 진심이라 믿고 있을지 모르지만 마음 깊숙이 자리한 본심은 진실한 사랑이 아니었던 것이다. 그래서 노자가 이리 말했던 것이다.

"천하에 아름답게 여기는 모든 아름다움은 추하고, 모든 착하다고 여기는 착함은 착하지 않은 것이다."

이 말을 달리 비유하면,

"천하에 향기롭다고 생각하는 모든 향기로움은 더러운 것이고, 더럽다고 생각하는 모든 더러움은 향기로운 것이다."

하고 말할 수 있다.

그렇다면 만 가지 이치는 상대적인 데서 비롯된 마음의 장난이라 할 수 있었다. 따라서 도를 진심으로 터득한 자라면 상대성이 없어서 착하고, 악하고, 아름답고, 추하고, 깨끗하고, 더럽고 하는 따위의 분별의식이 없어야 한다. 분별심이 없으므로 모나지 않고 원만하여 그 마음에 걸림이 없고, 마음에 걸림이 없으므로 드디어 대각을 얻은 성인의 반열에 오르게 되는 것이다.

한성민은 그 여인이 두 아이의 똥을 맛볼 때의 표정에서 인간의 양면성을 확인했다. 그리고 차별심이 없어야 득도할 수 있다는 사실을 깨달았기에 태연히 똥 맛을 볼 수 있었다. 그저 먹는 음식쯤으로 여기고 더럽다 더럽지 않다는 의식조차 하지 않았기에 가능했던 것이다.

그러나 보통은 시각, 청각, 미각, 후각 등으로 받아들인 세속성이 더러우면 더럽다 구리면 구리다 하고 분별하기 마련이니 너와 나, 그리고 선과 악이 구별돼 대립각을 세우는 것이 현실이니 어쩌랴 싶어 탄식하여 시를 지어 읊었다.

똥은 같은 똥인데,
더럽고 더럽지 않은 똥이 있구나.
진심의 똥은 향기가 있고
진심이 아닌 똥은 구리다 하네.
마음 구멍은 한곳인데
뱀 혓바닥처럼 갈라져 나옴이여!

향기가 감미롭다 하나,
잠시간에 사라지는 것을

아, 혼백을 하나로 묶어

단절 없는 도의 향기

면면이 내뿜는

저 도리천에 오르리라.

한성민은 문득 개소리를 들으라 했던 노인의 말이 다시 떠올랐다. 도둑인 주인은 꼬리를 흔들어 반기고, 도둑이 아닌 착한 타인은 짖어대는 개의 분별심도 도가 없었기에 그런 것이리라. 그러나 노인의 가르침은 도가 없어서 두 마음을 내는 그 마음을 깨달으라는 것은 아니었다. 도가 없다 하고 생각하는 마음의 바탕 자체가 때가 묻지 않은 진실한 자아가 아니라 세속에 종속된 마음의 그림자인 것이다. 그 마음을 지워내야 비로소 참 '나'가 드러나고, 그 참 '나'가 도이자 사랑이라는 것을 깨달았다. 그러므로 항상 깨어있어서 참 '나'인 도의 향기만을 내고 사는 것, 그것이 바로 자신의 삶이라 다시 한 번 확인하였다.

"오빠, 그만 자고 일어나요, 저녁 먹어야지."

그새 해가 저물었다. 이런저런 생각에 잠기다가 점심을 먹고는 책을 좀 읽다가 졸음을 못 이겨 잠시 좀 누웠다 싶었는데 어느 사이 어둠이 짙게 내려있었다.

"내가 오래도 잤구나."

"말도 말아요. 하도 곤하게 자서 깨울 수가 있어야지. 하긴 겨울 내내 그 추운 동굴에서 잠도 제대로 못 잤으니… 제대로 먹기나 했나, 사람이 무쇠도 아니고."

　차린 밥상을 내려놓은 선희가 그간 안쓰러워했던 속내를 잔소리로 늘어놓았다.

　"그랬구나!"

　"그랬구나가 아니고 오빠, 이제 좀 쉬어요. 그러다가 병나겠어. 생각이 많으면 심장도 폐도 위장도 다 안 좋아지는데 나중에 어쩌려고."

　"내 걱정은 안 해도 된다. 나는 네가 더 걱정이다. 네가 시집을 가면 앓던 병도 다 나을 것 같다."

　한성민은 한바탕 껄껄 웃고는 짐짓 딴소리를 했다.

　"나도 오빠 닮아서 그렇지 뭐… 근데 오빠는 왜 장가 안 가는데?"

　"그야 갈 때가 되면 가겠지… 그러나 너의!"

　한성민은 말을 다 꺼내기도 전에 한 대 얻어맞은 기분이어서 멈칫했다. 그리고 어물어물대다가 엉겁결에 선희의 아픈 상처를 들추어 낼 것 같은 말을 하려다가 아차 싶어 입을 꾹 다물었다.

　"오빠! 어서 저녁이나 먹어요! 딴 소리는 그만하고!"

　아니나 다를까? 선희가 민감하게 반응했다.

　"응 그 그래… 어서 밥이나 먹자, 된장국 다 식겠다."

　선희가 M시의 K라는 대학병원에서 간호사로 일하던 몇 해 전이었다. 결혼을 약속하고 오래 사랑했던 사람이 있었다. 내과 의사였던 그자의 마지막 선택은 다른 부유한 집안의 딸이었다. 이에 충격을 받은 선희는 그 일로 병원일을 그만두고 미련 없이 고향으로 돌아와 집안일과 독서에만 매달렸다. 그리고 가족이라고는 오직 하나뿐인 오빠 한성민을 부모처럼 의지하고 뒷바라지하는 데에만 전념했다. 그리 하는 것이 삶의 전부인 양 헌신적이어서 혼인이란 말조차 꺼내기를 싫어했다. 한성민은 선희의 그런 마음을 깜박 잊고 아물어가는 상처를 건드려서 몹시 미안했다. 된장국을 거푸 몇 숟가락을 후룩후룩 떠먹고는 입맛을 쩝쩝 다시다가 엄지손가락을 치켜세워 내 동생 음식솜씨 하나는 세상에서 최고라며 어색한 분위기를 돌려놓으려 하였다.

"그런데, 오빠, 밥상 앞에서 할 말은 아니지만 그 애들 똥 말인데… 명식이 엄마는 그렇다 치고 오빠는 왜 똥을 먹어보았어? 그리고 아무런 느낌도 없어 보이던데 정말 구리지 않았어? 오빠가 그러는 거 보고 내가 구역질이 나서 혼났는데."

선희도 그의 마음을 헤아리고 얼른 딴 이야기를 하였다.

"아, 그거? …왜 이상했니?"

"응, 좀… 하여튼 오빠가 무슨 생각을 하고 그랬는지 궁금했어. 특별한 뜻이 있었겠지?"

"특별한 뜻이라… 글쎄 밥이나 다 먹고 나서 이야기하자 좀 깊은 뜻이 있기는 하니까"

"정말? 오늘 밤에 우리 오빠 철학 강의 들어보겠네! 빨리 먹고 상 치우고 와야지!"

애교스럽게 말하는 선희의 표정이 여느 때처럼 밝았다.

똥에도 도의 향기가 있다네

선희는 저녁상을 물리기 바쁘게 상을 들고 나가서는 빠른 손길로 그릇을 깨끗이 씻어 찬장에 올려놓았다. 그리고 따뜻하게 끓인 물주전자와 두 개의 찻잔과 녹차 봉지를 소반에 담아들었다. 강의를 듣기보다 오랜만에 오순도순 나눌 남매간의 다정한 대화가 더 좋고 소중하게 생각되어서였다.

"너 정말 내 이야기에 관심이 많은가 보구나!"

"그럼… 오빠, 내가 누군데? 오빠와 나는 DNA가 같은 남맨데. 솔직히 수행하는 오빠 모습이 참 존경스럽거든! 그러니까 내가 알아들을 수 있도록 잘 설명해야 해요."

"알았다. 네 마음이 그러니… 그럼 지금부터 내가 너의 교수니까 이 교수님의 말씀 잘 들어야 한다."

한성민이 일부러 어깨를 쭉 펴고 목에 힘을 주었다.

"오빠는 목에 힘주는 거 안 어울리네요. 평소처럼 하시고 똥 철학 강의나 해주세요 네?"

선희는 제법 우스갯소리도 할 줄 아는 오빠의 모습이 보기가 좋아 생글생글 웃음지며 농으로 되받았다.

"똥 철학이라… 새로운 철학이 탄생하는 순간이군!"

어찌 들으면 빈정거리고 비하하는 말 같기도 한 똥 철학이란 말이 우스워 껄껄 웃었다. 그러나 세상의 모든 존재물은 철학성이 있기 마련이다. 깊이 생각해보면 똥이라도 똥으로서의 철학이 없지 않으니 웃을 일도 아니었다. 옛날 어느 선사는 부처가 무엇이냐는 질문에 똥바가지라고 대답했다. 존재하는 그 모든 만물은 더럽든 깨끗하든 불성이 다 있다는 뜻이다. 하기는 만물은 도로부터 나왔으니 도의 습성이 없는 만물은 존재하지 않는다. '처처에 부처요 보이는 것이 다 도로다' 하고 말한 옛 선사들의 말을 굳이 새겨볼 필요조차 없는 진리다.

"그런데, 선희야, 너와 나의 키를 비교해보면 누가 크니?"

한성민은 하찮것없는 똥 이야기를 하려다 보니 문득 한 생각이 나서 물었다. 그것은 모든 존재물은 철학이 있다는 사실을 비유를 들어 말해주기 위한 속셈이었다. 그러나 얼른 눈치채지 못한 선희가 어리둥절해서 반문했다.

"갑자기 웬 키? 그리고 그것도 말이라고 해요?"

"그래 내가 크지. 너는 나보다 작고. 그런데 이 세상 사람들이 모두 너와 키가 똑 같다면 나는 키가 크고 너는 키가 작다고 말할 수 있을까?"

"그야 크다 작다는 말조차도 없지 뭐, 차별할 수 없으니까…"

"그렇지! 크다는 것은 작은 것이 있기 때문에 크다 하고, 작은 것은 큰 것이 있기 때문에 작다고 하지. 그런 이치에서 보면, 높음과 낮음, 길고 짧음, 넓고 좁음, 많고 적음, 빛과 어둠, 깨끗함과 더러움, 진실과 거짓… 그 모든 존재물, 혹은 사람의 생각까지 상대적으로 존재하기 마련이지. 상대적이지 않으면 만물 자체가 존재할 수가 없지 않느냐."

"정말 그렇네!"

선희는 큰 무엇을 발견이라도 한 듯 자신도 모르게 언성을 높였다. 머릿속에는 하늘과 땅, 높은 산 낮은 산, 먼 곳과 가까운 곳, 사랑과 증오, 선과 악, 정직과 거짓, 어짊과 포악… 등등이 샛별처럼 하나하나 스치고 지나갔다.

"이제 알겠지? 모든 존재물은 상대적이라는 것을. 이것이 바로 음양의 이치란다. 그런데 말이다 선희야, 상대적인 것의 시작과 끝을 생각해보자. 가령 길고 짧음 할 것 없이 그 크기의 시작은 어디이고 끝은 어디일까?"

"그야 끝에서 시작하고 끝은? 그러고 보니 아무것도 없네!"

"옳거니! 시작은 끝에서 시작하니, 결국 아무것도 없는 데서 시작되는 것이지. 너의 키는 머리에서 발끝까지 길이인데 키를 재려면 머리에서 발끝까지 혹은 발끝에서 머리끝까지 길이가 아니냐. 그런데 시작되는 머리끝 발끝은 끝이기 때문에 아무것도 없고, 아무것도 없으므로 시작은 없는 데서 시작되고, 끝나는 곳 역시 없는 곳에서 끝난다. 그래서 아무것도 없기 때문에 이름을 지을 수 없지 않느냐. 도라는 것도 그렇다. 그런 것이 있다는 사실을 말하기 위해서 굳이 도라고 했던 것이다."

"아, 알았다! 그러니까 시작은 없는 데서 시작되고, 끝도 역시 없는데서 끝나므로 없는 그것에 시작과 끝이 다 있구나! 도가 바로 그런 뜻이란 말이지?"

"그렇다! 역시 내 동생답게 빨리 깨우치는구나! 만 가지 이치가 그러하다. 더럽고 깨끗함도 마찬가지다. 더러움은 깨끗함이 있어서 더럽다 하고, 깨끗함은 더러움이 있어서 깨끗하다고 한다. 그러니까 깨끗함은 그 바탕이 더러움이고, 더러움은 그 바탕이 깨끗함이다. 그리고 만물의 시작과 끝은 없는 데서 시작되고 없는 데서 끝나듯이 더러움과 깨끗함 역시 없는 데서 시작하였고, 없는 데서 끝난다. 그러므로 도는 본래 더러움도 없고 깨끗함도 없는 것이다."

"그럼 오빠! 똥 냄새는 본래 없는 것이었네?"

"그렇다! 아까 낮에 보지 않았느냐? 명식이 어머니가 똥을 맛볼 때 자기가 낳은 자식의 똥은 무심코 맛을 보고 시큼하다 하였고, 자기가 낳지 않은 전처 자식의 똥은 맛을 보기도 전에 그 구린내에 구역질부터 하였다. 즉 똥 냄새가 없는 데서 시작되었기 때문에 구린내를 느낄 수도 있었고, 느끼지 않을 수도 있었던 것이다."

"오빠, 잠깐만! 그 말은 더럽다, 더럽지 않다 하고 분별하는 마음이 더러움을 느끼게 하고, 더럽지 않게 느끼게도 한다는 말 같은데?"

"맞다. 역시 너는 총명하구나! 모두가 마음작용 때문이었다. 구린 것도 사랑의 감정을 가지면 향기롭게 느껴지고, 향기로운 것도 미운 감정을 가지면 구린내가 나는 것이다. 분노에 가득 차면 꽃밭도 아름답지 않고, 자식이나 남편 혹은 아내도 증오스럽고, 기쁨이 충만하면 보잘것없는 야생화 한 송이도 아름답고, 밉던 자식도 아내도 남편도 사랑스러운 법이니 분별하는 사람의 마음이 그리하는 것이다."

"그럼 오빠, 사람이 그렇게 분별하는 마음만 내니까 도가 없는 것이네?"

"잘 물었다. 도가 없는 것이 아니라 그 마음 때문에 도가 나타나지 않았을 뿐이다. 시작과 끝은 없는 데서 비롯된다고 하지 않았느냐. 시작도 없고 끝도 없으며, 더럽다 더럽지 않다 하는 생각조차 없는 경지, 그것이 바로 참 도이다. 그래서 무無의 상태를 곧 도라 하는 것이다, 아무튼 나는 그런 이치를 알고 있었기에 더럽다, 더럽지 않다는 생각조차 없어서 아무렇지 않게 똥 맛을 볼 수 있었다."

"오빠, 말을 듣다 보니 생각나는 게 있어. 요즘 원효 대사의 <대승기신론>이란 책을 우연히 읽었는데 마음을 대승大乘이라 하고, 그리고 뭐라더라? …맞다! 심체라는 말이 있던데 어쩐지 오빠의 말과 연관이 있는 것 같아요."

"호! 쉽지 않은 대승기신론을 읽었어?"

"읽었으면 뭐해? 이해도 못하는데."

"대사께서는 대승을 깊고 고요하다. 그 모양을 알 수 없으나 어느 큰 것이라도 감싸지 못하는 것이 없이 텅 비었다. 그리고 텅 빈 이곳으로부터 만물이 나오니 무어라 이름 붙일 수가 없어서 감히 대승이라고 한다. 하고 풀이하셨지"

"응 기억나."

"사실 대승은 천지만물을 탄생시킨 태초의 마음이며, 이 마음은 우리들 인간의 마음과 다름이 아니다. 그래서 대사께서 대승을 마음의 몸통이란 뜻에서 심체心體라 하였는데 심체가 곧 도인 것이다. 즉 대승이나 도나 용어만 다를 뿐 뜻은 같다."

"좀 더 자세히 말해줬으면 좋겠어. 너무 어려워요."

"심체가 마음의 몸통이라 하지 않았느냐, 심체는 도가 천지만물을 탄생시키듯 천만 가지 마음을 내는 마음의 곳간이니 심체가 대승이며 도인 것이다."

"그럼 심체에 천지만물의 습성이 다 들어있겠네?"

"잘 말했다. 인간은 소우주이다. 소우주이니까 우주의 그 모든 습성을 빠짐없이 다 소유한 천지만물의 집합체다."

"아, 그래서 인간의 마음은 종잡을 수가 없구나!"

"그렇다. 다시 비유를 들면 허공은 있다고 말하자니 눈으로 볼 수가 없고, 없다고 말하자니 차고 덥고 습하고 하는 따위의 공기로 생물은 숨을 쉬고 생존하게 하지 않느냐. 그리고 허공이 고요하면 천하가 고요하고, 허공이 요동하면 큰바람이 불고 천둥번개가 치며 눈비가 내린다. 심체도 그와 같다. 마음이 고요하면 참된 마음이 일어나지만 어떤 속성의 인연을 만나서 요동하면 천만 가지 마음을 드러낸다. 그것이 바로 번뇌인 것이다. 그래서 원효 대사께서 마음에는 두 개의 문이 있다. 하나는 닫아야 할 그릇된 마음의 문이고 다른 하나는 열어야 할 참 마음의 문이다. 그릇된 마음의 문을 닫아버리면 참 마음의 문은 항상 열려 있다고 말씀하셨지."

"아, 이제야 알 것 같네. 오빠! 아까 낮에 명식이 엄마가 자기가 낳은 자식 똥은 더럽지 않게 여기고 전처의 자식 명식이 똥은 더럽게 여기는 두 마음이 결국 하나의 심체에서 닫아야 할 문을 닫지 못한 데서 나온 분별심 때문이었네?"

"잘 이해했다."

"그렇담 두 아이 똥 맛을 아무렇지도 않게 다 맛본 오빠는 닫아야 할 심체의 문을 닫고 있었구나! 정말 대단해요."

"그것이 도의 본색이다. 도는 하늘 꼭대기에 있는 것이 아니라 바로 자신 속에 있다. 진흙속의 옥구슬처럼 말이다. 진흙은 번뇌, 옥은 도와 같다."

이 말을 끝으로 그는 별로 더 해줄 말이 없을 것 같아서 다 식은 찻잔을 들었다. 선희도 더는 묻지 않았다. 남매간에 일순간 대화가 끊어지자 방안이 고요해졌다. 이야기에 몰두하느라 여태 들리지 않았던 벽에 걸린 시계소리가 찰칵찰칵 귓전을 때리고, 밖에서는 간간히 개 짖는 소리도 들려왔다. 이것이 고요한 심체心體를 깨뜨리는 번뇌의 소리일까? 하고 고개를 갸웃한 선희가 문득 새로운 의혹이 생각나 잠깐의 침묵을 깼다.

"오빠, 도는 영원히 움직임이 없이 오직 고요하게만 존재해요?"

"아니다. 골짜기 샘물이 정체되어 있지 않듯 도는 한곳에 머물러 있지 않는다. 샘물이 흘러 강물이 되고 도랑물, 바가지 물, 시궁창 물, 바닷물이 되듯이 말이다. 이처럼 만물의 이름도 항상 변한다. 마찬가지로 도 그 자체는 영원히 불멸하지만 천지만물을 항상 만들어내는 이치가 있어서 정체되어 있지 않다, 심체心體 역시 천만 가지 마음을 내는 이치가 있어서 정체되지 않고 천만 가지 마음을 낸다."

"그럼 천지만물이 도이자 자식이듯 인간의 온갖 마음도 도이자 도의 자식이겠네? 착하든 악하든?"

"소가 낳은 자식이 소고, 사람이 낳은 자식이 사람이 아니더냐. 그러므로 만물은 도로부터 나왔으니 다 도이고 도의 자식이다. 무슨 말이냐 하면, 똥을 도라고 한다면, 똥에서 구더기 똥파리가 나오지 않느냐. 그럼 구더기와 똥파리는 똥이냐 똥이 아니냐? 똥이라고 하자니 모습과 냄새가 다르고, 똥이 아니라 하자니 똥에서 나왔으므로 똥이 아니라 할 수도 없다. 즉 구더기와 똥파리는 똥의 습성을 지닌 똥의 다른 모습인 것이다. 만물이나 마음이나 그 이치는 마찬가지다. 그런데 말이다. 마음에는 열어야 할 문과 닫아야 할 문이 있다고 하지 않았느냐. 닫아야 할 문에서 나오는 마음은 덕이 없어서 생명력이 없다. 그러나 열어야 할 문에서 나오는 마음은 덕이 있어서 생명력이 영원하다. 덕이란 도가 만물을 낳아 길러주는 것이니 천지자연이 사라지지 않는 이치를 덕이라 한다."

"오빠, 그럼 진실하지 못한 사람의 마음이 물질이겠네? 물질은 언젠가는 사라지니까."

"그렇다 물질이다. 물질이므로 더럽고 깨끗함을 지어낸다. 마치 대장장이가 무엇이든 뚫을 수 있는 창을 만들고 모든 것을 다 막아낼 수 있는 방패를 만드는 모순矛盾처럼 더러움과 깨끗함, 추함과 아름다움 등등을 상대적으로 지어낸다. 하지만 그런 마음은 금방 사라지는 허깨비 같다고 한다. 그러나 물질적 마음을 초월해서 도의 본성으로 돌아가면 그런 차별적인 마음이 일어나지 않는다. 오직 덕을 베푸는 마음만이 영원히 사라지지 않고 면면히 흐른다."

"역시 우리 오빠는 대단해! 나는 언제 물질적 마음을 초월할 수 있을까?"

"마음을 잘 다스리면 누구나 그리 할 수 있다."

"말이야 쉽지!"

"그런데 선희야, 개를 왜 개라고 하느냐?"

"오빠, 갑자기 웬 개? 그야 개니까 개라고 하지… 그 참 어렵네!"

"굳이 개라고 한 것은 개라고 할 만한 모습과 성품이 있기 때문에 개라고 한다. 만물은 제각기 모습과 성품이 있고, 그 모습과 성품대로 이름이 있기 마련이지. 사람은 사람이라 할 만한 모습과 성품이 있기 때문에 사람이라 하는 것이다. 그런데 사람은 일체 만물의 습성을 한 다발에 묶은 모습이라 그 마음이 현란하기 비할 데가 없다. 개 같은 위선적이면서도 충성스러운 마음, 소같이 미련한 마음, 범같이 포악한 마음, 여우같이 간교한 마음 등등 셀 수가 없다. 그래서 사람은 자기 자신을 가장 알지 못하거니와 천길 물속은 알 수 있어도 한 치도 안 되는 사람의 속은 모른다는 것이다. 그러나 도의 마음을 가지면 오직 일심一心이니 알 것도 없고 모를 것도 없다. 마음은 자연히 다스려지고, 마음을 다스리므로 도가 면면히 흐르는 것이니, 그를 일컬어 도인道人이라 하는 것이다. 그러니 너라고 해서 도인이 못 되라는 법은 없으니까 노력해보아라."

"그럴까…!"

선희가 고개를 갸웃거리며 말하고는 처음으로 깔깔 웃었다. 그 모양이 하도 우습고 귀여워서 그도 따라 웃었다. 그리고 잠시 머릿속에서 쉴 사이 없이 쏟아져 나오던 도의 논리를 잠시나마 닫아버렸다. 그러고 보니 무겁게 흐르던 방안의 분위기가 화사한 생기로 바뀌었다. 선희가 다 식은 찻물을 다시 끓여오고, 한성민은 따끈한 녹차를 여유롭게 마시며 포근하고 감미로운 감성에 젖어들었다.

2장

미련도 공포도 없이
태연히 맞이할 수 있는
마음의 자세가
최고의 가치이다

육신은 영혼의 그릇으로

지地,수水,화火,풍風의 집합체

삶과 죽음은 다르지 않다네

밤이 많이 이슥했다.

차 소반을 사이에 두고 마주 앉은 남매는 그냥 침묵을 지키며 차도茶道의 정갈함으로 찻물이 입술에 적실만큼만 홀짝였다. 예스럽게 차도茶道를 즐기며 고요에 마음을 동화시켜서일까? 찻잔을 들고 놓는 움직임 말고는 시간이 멈추어버린 듯 적막해서 선희는 도가 이러한가 싶었다. 그러나 도는 항상 머물러 있지 않는다 했으니 또 다른 무언가가 나타나 적막을 깨뜨릴 것 같았다.

"선희야!"

아니나 다를까? 그의 묵직한 음성이 적막을 깨뜨렸다.

"응?"

엉겁결에 대답한 선희의 호기심 가득한 눈동자가 샛별처럼 반짝였다.

"아직 밤이 깊지 않았으니 도에 대해 더 말해주고 싶구나."

"그래요, 오빠!"

기쁘게 대답한 선희의 입가에 살포시 미소가 지고 몸을 곧추 세워 귀를 기울이는 자세를 취하였다. 무슨 말이든 이 한밤 오빠와 마주앉아 도란도란 이야기하는 정겨움을 마다하고 잠자리에 들고 싶지가 않았다. 밤을 꼬박 새운들 어쩌랴 싶기도 하여 까만 눈동자를 더욱 반짝였다.

"이렇게 마주 앉아 대화해 본 지가 얼마만이냐?"

한성민의 마음도 선희와 다르지가 않았다. 식구라고는 둘 뿐이면서 변변한 대화조차 할 기회가 드물었다. 하나뿐인 동생을 나 몰라라 했던 지난 세월이 떠올라 마음이 아리었다. 그렇다고 별 달리 할 말이 있는 것도 아니었다. 기왕 시작한 도의 이야기나 계속하면서 못다한 오라비의 정을 느끼게 해주고 싶었다. 그래서 전에 없이 다정한 마음을 목소리에 실었다.

"선희야. 사람은 태어나면 반드시 죽기 마련이지만, 죽음은 태어남의 시작이라 무서워 할 것도 없고 슬퍼할 것도 없단다."

"아이 참, 오빠는 갑자기 웬 죽음 이야기?"

선희는 죽음이란 말에 어릴 적 두 번이나 지켜보았던 부모님의 임종 모습부터 떠올랐다. 너무 끔찍해서 얼굴을 살짝 찌푸려 죽음이란 말조차 듣기 싫다는 표정을 지었다.

"하지만 선희야, 죽음은 언젠가는 맞이해야 할 극복할 수 없는 필연적 숙명이 아니냐. 그러나 숙명이기 때문에 극복해야 할 최고의 가치 역시 죽음이다. 극복이라고 해서 죽음 없는 영원한 삶을 말하는 것은 아니다."

"아니면?"

"미련도 공포도 없이 태연히 맞이할 수 있는 마음의 자세가 최고의 가치이다."

"어떻게 그럴 수 있을까? 나는 생각만 해도 소름이 끼치는데."

"그래서 굳이 죽음 이야기를 꺼냈다. 어머니, 아버지가 돌아가실 때 임종을 지켜볼 당시의 너는 어렸었다. 슬픔보다 죽음을 두려워할 나이였지."

"응, 그때는 정말 무서웠어. 지금도 그때를 생각하면 몸부터 오싹해지는 걸."

"그럴 테지 어렸을 때 받은 충격은 평생 잊히지 않으니까. 그러나 지금부터 내 말을 듣고 잘 이해하면 죽음이라는 게 대수롭지 않은 자연현상의 하나쯤으로 여기고 예사롭게 받아들일 수 있을 것이다. 삶도 죽음도 초월할 수 있다. 생사의 초월은 도의 경지에 들었을 때만이 가능하다. 그리고 죽음을 극복할 수 있는 최고의 가치 역시 거기에 있다."

"결국 도 이야기네?"

"그런 셈이지. 사실 만 가지 이치가 도에 있으니까 도는 우주와 같다. 그러니 무슨 말인들 도 아닌 것이 없으니까 굳이 도니, 도가 아니니 분별할 필요가 없지 않느냐."

"그럼 도를 천지만물을 다 담은 큰 그릇이라 해도 되겠네?"

선희가 제법 아는 척했다.

"그래 도는 우주만큼이나 큰 그릇이라 할 수 있다. 하지만 도는 눈에 보이지 않는 먼지 속에도 들어가니 크다고 말할 수도 없고 작다고 말할 수 없다. 그냥 그 모든 존재물이 도라고만 생각하면 된다."

"그럼 삶과 죽음도 도라는 그릇 안에 있겠네?"

"맞다! 만물은 도로부터 나왔으니 모두 도의 자식이다. 그런데 말이다. 없는 데서 비롯된 도에는 천지만물의 정기가 있다 하였다. 그 정기를 무엇이라 분별할 수 없어서 불가사의 또는 오직 황홀이라고만 표현하는데 불가사의하고 황홀한 정기가 도이고 도가 곧 정기이다."

"오빠, 어려워서 이해하기 힘든 걸? 이해할 수 있게 비유로 들어 줬으면 좋겠어."

"비유라… 바다가 도이고 바다의 정기가 수증기라 가정해보자. 바다가 수증기가 아니지만 수증기고, 수증기가 바다가 아니지만 바다라 할 수 있는 것과 같다고나 할까? 또는 마음을 텅 비웠다 해도 사실은 오만 가지 생각을 다 내는 마음의 종자가 의식을 일으키지 않은 상태일 뿐과 같다고나 할까?"

"아, 그러니까 그릇의 성분이 흙이니까 흙이 그릇의 정기이네? 그리고 흙이 그릇이고 그릇이 흙인 것과 같은 말이네?"

"오, 비유를 참 잘 들었다. 부연하자면 그릇이 깨지고 부서져 먼지가 돼 없어져도 그릇의 정기인 흙은 영원히 사라지지 않는다. 마찬가지로 도가 품고 있는 정기는 영원히 멸하지 않는다. 그래서 나는 도의 정기이자 만물의 정기를 도의 혼 불이자 만물의 혼 불이라고 명명하였다. 만물이 다 도라고 하는 것도 만물 속에 도의 혼 불이 깃들어 있기 때문이다. 이를 불교에서는 불성佛性이라고 한다. 불성 즉 도의 혼 불은 흙처럼 영원한 생명력이 있어서 결코 죽지 않는다. 그러나 혼 불을 싸고 있는 육신은 그릇과 같아서 반드시 사라진다."

"오빠가 말하는 혼 불은 사람의 영혼을 가리키는 거야?"

"그렇다. 사람이 도이다. 정기는 영혼이고 영혼이 참 나이다. 따라서 참 나의 생명은 영원하다, 그러나 영혼의 그릇인 육신은 물水氣, 열火氣, 숨 쉬는 기, 흙 이 네 가지 물질원소의 집합체에 지나지 않는다. 자연도 네 가지 물질원소의 집합체이다. 그러기에 자연과 마찬가지로 육신은 늙고 병들어 죽기 마련이다. 그러나 참 나인 영혼은 도의 정기이므로 불멸하는 것이다."

"육체는 물질, 그렇구나! 내가 여태 그걸 왜 몰랐지?"

"몰랐던 것이 아니라 생각 자체를 하지 않았던 게지."

"응 생각해 본 적이 없었어. 그래서 육신이 참 나인 줄 착각하고 있었어. 차-암 나!"

"육신이 물질이니까 사람이 온갖 재물을 소유한 것과 같다. 하지만 재물이 물질이기 때문에 영원히 소유할 수 없는 것처럼 참 나인 영혼 역시 물질인 육신을 영원히 소유할 수도 없고 저승으로 가져

갈 수도 없다. 재물처럼 버리고 가야지."

"그럼 육신을 버린 참 나인 영혼은 어디로 가지?"

"하나는 없는 데서 시작하고, 시작한 하나는 없는 데로 돌아간다. 그러나 없는 그곳에서 다시 하나가 시작된다 하지 않았느냐? 시작은 끝으로 가는 출발점이고 끝은 시작하는 출발점이 된다. 즉 태어남은 죽음을 향한 출발점이고 죽음은 태어남의 출발점이란 뜻이다."

"그럼 육신을 벗어난 참 나는 즉시 또 다른 육신에 깃들어 태어나겠네?"

"그렇다. 마치 오래 살던 집이 허물어지면 다른 집으로 이사 가듯 참 나인 영혼은 죽은 육신을 떠나 다른 육신에 옮겨가서 기거하게 된다. 그러나 영원히 허물어지지 않는 집, 즉 하늘 집인 도리천에서 태어나면 육신이 필요 없어서 죽음 자체가 없다."

"아, 얼마나 좋을까? 죽음이 없는 그곳에 갈 수만 있다면!"

"누구나 갈 수 있다. 수행으로 나쁜 마음을 닦아내고 타인에게 덕을 베풀면서 착하게 살면 된다."

"참 쉬운 말이네."

"그래 참 쉽지. 진리란 쉬운 것에 있단다. 그러나 가장 행하기 어려운 말이기도 하다. 사람은 참 이기적이거든. 항상 자신을 우선하고 타인은 그 아래 두려 한다. 거기다가 거의 모든 인간이 물질, 명예 그리고 권력의 성취를 삶의 최고 가치로 규정하고 오직 그것만을 위해 패악도 당연시하고 서슴없이 저지르니 말이다. 순수한 청소년기가 지나서부터는 나이가 들어갈수록 점점 더 심해져서 자아를 상실하기 일쑤이니 과연 몇이나 되는 인간이 저 높은 곳에 태어날 수 있겠느냐!"

"하긴 그렇기는 해요. 그럼 오빠, 차라리 순수한 청소년기에 죽는 것이 더 행복하지 않을까? 죄를 짓지 않는 순수한 마음을 간직하고 있을 때이니까 저 높은 곳에 태어나지 않겠어? 쇼펜하우어도 죽는 것이 행복하다고 했으니까 아마 세상살이에 찌들지 않는 순수한 시기의 죽음을 찬양한 말일지도 모르겠네?"

"죽음의 행복? 선희야! 다시는 그런 말하지 마라. 현실을 도피하고 싶은 허무주의자의 독백에 지나지 않는다."

"그럴까? 죄를 짓지 않은 순수할 때의 죽음이니까 좋은데 가지 않겠어?

"죽음의 행복은 진실로 도를 깨우쳐서 자신의 영혼이 일체 집착을 끊어버린 초월적 상태에서 자연히 찾아왔을 때나 가능하다. 사람은 육신을 귀하게 생각해야 한다. 육신은 전생의 업에 종속된 물질이다. 업을 멸할 수 있을 때까지 끊임없이 청정하게 닦아내야 한다. 사람이 업을 안은 채 죽음을 자초하는 것은 마치 섶을 지고 불 속에 뛰어드는 것과 같다."

"그렇기도 하네. 자기 의지와 상관없이 귀하게도 태어나고 천하게도 태어나니까."

"사람이 태어남은 마치 옷이 더러우면 벗어서 깨끗이 씻어 입듯 전생의 삶에서 무수하게 영육을 더럽힌 업을 닦기 위함이다. 마땅히 도로써 허물을 벗겨내야 하지 않겠느냐. 닦음이란 육신을 가졌을 때 필요한 것이지 죽고 나서는 인과응보만이 기다리고 있을 뿐 영영 기회가 주어지지 않을 것이다."

한성민이 이 말을 끝으로 입을 꾹 다물었다. 한순간 정적이 흘러 깊어진 밤을 느끼게 하였다. 정신없이 기울였던 선희의 귀에 기다렸다는 듯 즉시 다른 소리가 비집고 들어왔다. 밤 10시를 가깝게 가리킨 벽시계가 찰깍찰깍 제 몸통을 울리고, 연이어 개 짖는 소리가 정적을 깨뜨렸다. 잠시 침묵 속에 잠들듯 고요하던 선희의 눈동자가 의문의 빛을 반짝였다.

"인과응보? 죽으면 신이 심판하여 구원하거나 지옥으로 내친다는데 인과응보가 정말 그렇게 시행되는 걸까?"

"글쎄다. 하지만 이런 말을 해주고 싶구나. 온갖 업으로 뭉쳐진 마음을 정화시켜서 순수한 자아인 영靈이 황홀한 빛을 발하게 될 때 육신의 옷을 다시는 입지 않는다고."

"신의 구원 없이도?"

"사람의 영이 곧 신이요 도이다. 신의 분화물이라 할까? 바가지 물이 강물이고 쏟으면 강으로 돌아가지 않느냐? 마찬가지로 신의 분화물인 영 역시 신의 곳으로 돌아가기 마련이다. 그러나 지은 업을 스스로 씻어내지 않으면 맹인이 죽을 곳 살 곳 가리지 못하고 함부로 헤매다가 해를 입듯 영이 빛을 잃고 제 갈 곳으로 못 가니 기어이 업은 시행되는 것이다. 그러니까 구원은 자기 자신의 노력으로 받는 것이지 신에 의지해서 받는 것은 아니라 생각한다."

"나도 오빠와 같은 생각이야. 그런데 오빠, 신이란 말을 듣다 보니까 문득 이해가 안 되는 말이 생각났어. 도덕경에 나오는 곡신谷神이란 말이 있잖아요? 한문 그대로 풀이하면 골짜기 신인데 산골짜기에 사는 귀신도 아니고 이해하기 참 어려워요. 언젠가 굉장히 유명한 사람이 텔레비전 강연에서 곡신을 골짜기에 기氣가 많이 모인다는 뜻이라고 풀이하던데 아무리 생각해도 석연치가 않았어. 지금도 아리송해."

"뭐라? 곡신이 골짜기에 기가 많이 모인다는 뜻이라고? 허, 그 참!"

한성민이 어이가 없었던지 탄식까지 하였다.

"틀린 말이지? 어쩐지 이해가 되지 않더라니! 그래도 그 사람 워낙 유명한 인사라 안 믿을 수도 없고 그냥 그런가보다 하고만 생각하고 있었어요."

"골짜기에 기가 많이 모이면 골짜기에 무덤이 많아야 할 텐데 없지 않느냐? 그리고 산짐승도 기가 많이 모이는 곳에 서식하는데 골짜기에는 살지 않는다. 골짜기는 기가 모이기보다 오히려 흩어지기 때문이다."

"맞아! 왜 그 생각을 못했을까? 그런 상식만 있었어도 그렇게 해석하지 않았을 텐데. 차 암 나 원!"

선희도 그제야 명강의로 한때 세상을 떠들썩하게 했던 그 사람의 뜻풀이가 틀렸다고 확신했다. 그런데도 명성 때문에 그 사람의 말을 곧이곧대로 믿는 수많은 사람들을 생각하니 안타깝기도 하였다.

"잘못된 지식을 함부로 쓰면 총칼보다 무서운 법인데 대중 앞에서 어찌 그런 말을!"

한성민은 약간의 분노를 느꼈다. 그러기에 노인이 개 짖는 소리를 들어라 했던가 싶기도 하였다. 진실이 아닌데도 자기 잣대로 진실인 양 목청을 높여서 제 존재를 드러내려는 군상들의 별의별 궤변이 욕망의 화신들이 못 다 이룬 한을 풀어내기 위해 한바탕 벌이는 굿거리 아우성처럼 생각되기도 하였다.

"오빠 생각은?"

"곡신은 매우 심오한 뜻을 내포하고 있다. 천지만물을 탄생시키는 문을 일컬음이기 때문이다. 그래서 곡신을 현묘한 암컷의 문이란 뜻에서 현빈지문玄牝之門이라 하고, 그곳으로부터 천지만물이 탄생되므로 하늘과 땅의 뿌리, 즉 천지지근天地之根이라 하였다. 대우주에서 보면, 천지만물을 탄생시키는 도의 문이니 우주적 자궁이라 할 것이다. 도는 영원불멸하여 천지만물을 마르지 않는 샘처럼 탄생시키거니와 그래서 곡신谷神은 불사不死한다 하였다."

"으응, 그런 뜻이었구나! 이제야 확실히 이해가 돼요. 오빠."

"사람에서 보면, 곡신은 여성의 자궁에 해당된다. 여성이 있는 한 자식은 단절되지 않는 것과 같다. 사람은 천지만물의 습성을 빠짐없이 다 지닌 영장이요, 소우주이니 사람을 탄생시키는 여성의 자궁이 곡신이요 천지지근天地之根이라 할 수 있다. 아무튼 곡谷은 깊고 깊은 구멍으로서 도의 문이며, 신神은 곡에서 면면히 이어져 나오는 사랑과 창조의 기운이라 할 것이다.

"그러고 보니 원효 대사가 <대승기신론>에서 말한 인간의 마음과 같네? 마음과 창조? 어쩐지 다르지 않은 것 같은데?"

"호! 독서를 많이 하더니 대단하구나. 거기까지 생각하다니! 천지 창조와 소멸의 원리가 마음이 일어나고 멸하는 것과 다르지 않다."

"어떻게 같아?"

"마음을 일으키는 곳을 심체心體.마음을 내는 몸통라 하였다. 그리고 대승이자 도라 하였으니 마음작용이나 창조와 소멸의 원리나 다르지 않고 같은 것이다."

"하긴 사람이 소우주니까 대우주 안에서 벌어지는 자연현상이 바로 사람의 마음 작용과 같다고 할 수 있겠네?"

"태초 이전에 텅 빈 도가 마치 긴 잠에서 깨어나듯 한마음을 내었으니 그 마음이 곧 창조의 시작이며 이를 이理라 하는데 바로 만물의 뿌리가 된다."

"주자의 이기론 같네?"

"다르지 않다. 하지만 나는 노자의 말을 하고 있는 것이다."

"그럼 이理가 최초로 발한 도의 마음이란 뜻이지?"

"그렇다. 이理가 생한 일기一氣가 오행으로 말하자면 음陰이며 음을 만물의 어머니天地之母라 하였다. 즉 만물은 음으로부터 탄생되었으며 그 시작은 도의 마음, 즉 이理였다. 그리 보면 대우주의 축소판이 인간이므로 인간의 마음이 바로 이理이다."

"오빠, 그러니까 인간의 마음이 이理이기 때문에 창조와 소멸의 원리가 마음이 일어나고 멸하는 것과 같다고 하였구나?"

"그렇다."

"아, 오늘 정말 많은 걸 깨달았어! 도를 얻은 기분이야. 심체에서 마음이 쉴 사이 없이 나오듯 깊고도 오묘한 저 아득한 우주의 몸, 신神의 집과 같은 그곳에서는 천지만물이 면면히 이어져 나오고… 그리고 여자는 소우주를 낳는다. 생각만 해도 감동!"

"너의 말이 시를 읊는 것 같구나. 그렇게 감동스럽니?"

"응, 나중에 시집가서 애 낳으면 내가 우주를 탄생시킨 거나 같으니까 하잘 것 없이 생각한 여자인 나의 존재가 말할 수 없이 소중하다는 걸 깨달았어! 고마워요 오빠, 깨달음을 주어서."

"네가 여자라고 하잘 것 없이 생각했다니 뜻밖이군! 여자는 남자보다 먼저 있었고 가장 위대한 사랑, 특히 모성은 도의 본성과 같아서 위대하다는 말로도 모자란다."

"듣고 보니 여자로 태어난 게 축복이네?"

"너무 도취되지 마라. 여자든 남자든 어느 한쪽에 치우침이 없어야 한다. 서로 상반된 음양이 화합하듯 말이다."

"나가르주나의 중용의 덕과 같은 말이네?"

"그렇다. 밤이 너무 늦었다. 그만 자자! 못 다한 이야기는 내일 또 하기로 하고."

"오빠, 잠깐만 한 가지만 더 물어볼 게 있어."

"그래 하나만 더야?"

"응, 한 가지만… 저어기 있잖아. 도를 깨달으면 어떤 능력이 나와?"

"그런 말 하지 마라. 너는 도통하면 하늘을 날고 물 위를 걷고 하는 줄로 알았어? 도통은 그런 것이 아니다. 오직 무위로 베푸는 것이다. 도가 무엇을 바라고 천지만물을 태어나게 하고 길러주는 것이 아니듯 도란 모름지기 덕을 베푸는 데에 있다. 곡신불사 현빈지문이라 하는 말도 알고 보면 무위로 베푸는 성인의 마음을 일컬음이다. 몇 가지 기이한 술을 부린다고 도인이라 생각하면 안 된다. 그런 유의 사람들은 술사에 불과하다. 물론, 도에 이르러 일심一心이면 뜻대로 할 수 있는 능력은 자연히 나오기 마련이다. 흔히들 말하는 기적을 자연스럽게 행할 수가 있지. 그러나 진실한 도인은 그런 능력이 있다 해도 있는지 없는지 그 표시조차 내지 않는다."

"알았어요. 우리 오라버니!"

선희는 그제야 의문을 다 풀었는지 환하게 웃었다. 그리고 그저 오빠가 정답기만 해서 하는 말도 어리광스러웠다. 그런데 딱히 집어서 말할 수는 없으나 마음 한구석에서는 오빠가 어딘지 모를 경이로운 능력을 지녔을 것 같은 느낌을 강하게 받았다. 명상 중에 신을 만났다더니 그 신으로부터 불가사의한 힘을 받았을 것 같았다. 하지만 내색하지 않고 속으로만 담아두고 일어섰다. 선희를 제 방으로 보낸 그는 문득 시상이 떠올라 가만히 눈을 감고 읊었다.

푸른 달빛 창문을 어루만지고
개 짖는 소리도 끊어진 적막한 밤

마음이 응하여 따라서 고요해졌네.
선희가 도를 묻고 나는 대답하니
천지가 도의 본색에 응하였나보다.

꿈꾸는 정글의 두 사자

얼마 전까지만 해도 으스스해서 옷을 여미게 하더니 어느 사이 봄기운을 실어온 바람이 온누리에 퍼져나갔다. 겨울 내내 대지에 묻혀 있던 생명들이 춤추듯 솟아나오고 목련, 진달래, 벚꽃, 복숭아가 차례로 꽃잎을 터뜨려 산야를 뒤덮었다. 지난해 늦가을부터 거두어들였던 생명을 현묘한 암컷의 문玄牝之門을 통해 되돌려 주는 도의 행진이 대지를 화려하고 장엄하게 장식하여 천상의 동네를 보여주는 것 같았다. 그러나 머잖아 꽃은 지고 최고조에 오른 신록의 찬란한 생명의 빛도 사라지겠지. 그리고 찬바람에 잎은 지고 생명들은 또 다시 대지에 몸을 묻고 환생의 봄을 기다리며 깊은 숙면에 들테고… 도는 그렇게 자연을 순환시켜 오고 가는 생로병사의 필연을 보여준다.

한성민은 청계산에 올라 산허리 긴 오솔길을 걸으며 봄기운에 흠뻑 젖었다. 우거진 숲과 그 품속에 흐드러진 진달래와 길섶의 작은 꽃, 노란 민들레, 그리고 노래하는 새들의 지저귐이 한데 어울려

신명을 자아내어 발걸음이 날아갈 듯 흥겨웠다. 가파른 오르막길도 평길 가듯 성큼성큼 걸으니 이마에 땀 한 방울 흘리지 않고 정상에 가뿐히 올라섰다. 키는 작아도 여러 곳으로 가지를 내뻗은 늙은 소나무가 회춘이라도 하는지 잎이 짙푸르고 싱싱하여 그 밑에 가서 섰다. 그리고 탁 트인 산 아래 먼 곳을 바라보니 산골에 다소곳이 자리한 작은 마을이 시야에 들어왔다. 하늘동네를 옮겨다 놓은 듯 꼬막 같은 집들이 온통 눈송이 같고 솜털 같은 꽃숲에 묻혔다. 마을에서 멀찍이 떨어져 나와 펼쳐진 들에는 논갈이하는 농부가 세속을 등진 초인처럼 보였다.

늘 푸른 솔 더 푸르고
먼데 산골은 꽃 궁전
숲에서는 타는 봄빛
초연히도 신비롭다.
앞벌 파란 들에
긴 이랑을 가는 농부님
꿈꾸는 내 마음의 고향
하늘사람 같구나.

한성민은 별 재능도 없지만 시를 지어 읊기를 즐기는 편이었다. 몇 마디 글귀로 온갖 생각을 함축하여 표현할 수 있어서 좋았다. 그래서 마음이 동하면 어김없이 시를 지었다. 하지만 늘 즉흥적으로 읊는 터라 뒤돌아서면 잊어버리고는 다시는 떠올리지 않았다. 이

날도 보고 느낀 대로 읊조려 보고는 바람에 꽃잎 날리듯 시구詩句를 기억 밖 저 멀리로 훨훨 날려 보냈다. 그리고 굽이굽이 오르고 내리는 산길을 따라 봄기운에 취한 발걸음을 신명나게 내디뎠다.

한성민이 기거하는 곳은 서울대학교를 품에 안은 관악산 동쪽 기슭 그 끝자락 한 나지막한 야산 중턱에 있다. 큰길가의 즐비한 주택 사이어서 별로 어울리지 않는 10층 높이의 건물 4층이다. 그곳은 한국절세무공정신수련원의 몇 개의 방 중 하나다. 그가 수련원 사무실 옆에 원장이 특별히 꾸며놓은 숙소에서 지낸 지도 세 번이나 달이 바뀌었다.

고향 석굴에서 하산한 지 두 달 남짓 지난 뒤였다. 이곳 수련원 원장 강철호에게 당분간 서울에서 생활할 뜻을 전했는데 뜻밖에 함께 지낼 것을 강권하다시피 해서 마지못해 머문 숙소이다. 가정집이 아니고 건물 안에 만들어놓은 방이라 좀 불편하기는 해도 그런대로 지낼 만 해서 다른 방도를 찾을 때까지만이라도 신세를 져볼 생각이었다. 본래 서울에서 생활할 뜻이 있어서 이사를 온 것이 아니라 세속으로 들어가라는 노인의 충고를 실천에 옮겨보려고 상경한 터라 언제든 가볍게 떠날 수 있어서 그리 부담스럽지도 않았다.

절세무공정신수련원 원장 강철호는 한성민보다 나이가 열 살이나 아래다.

한성민이 강철호를 처음 만난 곳은 인도에서였다. 당시 남인도의 한 바라문 성전에서 숙식하며 유학중이던 그를 강철호가 물어물어 찾아왔다. 그가 한때 힌두철학을 수학했던 S대학교 교육대학원 K교수의 소개장을 들고 있었다. 낯선 이국땅에서 홀로 지낸 지 오래였던 그에게 강철호는 그립던 고국의 사람이라 여간 반갑지가 않았다. 그래서 달리 하숙집을 정하기보다 자신이 오랫동안 숙식해온 바라문 성전에서 함께 생활을 하자 하였다.

그런데 강철호가 인도에 유학 온 목적이 퍽이나 남달랐다. 무술의 경지를 최고 정점으로 끌어올리고 싶어서 요가를 비롯해 힌두인들의 여러 가지 수행을 배우고 익히기 위해서라 하였다. 그리고 스스로 무술의 고단자라고 자처하였다. 특별한 목표나 목적이 있어서가 아니라 그저 무술이 좋아서 세상에 알려진 무술이란 무술은 모조리 다 익혔다며 큰소리쳤다. 자부심도 대단했다. 무인으로서의 골격과 재능을 천부적으로 타고났다며 최고가 되기 위해 밤낮없이 연마해서 어느 분야이든 그 분야 최고의 고단자라 해도 자신을 이길 만한 상대가 그리 많지 않을 것이라며 자신만만해 하기도 하였다. 실제로 그만한 실력이 있다는 걸 증명해 보인 적도 있었다. 어느 날 바라문 숙소 근처 산에서 비록 상대는 없었지만 주먹을 휘두르고 허공을 가르는 양발이 어찌나 빠르던지 탄성이 절로 나왔다.

그뿐이 아니었다.

허벅지 둘레만한 나무를 맨손으로 내지르고 발로 차니 나뭇가지와 잎이 지진이 난 듯 심하게 요동쳤다. 거기다가 못으로 만든 표창을 던지는데 여러 개의 작은 솔방울을 한꺼번에 떨어뜨려서 실로 신기에 가까웠다. 어릴 때부터 못을 깎아 표창을 만들어서 매일 연습한 실력이라 하였다.

아무튼 강철호의 무술에 대한 집념과 열정은 놀라웠다. 하루도 거르지 않는 연습에다가 요가 성자로부터 몸을 자유자재로 꺾고 웅크리는 법을 집요하게 배우고 익혔다. 그리고 실제로 힘과 기술을 상상의 능력으로 끌어올리려 하였다.

거기다가 탄트라 섹스 수행법까지 배우려 들었다. 한성민은 강철호의 그러한 노력이 왠지 불길하고 불안하게 느껴졌다. 어떤 비극적인 운명의 단초를 스스로 지어내는 것 같았다. 섹스 수행은 사람을 타락시켜서 오히려 무술에 해가 될 수 있다. 그리고 설사 혼자서 천 명을 상대할 만한 무술 실력이 있다 해도 수행으로 일심一心에 들었을 때의 힘을 따를 수 없다. 그러니 진정한 무인이 되고 싶거든 마음을 닦으라고 수시로 충고했다. 그러나 강철호는 들은 척도 하지 않았다. 같이 생활한 지 한 2년이 지나서는 되레 보란 듯이 강력한 기를 발산시키는 손놀림과 웬만한 사람의 장딴지만한 나무를 두 손으로 뽑아 올리는 괴력을 선보이기도 하였다.

그러나 한성민은 강철호의 그런 능력을 한 번도 놀라워하거나 칭찬해주지 않았다.

"훌륭한 무술은 잘 쓰면 자신과 타인의 몸과 마음을 건강하게 하지만 잘 못쓰면 사람을 다치게 한다. 가진 능력을 바르게 쓰기 바란다. 그리고 정말 무술에 뛰어난 사람은 싸우지 않고 이긴다. 실력을 나타내지 않고 몸을 낮추어서 겸손하면 아무리 강한 사람도 마음대로 부릴 수 있으니 말이다. 이것이 바로 덕으로 이기는 진정한 힘이다."

하고 강철호에게 진저리나게 같은 충고만 되풀이하였다. 그래도 강철호는 싫은 내색 없이 듣는 척은 하였다.

그런데 그 당시 한성민이 모르는 사실이 하나 있었다. 강철호는 엄청난 무술실력이 있으면서도 마음 속으로는 묘하게도 한성민을 두려워했다. 처음에는 보잘것없는 행색에다가 체격도 왜소해서 얕잡아 보았었다. 게다가 자신의 무술실력을 대수로워하지 않아서 무척 자존심도 상했다. 그래서 한번 겁을 줄까 하는 생각이 얼핏 들기도 하였다. 하지만 이내 피식 웃고 말았다. 무술의 무 자字도 모르고 수행하고 공부만 하는 평범한 사람에게 그래봤자 자신만 우스워질 게 뻔했다.

그런데 하루하루 함께 지낼수록 그게 아니었다. 어느 날부턴가 한성민의 몸 어디인가로부터 무어라 콕 집어서 말할 수 없는 무형의 힘이 느껴지기 시작했다. 그 힘은 날이 갈수록 점점 무게가 더해져 언행이 조심스러웠다. 더 많은 시간이 흘러서는 이 사람이 혹시 무술을 초월한 어떤 힘을 지니고 있을지도 모른다는 생각이 들었다. 그래서 은근슬쩍 떠보았다.

"형님, 저는 무술보다 더 강력한 신통력 같은 힘을 얻고 싶습니다. 그런데 말입니다 형님! 요즘 느낀 건데요. 제가 아무리 실력을 쌓아도 이상하게 형님은 이길 수 없을 것 같은 생각이 들지 뭡니까? 형님이 혹시 아무도 모르는 비술을 숨기고 있는 것 같아서요."

"예끼 사람! 비술은 무슨… 말도 안 되는 소리!"

한성민이 머뭇대지 않고 단번에 잘라 부정했다. 얼토당토않다는 표정에 언성도 높았다. 그런데 그리 강한 부정이 묘하게도 긍정의 소리로 들렸다. 더구나 이어진 말에서 그럴 가능성을 느낄 수 있었다.

"자네는 신통력이 가능하다고 보나? 물론, 도에 들면 불가능한 것만은 아닐 테지."

하는 말이었다.

"거 봐요. 결국 가능하다는 말이잖아요! 형님처럼 도에 들 수 있는 능력만 갖추면!"

"내가 도에 들 능력이 있는지 자네가 어떻게 아나? 아직은 전혀 그런 능력이 없으니까 엉뚱한 생각은 말고 자네 자신이나 돌아봐. 지금 신통력을 얻겠다는 꿈같은 생각부터 버려야 해! 무슨 무협지 주인공도 아니고 말이야."

"지성이면 감천이라 했잖아요. 혹시 누가 압니까? 꿈에서라도 보일지. 사실 형님이 몰라서 그렇지 제가 워낙 무술에 열중하니까 꿈에서 제가 모르는 무술동작이 보이기도 합디다."

"하긴 그럴 수도 있지. 그런데 자넨 무술을 무엇에 쓰려는가? 돈벌이라도 할 셈인가? 아니면 무술을 통해서 도를 얻고 싶나?"

한성민은 평소에 궁금했으나 남의 일에 참견하는 것 같아서 별로 마음을 쓰지 않았는데 헤어지기 직전에 문득 생각이 나서 물어보았다. 그러자 강철호가 대뜸 무엇에 분노한 듯 두 눈을 부아리더니 목청을 높여 대답했다.

"형님, 돈벌이도 도도 아닙니다. 그저 무술이 좋아서 그런 것이지요. 하지만 솔직히 형님한테만 까놓고 말씀드리는데요, 어릴 적부터 더러운 인간쓰레기들을 이 주먹으로 확 쓸어버리고 싶다는 생각을 많이 했어요. 정글의 사자처럼 말이에요. 힘만 있으면 누가 감히 덤비겠어요? 안 그래요 형님?"

다잡아 묻는 강철호의 눈빛이 심상치가 않았다. 한성민은 이때 바라본 강철호의 눈빛을 한평생 잊지 않았다. 그야말로 살기등등한 맹수의 눈빛이었다. 언젠가는 큰일을 저지를 것 같은 직감 때문에 불안했다. 다만 평상시에 눈동자가 선량하고 야무지기는 해도 귀공자 얼굴에다가 어디 하나 악한 구석이 없어서 기우이기를 바랐다. 그러나 정글의 사자를 힘주어 말하는 표정에서 물불 가리지 않는 남다른 지배욕만은 짐작할 수 있었다. 게다가 사자를 예로 들어 생각 없이 불쑥 내뱉은 말 속에서 잔인한 폭력성까지 느껴져서 그냥 넘기려다가 한 소리 해주었다.

"정글의 사자? 이 사람아, 정글의 사자란 말이 무엇을 의미하는지 아는가? 사자는 자네가 생각하는 힘을 상징하는 백수의 제왕과는 전혀 무관한 뜻이 있어."

"의미요? 정글이 무슨 특별한 의미가 있겠어요? 그저 먹고 먹히는 짐승들이 우글대는 정글이 인간세상과 같다는 생각이 얼핏 드네요. 그런 세상의 제왕 사자는… 멋있잖아요!"

"틀린 말은 아니다만 달리 생각하면 정글은 인간의 본모습이고 사자는 진리를 설파하는 자로 비유할 수 있으니까 단순히 힘의 상징으로만 생각하고 멋있다고 해서는 안 되네."

"예? 정글과 인간은 그렇다 치고 사자가 진리라니요? 에이! 이야기 그만 합시다."

강철호가 손사래를 쳤다. 눈동자는 어이없다는 듯 휘둥거리고 어투는 무슨 뚱딴지 같은 소리냐 하고 비아냥거리는 것도 같았다. 한성민은 남의 말을 다 듣기도 전에 부정부터 하는 그 성질머리 좀 고치라고 따끔하게 한 마디 하려다가 모른 체하고 하던 말을 계속하기로 하고 질문부터 하였다.

"인간을 소우주라고 하는데 왠지 아나?"

"모르겠는데요? 소우주라는 말만 들었지, 왜 사람이 우주의 축소판인지 그건 생각 못해봤네요."

강철호가 한풀 꺾인 듯 목소리가 잦아들었다. 이럴 때의 모습은 선량하게만 보여서 좀 전에 느꼈던 잔인한 폭력성은 찾아볼 수 없었다.

"하늘과 땅, 그리고 자연의 생명 있는 것과 없는 것 그 모두의 성질과 성분, 습성을 인간만이 온전하게 다 갖추었기 때문에 소우주라 하지. 우선 인간의 몸을 보자. 자연의 그 모든 존재물의 질적 성분과 전혀 다르지 않다. 흙, 물, 열, 숨 쉬는 기, 이 네 가지 물질원소의 집합체에 지나지 않으니까."

"듣고 보니 정말 그렇군요! 죽으면 썩어 없어질 몸이라더니 육신이 물질이라서 하는 말이었네요. 그리고 아까 형님이 말한 대로 정글의 숲, 짐승, 벌레 할 것 없이 물질들이니까 그 몸의 질적 성분이 인간과 다르지 않으니까 어찌 보면 정글을 한묶음으로 묶은 모습이 인간이란 생각도 듭니다."

"물질로만 보면 자연과 인간이 다르지 않지. 그러나 그보다는 인간의 복합적인 마음을 생각해 보면 더욱 뚜렷해진다. 천사 같은 마음이 있는가 하면 사자처럼 포악한 마음, 소같이 미련한 마음, 여우처럼 간사한 마음 등등 온갖 짐승, 온갖 벌레… 하늘과 땅의 그 모든 존재물의 습성을 인간만이 다 가지고 있다. 그러므로 인간을 소우주라 하는 것이다. 그런데 그런 인간의 마음이야말로 착하지 못한 번뇌이자 불의이고 추악함이다."

"이야, 오늘 우리 형님 말씀 들으니까 인간이란 게 참 더럽다는 생각이 듭니다. 육신도 그렇지만 습성까지 짐승, 벌레, 미물들의 집합체니 말입니다. 그러니까 짐승보다 못한 버러지 같은 인간들이 날뛰고 있지요. 정글의 못된 것들처럼!"

"그렇게만 생각해서는 안 되네. 육신이야 그렇다 쳐도 인간의 본질은 신령하기가 비할 데가 없다네. 만물이 다 도라고는 하지만 인간만이 도를 온전하게 다 갖추었으니까. 그래서 만물의 으뜸가는 영묘한 존재라는 뜻에서 영장靈長이라 한다네. 하지만 짐승, 벌레, 미물은 그 모습과 습성이 어느 한쪽으로만 치우쳤으니 감히 인간에 어찌 비할 수 있겠나. 더욱이 인간은 짐승, 벌레와 달리 진리를 추구할 줄 아니 신의 반열에 오를 수 있다는 점을 간과해서는 안 되네."

"정말이요? 정말 신의 반열에 오를 수 있어요? 어떻게 하면요?"

강철호가 마치 잠자다가 놀라서 깨어난 사람처럼 눈을 번쩍 떴다. 목소리도 높았다. 요원하지만 꿈이라도 꾸고 싶은 무술의 신을 염두에 둔 반사적 표현이 아닌가 싶었다.

"아까 내가 사자를 진리에 비교하지 않았나."

"그랬지요. 내가 좀 무식해서 어이없어 했던 거 용서하십시오. 이야기를 듣다 보니 무어라 할까? 솔직히 범상치 않은 형님의 지식, 높은 생각, 혹은 정신세계, 하여튼 그런 걸 느끼면서 함부로 부정부터 한 거 속으로 부끄러워하고 있었어요. 하여간 이해하시고 사자와 진리…그 참! 전혀 어울리지 않는 두 관계가 진짜 궁금합니다."

"어려울 거 없네. 여태 내가 이야기한 내용에 답이 들어 있으니까."

"그래요? 나는 진짜 모르겠는데요?"

"답은 간단하다. 짐승, 벌레, 미물의 습성을 인간이 다 가지고 있다 하지 않았느냐. 그리고 그 습성이 바로 인간의 추악한 번뇌요 불의의 원인이라고."

"예 기억하고 있습니다."

"그러면 웅변가나 부처의 목소리를 무엇에 비유하나? 바로 사자후라 하지 않나."

"그렇지요. 사자후라 하지요. 사자 목소리… 사자 목소리가 커서 사자후라 하는 거 아닌가요?"

"사자 목소리는 황소나 코끼리보다 작다. 그보다는 붓다와 같은 위대한 성인의 목소리를 어찌 맹수의 포효에 비교할 수 있겠나?"

"그럼 뭐죠?"

"잘 생각해 봐. 사자를 한 자로 쓸 때 사獅는 개 견 자犬 변에 스승 사 자師의 복합어지. 개 견 자는 짐승을 의미하고, 사는 스승이니까 짐승이지만 스승이란 뜻이 된다. 그리고 자子는 존칭어이다. 그러니까 사자를 한자 뜻대로라면 사자 스승님이라 부르는 게지."

"사자후나 스승님이란 말이 어쩐지 통하는 것 같네요?"

"그렇다. 부처의 목소리가 크기 때문에 혹은 웅변가의 목소리가 천하를 울리기 때문에 사자후라 하는 것이 아니라 진리를 설파한다는 뜻이다. 즉 사자가 백수의 제왕이기 때문에 온갖 짐승, 벌레, 미물의 습성을 지닌 인간의 불의한 번뇌와 잡스러운 생각과 행동을 진리로 잠재운다는 뜻이다."

"아, 그래서 사자를 진리에 비교했군요!"

강철호가 크게 고개를 끄덕였다.

"자네가 정글의 제왕 사자를 포악한 힘의 상징으로만 생각하고 자네 자신을 그런 사자처럼 주먹의 제왕이 되고 싶어 하는 것 자체가 대단히 위험하지 않겠나. 생각은 행동을 유발하기 쉬우니까 그런 생각을 하지 않기 바란다. 물리적 힘보다는 진리로 사람의 마음을 굴복시키는 힘이 훨씬 더 강하고 위대하니까 그런 쪽으로 마음을 돌렸으면 좋겠다."

"에이 형님도 참, 내가 언제 포악한 사자 같은 주먹의 제왕이 되고 싶다고 했어요? 짐승 같은 인간들을 보면 그런 생각이 든다는 뜻이지. 그렇게 하겠다는 건 아니니까 염려는 붙들어 매십시오. 그건 그렇고 형님! 애기 다 듣고 보니 형님이 진정한 정글의 사자 같다는 생각이 드네요. 진리를 설파하는 사자 말이지요. 저는 진짜 맹수인 사자고.”

“그런 말 말게 그저 좀 아는 걸 말해주었을 뿐이니까 아는 것 중에 마지막으로 좀 고리타분하게 생각할지 모르겠지만 노자의 말한 마디만 더 할 테니까 새겨두었으면 좋겠다.”

“노자요? 도덕경에 있는 말이겠지요? 좋아요. 워낙 유명한 책이니까 당연히 새겨들어야지요.”

“문장을 외우기보다 음식을 맛보듯 내용을 잘 음미해 보게. 자네한테 훌륭한 교훈이 될 테니까.”

한성민은 목소리를 가다듬었다. 그리고 알아듣기 쉽게 먼저 우리말로 단어 하나하나가 주는 뜻에 따라서 어조를 높게, 혹은 낮고 부드럽게, 혹은 강하게 조절하여 새겨들을 수 있도록 풀이해 준 다음 옛 선비가 흥얼대듯 원문을 소리 내어 말해주었다.

“용감하고 굳세면 죽음이요, 용감하되 부드러우면 목숨을 보전한다. 하늘의 도는 싸우지 않기 때문에 훌륭하게 승리하고, 다투지 않고 잘 순응하므로 부르지 않아도 스스로 찾아오고, 자연히 일을 잘 도모하고 잘 이루어진다.”

강철호는 한성민으로부터 들은 여러 가지 충고의 말을 그날만은 새겨듣기는 하였다. 그러나 초등학교 시절 도덕선생의 교육 정도로만 여겼다. 자신의 삶에 도움이 될 만한 말도 발견하지 못해서 기억 속에 남겨두려 하지 않았다. 그저 좋은 말쯤으로만 생각하고 돌아서서 다 잊어버렸다. 오직 인도에 유학온 목적 하나만이 성취하고 살아갈 최고의 방편이란 것만 생각하고 전심전력을 다하였다. 그런 덕에 약 2년여 만에 각종 요가수련동작을 다 익히고 귀국하였다. 그 기간 동안 수시로 배운 요기들의 명상법도 빼놓을 수 없는 삶의 방편 중 하나로 터득하였다. 그리고 탄트라 섹스수행법도 특별히 배우고 자신만의 비법으로 간직하였다.

인도 유학에서 돌아온 강철호는 망설임 없이 한국절세무공정신 수련원이란 간판을 내걸고 수련생을 모집하였다. 태권도나 검도와 같은 어떤 특정한 무술 이름을 쓰지 않고 절세무공이라 하고 정신수련을 더한 독특한 명칭이 상당한 광고효과가 있었다. 거기다가 수련생들이 보기에 불가사의할 정도의 무술실력을 원장이 직접 보여주는데다 인도에서 배운 요가를 비롯한 여러 가지 수행법까지 가르치자 입소문을 타고 백여 명의 수련생이 순식간에 모여들었다. 그리고 일 년이 채 못 가서 지부를 낼 만큼 번창했다. 특히 한민족 정신을 내세워 수련장 앞 상단 높은 곳에 단군상까지 앉혔다. 그런 뒤로 수련원 원장 강철호는 누가 뭐라 하지 않았는데도 자연스럽게 종교적 스승으로까지 존경받는 인물로 추앙받기 시작하였다.

인연을 찾아온 사랑

사랑은
운명의 자석에 끌려
불식간에 찾아오는 것
전세前世의 인연 줄인가
고운 사람
그윽한 눈빛으로
닫아 걸은 마음의 문
열어젖히려 하네.

한성민은 이날도 오후 늦게 청계산 등산에서 돌아와 사람들 눈을 피해서 방 안에 가만히 앉아 명상하고 있었다. 강철호가 수련원에 있는 동안은 그저 마음 편안하게 지내라며 여러모로 마음을 써주지만 마음이 썩 내키는 편한 것만은 아니었다. 하지만 석굴에서 수행중에 세속으로 돌아가라던 노인의 뜻을 이행할 곳이라면 다른 어떤 곳도 마찬가지라 생각했다. 고향의 집과 석굴을 제외하고 어디로 가든 사람 사는 곳은 마찬가질 테니 강철호가 불편한 눈치를 주지 않는 한 당분간 이대로 머물 생각이었다.

"형님 등산 다녀오셨습니까?"
강철호 목소리였다.
"응 방금, 들어오게."

"기척도 없으셔서 아직 안 오신 줄 알았습니다. 오늘은 형님과 저녁식사 같이하려고 많이 기다렸습니다."

"그랬어? 이것저것 생각 좀 하느라고 자네가 오는 것도 몰랐네."

한성민은 방 안이 꽉 차 보이는 강철호의 당당한 체구를 물끄러미 바라보았다. 훤칠한 키에 완강한 어깨, 그리고 좀 그을린 듯 생기가 넘치는 얼굴이며 짙은 눈썹과 총명한 눈빛, 그리고 우뚝 솟은 코가 석고로 빚은 듯 수려했다.

"형님, 제 얼굴에 뭐가 묻었어요?"

"아니! 자넨 볼수록 잘 생겨서 쳐다보았어."

"형님 쑥스럽게 갑자기 왜 그러십니까? 나 참!"

쑥스러워하는 강철호의 모습이 퍽이나 순진해 보였다. 그러나 듣기가 좋아 양 입가가 연신 싱긋벙긋대는 모양이 아이 같다는 생각도 들었다.

"잘 생긴 사람보고 잘 생겼다고 하는데 쑥스럽긴."

"정말이에요?"

"정말이지 않고? 자네 언제부터 내 말을 허투루 들었지?"

"아닙니다 형님, 형님이 하시는 말씀이면 콩을 팥이라 하셔도 믿어요. 평소에 안 하시던 말씀을 다 하시니까 좀 이상해서요."

사실 강철호는 속으로 좀 긴장하고 있었다. 한성민의 성격으로 보아 수련원에서 존경받는 자신의 처세가 고까워서 빗대서 하는 말인 줄 알았다.

"이상할 것 없네, 사실을 말한 것뿐이니까."

"솔직히 말씀드려서 제가 무슨 교주나 된 것처럼 사람들이 떠받드는데 형님 앞에서 민망해요. 그리고 형님이 달갑지 않게 생각하실 것 같고."

"언행이 진실하고 존경받을 만한 능력이 있으면 당연히 존경받겠지. 그렇지 않은데도 누가 존경해주겠나."

"그리 말씀해주시니까 용기가 납니다. 형님!"

"자네가 수련생들을 위해 최선을 다하고 있고 수련생들 역시 자네의 지도를 진지하게 받아들이고 열심히 노력하는 모습 참 보기가 좋더라. 앞으로도 계속 초심을 잃지 말고 노력하면 크게 성공할 것이라 믿네."

"고맙습니다 형님, 앞으로 더욱 열심히 노력하지요. 형님도 많이 도와주십시오."

"내가 무슨 도움이 되겠나. 그저 자네가 성공하는 거 지켜보고 마음으로 응원이나 보내는 게지."

"무슨 말씀을요! 형님 가르침 받고 싶은 거 많습니다. 특히 도에 대해서 공부하고 싶어졌어요. 무술만 최고라고 생각했지 솔직히 도니 뭐니 하는 거 영 관심이 없었거든요. 그런데 막상 수련원을 내고 보니까 알아야 하겠더라고요. 도가 뭔지도 모르면서 수련생을 지도한다는 것 자체가 한심하더라고요."

"도라고 별 거 있나. 도는 오직 무위하게 덕을 베푸는 데 있으니까 자네는 자네 위치에서 최선을 다하면 그것이 바로 도를 행하는 것이니까 특별히 배울 건 없다네."

"에이 형님도… 그런 말씀 마시고 하여간 앞으로 많이 가르쳐 주십시오. 그런 의미에서 오늘 특별히 저녁상을 준비시켰습니다. 상다리가 휘어지게 차리라 했으니까 기대하십시오."

"그래! 그냥 얘기하면 될 걸 웬 저녁상까지."

"인도에서 형님 신세도 많이 졌고 진작 한 번 대접을 했어야 하는데 워낙 바빠서 늦었습니다. 죄송합니다. 형님… 근데 여태 상 안 들여오고 뭐하지? 형님 배고프시죠? 산행을 해서 더하실 텐데."

"상 들어갑니다."

마치 기다리기나 했다는 듯 강철호의 말이 떨어지기가 무섭게 미달이문이 스르르 열렸다. 그리고 두 여인이 잔뜩 차려진 교자상을 힘겹게 마주 들고 들어왔다. 한눈에 보아도 거하게 차린 저녁 밥상이었다. 그런데, 한성민은 처음 보는 여인이 있어 무심코 바라보았다. 날마다 삼시 세끼 밥상을 차려주는 50대의 여인과 상을 마주 잡은 여인! 좀 통통하고 자그마한 몸집에 숱이 많은 검은 머리카락이 어깨까지 늘어진 그녀의 나이는 얼핏 보아서는 삼십대 후반쯤으로 보였다. 가까이 다가와 좀 더 자세히 보니 계란형의 얼굴이 몹시 창백해 보여서 무슨 병이라도 있는 듯도 싶었다.

상을 내려놓은 뒤 50대 여인은 물러가고 그녀는 강철호 곁에 양 무릎을 꿇고 다소곳이 앉았다.

"음식이 입에 맞으실지 모르겠습니다. 많이 드세요. 저는 강서영이라 합니다."

그녀가 마주 앉은 한성민을 향해 먼저 고개를 숙여 인사를 했다.

그리고 흘러내린 긴 머리카락을 쓰다듬어 올리자 얼굴보다 하얀 목덜미가 드러났다. 백옥을 빚어놓은 것 같다고나 할까? 적어도 그때 한성민의 눈에 비친 그녀의 목덜미는 백옥 이상으로 아름다웠다. 그러나 마주보는 그녀의 눈동자가 더 매혹적이었다. 맑고 영롱한 눈동자가 하늘의 별을 보는 듯했다. 그리고 빤히 바라보는 그녀의 시선에서 무어라 표현할 수 없는 미묘한 감정이 전해오는 것 같아서 당황했다.

"아, 예, 한성민입니다."

얼떨결에 대답한 그는 마음을 들킬 세라 얼른 눈동자를 내리깔았다. 처음 보는 여자에게 이런 마음을 가져본 건 생전 처음이었다. 더구나 어떤 필연적인 느낌이 전류처럼 흘렀다. 하지만 마음과는 달리 그의 시선은 그녀로부터 도망쳐 밥상 위의 여러 가지 반찬으로 옮겨갔다.

"산해진미라더니 오늘 드디어 맛보는군!"

"형님, 저의 사촌 누님이십니다."

잠깐이지만 두 사람 사이에 묘한 감정의 흐름을 느낀 강철호가 분위기를 바꾸어놓았다.

"선생님 말씀 많이 들었습니다. 인도에서 우리 철호 많이 도와주셔서 감사합니다."

강서영이 두 손을 양 무릎에 가지런히 올려놓고 다시 한번 가볍게 머리를 숙였다. 그리고 미소를 머금고 그를 바라보았다. 그윽한 빛이 느껴졌다. 그러나 이번에는 그녀의 시선을 피하지 않았다. 오히려 아름다운 꽃을 시선으로 끌어와 기억 속에 담아두듯 그녀를 한 눈동자에 새겨 넣었다.

"형님! 저의 큰아버지의 맏딸이지요. 오빠, 언니도 없고 동생도 없으니까 맏딸이자 막내딸이지요. 그러니까 무남독녀랍니다. 우리 누님 시집도 안 가고 미인이라서 그런지 20대 아가씨 같지요? 아닙니다. 형님 절대로 얼굴 보고 속지 마십시오. 나이가 사십이 다 된 할머닙니다. 할머니!"

"얘도! 할머니라니?"

강서영이 눈을 흘겼다. 그리고 상기된 미소를 잔뜩 머금고 작은 주먹을 들어 강철호를 때리는 시늉을 하다가 내려놓았다. 강철호는 그녀의 주먹을 일부러 슬쩍 피하는 몸짓을 하고는 심한 장난기 어린 웃음을 터뜨렸다.

"할머니지요! 처녀 할머니! 안 그렇습니까? 형님?"

"얘는 선생님 앞에서 못하는 소리가 없어! 이제 그만 놀리고… 선생님, 진지 많이 드세요. 배고프시겠어요."

강서영이 수줍어 붉힌 얼굴을 다소곳이 숙여 반찬그릇 두어 개를 그에게 밀어놓았다. 그리고 곧바로 일어섰다. 강철호가 함께 식사하자며 말리는 데도 들은 체도 하지 않았다. 그냥 다른 방에서 사범들과 함께 먹겠다며 밖으로 나갔다. 그런데 그녀의 걸음걸이가 이상했다. 왼쪽 다리를 눈에 띄게 절뚝여서 몹시 불편해 보였다. 왼쪽 발을 디딜 때마다 치맛자락이 종아리를 가렸다.

"형님, 우리 누님 어떻습니까? 정말 미인이지요? 저는 아직 우리 누님만큼 참한 미인은 본 적이 없습니다. 어릴 때 소아마비를 앓아서 다리를 좀 저는 게 흠이라면 흠이지요. 하지만 이름깨나 있는 집안에서 청혼도 많이 들어왔었지요. 소위 선비 사士 자字 붙은 최고의 직업을 가진 남자들도 꽤나 많이 따라다녔습니다."

"그래?"

"그런데도 누님은 그 좋은 혼처를 거들떠보지도 않더라고요. 불편한 다리 때문에 자신감이 없어서 그런 줄 알았는데, 그렇지도 않는 것 같아요. 초연하기가 마치 여승 같다고나 할까요? 하긴 한때 어느 암자에 들어가서 공부도 하고 그랬으니까."

"뜻밖이군, 요즘 여성답지 않게."

"사실 저 정도 뛰어난 미모에 최고의 학벌과 지식, 그리고 무어랄까… 우리 큰아버지 굉장히 부자거든요. 게다가 우리 누님이라고 해서 하는 말이 아니라 마음 씀씀이가 요조숙녀에요. 요조숙녀! 그러니 남자들이 목을 맬 수밖에요!"

강철호는 무슨 이유에서인지 그가 묻지도 않은 말을 입에 침이 마르도록 해댔다. 그리고 말하는 간간히 그의 표정을 슬쩍슬쩍 살펴보는 눈치가 아무래도 수상쩍었다. 그녀를 마음에 들어 하는지 은근히 떠보는 속셈이 틀림이 없었다. 하긴 그의 나이가 마흔 다섯이나 된 노총각이니 그럴 만도 했다. 하지만 한성민은 속과는 달리 무덤덤하게 반응했다. 오히려 아무 말도 듣지 못했다는 듯 숟가락을 들어 국을 한 모금 맛보고는 시원해서 좋다며 술잔을 들었다.

"형님, 웬 일입니까? 술잔을 다 들고?"

"왜 나는 마시면 안 되나?"

"그런 게 아니라 술 잘 안 드시잖아요."

"진수성찬을 앞에 놓고 한 잔 안 할 수가 있나."

한성민이 제법 호기롭게 말했다. 하지만 술보다는 다리를 절룩이는 강서영이 안쓰럽기만 하였다. 생각을 말자 해도 자꾸만 연민이 고개를 내밀어 정말로 몇 잔 마셔보고도 싶어 잔을 비웠다.

"자네도 한 잔 더 하게!"

"예, 좋습니다! 그런데 형님, 왕년에 인도에서 마시던 술 귀신이 또 찾아온 거 아닙니까?"

강철호도 그녀를 더 말하지 않고 잔을 넙죽 받아 한 입에 훌쩍 털어 넣었다.

"그렇게 보이나? 그럼 그놈의 술 귀신이 나 대신 마시는 건가?"

한성민은 호방한 웃음을 터뜨렸다.

"형님! 여기 계시는 동안 느끼신 게 많았을 텐데 한 말씀 해주시지요."

강철호가 그의 눈치를 살피다가 웬만큼 마음이 부드러워졌다 싶어 망설이던 속내를 털어놓았다. 그는 술은 더 마시지 않겠다며 빈 잔을 앞에다 놓았다. 그리고 짐짓 무슨 뜻인지 모르겠다는 듯 의아스런 표정을 지었다. 그러나 강철호의 속내를 짐작하고 있었다. 한 종교의 교주처럼 사람들의 공경을 거만하게 받아들이는 자신의 처세가 아무래도 마음에 걸려서 묻는 말이 분명했다.

그렇다면 강철호가 아직은 올곧은 의지가 불의에 매몰되지 않은 본심을 내보인 터라 굳이 꼬집어 말할 필요는 없을 듯했다. 그 마음을 잊지 않고 사도邪道의 길만 걷지 않는다면 크게 나무랄 일도 아니고, 또 나무랄 처지도 아니어서 모른 체하고 반문했다.

"무얼 말인가?"

"제가 수련생들을 잘 가르치고 있는지 그간 보신대로 한 말씀 해 주십시오."

"아까도 이야기했지만 내가 보기에는 자네가 수련원을 참 잘 운영하고 있다고 생각하네. 그래서 존경받는 것이고."

"형님, 약속하지요. 저는 절대로 사이비교주처럼 되지는 않을 겁니다. 배운 대로 열심히 가르치기만 할 거예요. 사실 저도 놀라울 정도로 고질병환자들이 건강해지고 술 담배를 끊는 사람도 있거든요."

"그렇다면 자네는 좋은 일을 하고 있지 않은가? 사람을 구원하는 일이니까 아까 약속한 대로 자신을 잘 다스리면서 열심히만 하면 그만이네. 그러면 복을 받지 않겠나."

"그런데 형님, 솔직히 존경받고 돈도 잘 벌고 있지만 아직도 무술은 뜻대로 되지 않습니다. 세상에 알려진 무술은 거의 다 익히고 힘도 자신이 있습니다만 형님이 말씀하신 대로 역시 도를 모르면 한계를 극복할 수 없다는 사실을 절감했습니다. 더구나 요즘은 무예가 예전만 못하고 오히려 퇴보하고 있다는 느낌이 들어서 속상해요."

"그래?"

한성민은 지나가는 말처럼 반문했다. 하지만 자꾸만 도를 언급하는 강철호의 속뜻을 좋게 해석하고 싶었다. 전에 없이 무武를 술術이 아니라 도의 시각으로 인식하는 자체가 대견스러웠다. 그러나 아무리 무술의 한계를 뛰어넘고 싶다 해도 이미 사업으로 크게 성공하고 싶은 욕망의 그림자가 짙게 드리워져 있는 한 어렵다는 생각이 들었다. 그것이 무술이든 마음수행이든 사사로운 욕망에 집착하고 있는 한 도는 요원한 꿈에 지나지 않는다. 그만큼 얻기가 어려운 것이 도의 세계라 강철호가 정말 무예의 도를 얻고 싶다면 욕망을 버리라고 충고해 주고 싶었다. 그러나 지금은 아무리 정곡을 찌르는 말을 해도 귀에 들어가지 않을 듯해서 전혀 딴 이야기처럼 물었다.

"자네는 이 수련원 규모를 얼마나 더 늘릴 계획이지?"
"그야… 저…?"

강철호는 얼른 대답을 못하고 말끝을 흐렸다. 보통 사람들은 하나를 얻으면 열을 얻고 싶고, 열을 얻으면 천을 얻고 싶고, 그래도 모자라서 한 나라의 재산을 다 움켜쥐어도 욕망의 허기를 채울 수 없는 것이 욕심이고 보면 강철호도 마찬가지라 생각했다. 그래서 바다에 얼마나 물을 채워야 넘칠까 하고 빗대어 말하고 싶었으나 꾹 참고 문득 도덕경의 한 구절이 생각나서 말해주었다.

"욕망의 구멍을 닫아야 종신토록 수고롭지 않으나, 욕망의 문을 열어놓으면 재앙을 입어 종신토록 구원받지 못한다." 하였다.

한성민은 강철호가 욕심을 줄이고 분수에 맞게 처신하지 않고 항상 큰 욕망에 사로잡혀 있는 이상 나중에 큰 화를 면하지 못할 것이라 직감했다. 그러나 강철호는 그가 우려하는 줄도 모르고 짙은 눈썹을 치켜세워 형형한 눈동자에 의지의 빛을 거두지 않았다.

"저는 오늘 이후로 형님을 스승의 예로 대하겠습니다. 무예의 정점에는 결국 도의 극치에 있다는 사실을 절감한 이상, 비록 제가 여러 가지 야망이 크기는 하지만 그에 못지않게 도를 얻고 싶은 마음도 간절합니다. 물론 둘 다 한꺼번에 얻기가 쉽지 않다는 것쯤은 저도 알고 있습니다. 그렇지만 형님이 지도만 해주시면 최선을 다하겠습니다."

한성민은 대답 없이 침묵하며 생각했다. 사사로운 욕망에 집착하면서 도를 얻는다? 진심으로 도를 얻기 위한 수행의 한 방편으로 세속의 이익을 지혜의 눈으로 관찰하면서 추구한다면 모를까. 그것이 아니라면 불가능한 것이다. 그러므로 강철호는 분명 자신의 여러 가지 수행비법을 배워서 타인에게 가르칠 속셈에다가 기왕이면 스스로 도의 경지에 오르고 싶은 욕심 또한 만만치가 않아서 더럭 겁이 났다.

하지만 강철호와 같은 욕망이 자신에게 과연 한 점도 없는지 눈을 감아 마음을 되돌아보았다. 세속을 극단적으로 기피하는 그 깨끗하다고 여기는 마음 그 자체가 이미 세속에 탐착하고 있는 또 다른 오염된 마음의 반영체가 상대적으로 나타난 현상은 아닐까?

만약 속과 겉이 다 청정하다면 사사로움이 없어서 타인의 오염된 행위를 더럽다 하고 생각하지 않을 테니 말이다. 오염된 마음은 이미 허상이란 것을 알면서도 그 오염된 강철호의 마음을 경계하니 그런 것이 틀림이 없다는 생각도 들었다.

물은 항상 중생衆生. 동물, 벌레, 나.무 시궁창, 강물 등등이 사는 곳에 몸을 담고 있으나, 더럽다 하지 않고 만물을 길러주고 더러움을 씻어주니 참 도의 모습이 아니던가! 모름지기 도는 더럽고 깨끗함도 없이 오직 베풀기만 하는 것을, 똥을 맛보면서 일찍이 깨우친 그 단순한 이치를 하필 강철호를 보고 차별심을 왜 일으켰는지 자책했다.

그리고 아직도 혼백魂魄.혼은 번뇌스러운 마음, 백은 육신의 욕망. 이 두 가지가 일체가 되어야 一心에 이르고 참도를 깨우침이 나뉘어져 있음을 자각하고 얕은 수행의 깊이를 통감했다.

"내가 얼마나 도움이 될지 모르지만 자네의 뜻을 따르기로 하지."

한성민은 세속으로 돌아가 경험하는 가운데 더러움을 더러움이 아님을 알아차리고 진실한 본성이 아님을 깨우치라 했던 노인의 말이 다시 한번 뚜렷하게 들려오는 것 같았다. 그리고 세속의 어디에 있든 사람의 일에 관여할 수밖에 없는 이상 달리 어디에 가서 무엇을 구할 것도 없다 싶어 제자를 자청하는 강철호의 마음을 받아들이기로 하였다.

"형님 정말입니까? 고맙습니다!"

강철호가 뛸 듯이 기뻐하며 벌떡 일어나서 넙죽 절까지 하였다.

"형님, 이제야 마음이 놓입니다. 형님이 거절하실까 봐 솔직히 걱정했거든요."

"이 사람아, 아까 이미 그러마고 말하지 않았나. 그리고 내가 달리 어딜 갈 곳도 없고 자네 신세 좀 오래 지기로 하지!"

"그래도… 아니 형님, 신세라뇨? 그런 말씀 마십시오. 형님께서 원하시면 평생을 있으셔도 괜찮아요! 형님만 계시면 저는 원대한 계획을 마음대로 펼칠 수 있을 자신이 있어요!"

"너무 큰 기대는 하지 않는 게 좋아. 자네가 생각하는 것만큼 도가 깊지 않으니까."

"아닙니다. 형님! 겸손해하시지만 형님의 깊이를 누가 알겠습니까? 아무튼 형님, 더 말씀 마시고 술이나 한 잔 더 하고 싶습니다. 어떻습니까? 제가 한 병을 다 먹었거든요?"

강철호가 신명이 나서 그의 대답을 기다릴 것도 없이 벌떡 일어섰다. 그런데 그와 동시에 스르르 방문이 열렸다.

"술이 모자랄 것 같아서."

강서영이 방안으로 들어왔다. 소반에 소주 한 병을 받쳐 든 그녀가 밥상을 두고 마주 앉은 두 사람 사이에 습관인 듯 두 무릎을 꿇고 앉았다. 그리고 그에게 아무 말 없이 넌지시 잔을 권했다.

"아, 네!"

한성민이 엉겁결에 잔을 받아들었다.

"누님, 형님이 여기 오래 계시면서 도와주시기로 하셨으니까 앞으로 형님을 많이 보살펴주세요."

"어머! 그러셨니? 감사합니다. 선생님."

강서영이 반색했다. 그녀가 드러낸 유달리 희고 가지런한 치아가 아름다워서 잠깐 그윽히 바라보았다. 하지만 이내 아름다움은 추함의 분별의식이 만들어 낸 허상인 것을, 아직도 현혹된 자신을 나무랐다. 그리고 마음을 추슬러서 잠깐 망설이다가 흔들리지 않는 눈빛으로 한 잔 하시겠느냐며 그녀에게 빈 잔을 들어보였다.

"감사합니다."

강서영은 사양하지 않았다. 얼른 희고 작은 손을 내밀어 그가 주는 술잔을 받아들었다. 그리고 병아리 물마시듯 조금씩 연거푸 몇 모금 입술에 대보다가 맛있다며 한 번에 홀짝 비우고는 그에게 빈 잔을 또 건넸다.

"선생님, 제가 한 잔 더 올릴게요."

"이야! 우리 누님, 남자한테 술잔 받고 권하는 거 오늘 처음 보네! 해가 서쪽에서 뜨겠어요!"

"아니에요 선생님! 대학시절에 남자친구들하고 어울려서 많이 마셔본 걸요."

강서영은 당황한 표정으로 급히 손사래를 치다가 귀여운 웃음으로 그를 바라보았다. 그 모양을 본 강철호가 돌연 또 한 번 큰 웃음을 한바탕 터뜨리더니 짐짓 정색을 하였다.

"농담입니다. 누님! 조선시대 여인도 아닌데 그럴 리야 있겠어요? 그런데 말입니다 형님! 우리 누님도 요가수행에 입문한지 한 삼 년 되었는데 실력이 장난이 아닙니다. 양 발이 머리 뒤로 꺾어져 올라가고, 몸을 움츠리면 아마 쥐구멍에도 들어갈 걸요?"

"얘는 허풍은! 아니에요 선생님!"

강서영이 얼굴을 굳혀서 머리를 빠르게 도리질 쳤다. 그런데 조금 취기가 타올라서일까? 도리질 쳐서 흔들리는 윤기 나는 머리카락이 바람결에 나부끼는 풀잎처럼 싱싱하고 향긋한 냄새가 코끝을 스쳤다. 그리고 밝은 불빛에 유난히 하얀 이마와 복스럽게 도톰한 양 볼, 마르지 않는 산중의 샘물처럼 젖은 듯 티없이 맑은 눈과 보랏빛 입술이 아까보다 더 매력적이었다. 그는 뜻밖에 아직 한 번도 생각조차 하지 않았던 여인의 아름다움에 도취했다.

그러나 오래 가지 않았다.
타오른 술기운에 편승해 그녀에 대한 환상에 춤추던 산란한 마음을 곧바로 본연의 자리에 가라앉혀서 차분하게 가다듬을 수 있었다.
그리고 생각했다.
그동안 여자는 생각 밖의 존재였다. 그런데 그녀로부터 여자로서의 아름다움을 느꼈다는 것 자체가 한순간이나마 얄팍해진 도의 깊이를 자각하게 하였다. 고향의 농사짓는 거친 피부의 여인들을 한 번이라도 아름답다고 여긴 적이 있었던가? 그럼에도 그녀를 아름답다고 생각하고 잠시나마 그 아름다움에 취했으니 아직도 사물을 보는 눈이 평등하지 못하다며 자신을 크게 나무랐다.

천하에 둘도 없는 절색도
죽어 해골만 남는다.
그 모습 끔찍이도 추할 텐데,
살 없는 그 얼굴에,
가죽을 아름답게 포장했다고
아름답다고 할 수 있는가?

그것은 썩은 나뭇가지에 화려하게 꽃과 잎을 붙여놓고 아름답다고 하는 것과 같았다. 사물을 피상적으로만 보고 실상과 허상을 분별하지 못하는 얄팍한 마음의 장난인 것을, 그럼에도 그녀의 겉만 보고 아름답다고 생각한 자신이 서글프기도 하였다.

생각할수록 한숨이 절로 나왔다. 물 흐르듯 걸림이 없는 마음으로 덕을 베푸는 도의 진실을 알고는 있으면서도 그리 행하지 못하는 범부로서의 자신이 눈에 선했다. 그래서 이날 밤 두 사람이 돌아간 뒤에 탄식을 거듭하며 잠을 이루지 못하였다.

마음과 몸뚱이는 본래 한 그릇인데,
사물을 보면 둘로 나누어지는구나!
몸은 여기 있고 마음은 저기서 춤추니
어느 것이 나인가?

혼백이 둘로 갈라짐이여
발광하는 업의 칼날에 베임에

이것저것에서 미쳐 날뛰니
나 아닌 나의 망령이구나!

열리지 말아야 할 망령의 문이여
심체心體는 혼백을 하나로 묶어
고요함으로 품었나니
그 문 굳게 닫아 지켜내리라.

아, 도의 문이여
늘 깨어 닫히지 마소서
맑은 영혼 면면히 흘리어
신神의 집에서 불사不死하리이다.

도의 본질과 타락한 섹스

"섹스는 창조의 도를 내림받은 본능이다. 그 순수함은 백옥보다
희고 그 사랑의 가치는 영혼보다 귀하다. 도를 알고 도로써 섹스를
행함은 위에서 아래로 찔러 창조의 정액精液을 쏟아 만물을 낳고 기
르는 신神의 사랑을 행함이며 함부로 쏟아내는 정액은 제 육신을
허물고 불충불효한 자식을 낳는 사도邪道이다."
하고 한성민이 말했었다.

"섹스면 섹스지, 도는 뭐고 신은 또 뭐야 씨팔!"

천장을 멀뚱히 바라보고 누웠던 강철호가 문득 한성민의 말이 떠오르자 괜히 신경질이 나서 몸을 벌떡 일으켜 속으로 소리쳤다.

"세상천지에 도니 신이니 하는 따위를 생각하고 섹스를 하는 놈이 어디에 있나? 그리고 그런다고 육신이 허물어지고 불충불효한 쌍놈의 자식을 낳는다니 별 좆같은 소리 다 들었네."

한성민의 말을 욕하고 비웃는 말이었다. 그런데 왜 자꾸 그의 말이 떠오르는지 알다가도 모를 일이었다.

"씨발"

또 욕설이 터져 나왔다. 마음도 찜찜했다. 곁에 누워 세상모르게 잠들어 있는 여체를 물끄러미 바라보다가 자리를 박차고 일어나 밖으로 나갔다. 그리고 마당에 서서 사방을 둘러보니 새벽바람이 시원하게 불어와서 머리가 좀 개운해지는 것 같았다.

푸른 잎이 무성해진 이른 여름인데다가 며칠째 질펀하게 내리던 비가 그치고 난 깊은 산중이라 밤하늘이 눈이 시리도록 맑았다. 그리고 보석을 뿌려놓은 듯 찬란한 별무리들이 정적한 밤의 세레나데처럼 느껴져 어느새 한성민의 말은 바람 따라 사라졌다. 그리고 무어라 표현은 못해도 제법 감상의 언어가 머릿속을 맴돌았다.

그래서 시선을 돌려 별이 내려앉은 산봉우리를 바라보았다. 산 능선에도 나뭇가지에도 걸린 별들이 신비하게 아름다워서 영혼이 흡수될 듯하였다. 육신의 감각도 의식할 수 없는 허공 속으로 녹아들어 오직 푸르고 푸른 하늘과 찬란한 별들만이 마음의 울타리를 휩싸고 돌았다.

하지만 그런 생각도 잠시 잠깐이었다. 싸늘한 바람이 어깨와 목덜미를 스치고 지나가자 산중에 홀로 선 몸을 의식했다. 으스스 추위가 느껴지고 졸졸 흐르는 개울물 소리가 들렸다. 그리고 희끄무레한 어둠에 잠들었던 숲이 음산한 소리를 내질러 마음의 정적을 깨뜨렸다. 그래 방에 들어갈 생각으로 뒤로 돌아서다가 화들짝 놀랐다. 번개같이 바람을 가르고 벽돌을 박살내던 두 다리가 휘청했다. 백 명을 무찔러도 힘이 남아도는 장수처럼 정력만큼은 자신했는데, 겨우 하룻밤 여체를 가지고 놀았다고 다리까지 휘청거리다니 실망이 이만저만이 아니었다. 운동도 운동이지만 아무래도 보약을 좀 먹어야 할 것 같았다.

그러나 이내 보약은 무슨! 하고 피식 웃었다. 잠을 설쳐서 그런 걸 괜한 걱정이라 자위하고는 한잠 푹 자고 나면 그만이라 생각하고 방으로 들어갔다.

아직 하얀 젖가슴 한쪽을 드러낸 채 헝클어진 긴 머리카락을 치렁치렁 베개 위에 흩어놓은 여체는 그대로 정신없이 새근새근 잠들어 있었다. 그 모양이 좀 추하게 느껴져 이불 한 자락을 끌어다가 젖가슴을 가려주고 그녀 옆에 두 다리를 쭉 뻗어 반듯하게 드러누웠다.

그런데 이상했다.

금방 깊은 잠 속으로 빠져들 것 같은 나른함과는 달리 정신은 오히려 하늘의 별처럼 초롱초롱해지기 시작했다. 억지로 잠을 청해 보았으나 그럴수록 정신은 더 또렷하게 맑았다. 그래 이리저리 몸을 굴려 뒤척여 보아도 도무지 잠이 들것 같지가 않았다. 되레 해질 녘 어둠 같은 알 수 없는 검은 그림자가 머릿속을 복잡하게 괴롭혔다. 그것들은 보이지 않는 바람이 먹구름을 몰고 와서 맑은 하늘을 뒤덮는 것과 같아서 좀체 사라질 것 같지가 않았다.

그런데 구름 속에 햇빛이 잠시 나타난 것과 같다고나 할까? 의식이 뚜렷한 모습을 갖추어서 한 생각이 선명하게 뇌리 속에 자리잡았다. 의식의 정체는 처음으로 섹스수행의 대상으로 선택했던 길정숙이란 여인의 몸이었다. 섹스에 이골이 난 유부녀였던 그녀의 현란한 몸짓과 숨넘어가듯 내지르는 괴성이 귀에 선했다. 그 다음은 충분히 섹스를 경험하다가 오래 굶주렸던 미망인 김갑숙의 광란에 가까운 비명과 몸부림이 떠올랐다.

생각은 육신을 춤추게 하는 것, 어느새 강철호의 남근이 뜨겁게 달아올라 불끈 솟아올랐다. 그런 기미를 느끼자 강철호의 입가에 미소가 번지고 방망이처럼 후끈 달아오른 자신의 남근을 손으로 쥐어 보았다.

"그러면 그렇지! 내가 그 정도에 고개 숙일 체력은 아니지!"

손에 잡힌 기이한 신체의 일부가 힘없이 축 쳐지지 않고 방망이처럼 크고 단단하게 꼿꼿하게 서 있었다. 안심도 되고 기분도 좋아서 속으로 쾌재를 부르고는 곁에서 정신없이 잠들어있는 여체를 슬쩍 곁눈질해보았다. 몇 번이고 정액을 쏟아냈던 간밤의 섹스 장면이 생생한 포르노 영화처럼 선명하게 그려졌다. 그 생각은 어느새 남근 끝에 무언가 질금질금 나오는 느낌까지 주었다.

"계집애, 처음인데도 완전히 죽여주던데!"

한문옥, 이 아가씨는 아직 성경험이 한 번도 없는 처녀였다. 여러 수련생 중에서 육체미가 하도 뛰어나 섹스수행의 상대로 안성맞춤이라 생각하고 길정숙과 김갑숙 다음으로 유혹했었다. 그리고 간밤에 알고 있는 탄트라섹스수행 자세를 모두 동원해 절정의 쾌락을 여러 차례 즐겼었다. 요가로 단련된 유연한 몸은 요구하는 체위를 마음대로 취해주었다. 거기다 황홀감에 눈을 까뒤집어 자지러지게 신음을 토할 때는 정액을 가두어두려 했던 의지를 여지없이 무너뜨리고 모조리 쏟아내게 하였다.

그 생각에 미치자 절정의 쾌락을 느끼게 할 정액은 이미 강철호의 이성을 사로잡아 어떤 생각도 떠오르지 못하게 막았다. 오직 여체에 쏟아 놓지 못해 온몸을 달구기만 하였다.

"자나?"

한문옥은 대답이 없었다. 정말 깊이 잠들었을까? 좀 미안한 생각이 들어 관둘까 하다가 왼팔을 뻗어 팔베개를 해주며 슬며시 그녀를 향해 몸을 돌렸다. 그러자 기다리고 있었던지 휙 돌아눕더니 가슴에 찰싹 안겨왔다.

"안 잤어?"

"응… 금방 깼어요."

한문옥이 어리광스럽게 코맹맹이 소리로 대답했다. 강철호의 손길은 이미 그녀의 풍만한 젖가슴을 가볍게 쓸며 주무르고 있었다. 손끝에 전해오는 부드럽고 감미로운 감각은 남근을 주체할 수 없도록 빳빳이 치솟게 해 곧바로 그녀의 배 위로 오르도록 강렬하게

요구했다. 하지만 탄트라섹스수행이란 의미를 생각하고 참아냈다.

"이럴 때일수록 그녀가 완전한 황홀경에 들 수 있도록 더욱 더 정성을 다해 애무해야 한다. 정욕을 못 참아 급히 서둘러 찔러서 정액을 쏟으면 탄트라 여신을 모욕하는 것이다. 탄트라는 이 세상을 탄생시킨 섹스의 여신이다. 아니 창조의 여신이다. 모든 여성이 그녀의 분화물이다. 그러므로 모든 여성이 탄트라이며 그녀들은 언제나 사랑을 원한다. 그녀는 절정의 쾌락에서 프라나를 온누리에 퍼뜨린다. 애무하라. 여신이 완전한 황홀감에 들 때까지."

강철호는 인도 요기로부터 들은 이 가르침을 아직은 기억하고 있었다. 젖가슴에서 배를 쓸다가 드디어는 배꼽 아래 곡신이라 불리는 그녀의 현묘한 골짜기 쪽으로 내려갔다. 잘 자란 이른 봄의 잔디처럼 소복하고 보드라운 음모, 그리고 그 아래 골진 현묘한 문에 이르자 뜨거운 물이 물큰하게 흘러있었다. 손가락으로 가볍게 애무하는 한편 입술은 산딸기처럼 예쁜 그녀의 젖꼭지로 향했다.

한문옥이 더 참지 못했다. 몸을 뒤집어 강철호 배 위에 겹쳤다. 그리고 한 주먹이 되고도 남는 엄청난 크기의 강철호의 것을 자신의 골짜기에 찔러 넣었다. 비명을 지르며 요가로 단련된 유연한 허리힘으로 엉덩이를 좌우상하로 움직이기 시작했다. 강철호의 의지는 서서히 무너지기 시작했다. 의식으로 정액을 거두어 회음에 모으라는 요기의 가르침을 잊지는 않았다. 그러나 온몸을 전율시키며 밀고 나오는 정액을 막는데 실패했다.

"사랑해요! 사랑해요! 아-악!"

하고 외치며 격렬해지는 한문옥의 엉덩이 율동과 비명에 가까운 괴성은 더더욱 의지를 여지없이 무너뜨리고 말았다. 오히려 더 짜릿한 절정의 쾌락으로 치닫는 넋은 더 많은 정액을 쏟아내게 하였다.

강철호가 강원도 어느 깊은 산중에 버려진 화전민의 외딴 집을 헐값에 매입해서 통나무로 새집을 지어 별장으로 이용한 지가 3년이었다. 별장까지 차가 들어올 수 없어서 좁은 산길을 20여 분을 걸어야 하는 산중에 별장을 지을 때는 뜻은 참 좋았다. 나름대로 한가로움을 즐기고 무술도 연마하면서 도를 닦을 목표를 세웠었다. 그래서 처음 한 2년은 생각대로 산을 뛰어 오르내리며 무술연마에 열중하였다.

그러나 아무리 노력해도 무술의 한계가 느껴져 갈수록 실망만 깊어갔다. 목표로 삼은 뜻대로 높이 뛰어오를 수도 없었고 몸놀림도 신속하지 못했다. 게다가 큰 돌을 주먹으로 내려쳐도 갈라지지도 않았다. 사실 강철호의 무술 실력은 보통 상식을 훨씬 뛰어넘어 있었다. 그런데도 만족하지 못했다. 웬만한 사람의 키를 뛰어넘고 바람처럼 빠르고 머리통 정도의 돌 정도는 가볍게 깨는 초인이 되고 싶었다. 하지만 아무리 노력해도 한계를 절감할 수밖에 없었다. 그러던 어느 날 한성민의 말이 얼핏 떠올랐다.

"육신의 힘은 한계가 있다. 하지만 일심—心에만 들면 거기에 불가사의한 도가 있어서 육신의 한계를 뛰어넘을 수 있다. 그래서 원효 대사가 일체유심조—切唯心造라 하였다. 모든 것은 마음으로 지어내고 이룰 수 있다는 뜻이다. 그러나 그 마음은 오직 일심이어야 하는데 일심을 유지하기란 하늘의 별을 따는 것보다 어렵다. 다만 일심이 되도록 부지런히 수행하다 보면 웬만큼은 도의 경지에 들 수는 있다."

하는 말이었다.

처음에 그 말을 들을 때는 우습게 여겼다. 하지만 날이 갈수록 한성민의 충고를 진지하게 생각했다. 그리고 그가 명상하는 모습을 따라 가만히 앉아 정신집중을 해보았다. 그런데 쉽게 생각했던 집중이 어림도 없었다. 단 몇 초의 순간이라도 일심一心에 들지 못했다. 자리에 앉아 마음을 가다듬는 그 순간부터 잊었던 생각까지 무수하게 떠올랐다가는 사라지고, 또 다른 생각이 번갈아 떠오르는 등, 온갖 잡된 의식이 꼬리에서 꼬리를 물고 물거품처럼 일었다 사라지기를 반복해서 도무지 집중이 되지 않았다.

그런데 실패한 여러 명상법에 실망하던 어느 날 번쩍하고 생각나는 명상법이 있었다. 바로 인도 요기로부터 배운 탄트라섹스수행이었다. 그 생각을 하자 젊음의 열기가 뻗쳐올랐다. 그리고 여체에 몰입해서 발광하는 마음을 진정시키면 일심一心에 어렵지 않게 들어서 도를 얻을 수 있다는 인도 요기의 말이 설득력 있게 마음을 사로잡았다.

어떤 일이건 한번 옳다 싶으면 망설임 없이 그 즉시, 그리고 집요하게 행동에 옮기는 강철호의 성격은 깊이 생각할 것도 없이 곧바로 실행에 돌입했다. 수행 대상의 여인을 물색하는 것쯤은 그리 어려운 일이 아니었다. 수백 명의 수련생들 거의 대부분이 여성인데다가 그녀들은 한결같이 강철호를 우상처럼 떠받들었으므로 수고스럽게 다른 여인을 물색할 필요도 없었다. 평소에 눈에 띄게 자신과 가까워지려고 노력하는 여러 여인들 중에서 마음대로 골라 유혹하면 그만이었다.

길정숙과 김갑숙, 그리고 한문옥이 바로 그녀들이었다. 그녀들은 도를 명분삼아 은근한 말솜씨로 유혹하자 거절하기는커녕 오히려 황공해하며 응해왔다. 그리고 그녀들은 강철호의 능란한 탄트라섹스 기법과 절륜한 힘에 포로가 되고 말았다.

오늘밤을 함께 한 한문옥도 그랬다. 더욱이 그녀는 강철호가 처음으로 경험한 남자여서 영원한 그의 여자라 생각하고 있었다.

하지만 강철호는 그저 섹스수행의 대상일 뿐이었다. 서른둘의 한창 탄력 있는 피부에 165cm나 되는 쭉 뻗은 키, 그리고 풍만한 젖가슴과 미려하게 굴곡진 허리에다 빼어난 미모까지 갖춘 그녀는 섹스수행의 최고의 상대였다. 거기다가 요가로 단련한 유연한 몸은 탄트라섹스의 여러 가지 체위를 완벽하게 소화해냈다. 하지만 그것이 문제였다. 정액을 회음에 모았다가 임독맥으로 유통시켜야 하는데 번번이 실패했다. 임독맥 유통은커녕 정액을 회음에 가두지도 못하였다. 오늘처럼 기어이 정액을 쏟아내고 말았던 것이다.

참 사랑은 목숨을 들어 바치는 것

강철호가 수행을 명분으로 탄트라섹스에 도취해 있던 그 시간, 한성민은 일요일이면 늘 가던 북한산을 오르고 있었다. 그런데 우이동 진달래 꽃길을 지나 나지막한 능선을 가뿐하게 오른 그는 무엇을 잊은 듯 갑자기 발을 멈추고 뒤를 돌아보았다. 한참 뒤처져서 이제 막 진달래 꽃길로 들어서는 강서영의 모습이 보였다. 진달래 꽃숲에 가려지기는 했으나 한쪽 다리를 절뚝이는 불편한 걸음걸이가 몹시 안쓰러웠다. 하지만 그녀가 올 때까지 기다릴까 하다가 마음을 냉정하게 가다듬고 더 빠른 걸음을 내디뎠다. 백운대 산봉에 깎아지른 듯 높이 솟은 우람한 바위가 한눈에 보이는 낮은 산봉우리까지 길이 꽤나 가파르고 먼 거리인데도 순식간에 올랐다.

강서영은 불편한 왼쪽 다리를 지팡이에 의지해 빨리 걸으려 했으나 산길이라 뜻대로 걸음이 옮겨지지 않았다. 오히려 애를 써서 걷는 탓에 숨이 턱에 차오르고 땀이 비가 오듯 쏟아졌다. 그래도 한성민이 지나간 길을 따라 이를 악물고 한 발 한 발 옮겨놓았다. 아무리 약속한 산행이 아니라 해도 그렇지 매정하게 뒤도 돌아보지 않고 혼자 내빼듯 앞서가는 그가 야속하고 오기도 솟았다. 혼자 갈 테면 가라지. 나 혼자라고 이 산을 못 넘을까 하고 모질게 마음을 먹기도 하였다. 하지만 발을 맞춰 정답게 산을 오르지는 못해도 생판 남모르는 사람처럼 못 본 체하고 제 갈 길만 가는 그가 원망스럽고 서러워서 눈물이 날 것 같았다.

그런데, 그런 생각도 오래 가지 않았다. 오직 땅만 보고 지친 다리를 끌다시피 조금씩 걷다보니 어느덧 산봉우리 정상에 겨우 올라설 수 있었다.

"힘들었지요?"

그런데 가쁜 숨을 내쉬는데 뜻밖에 한성민이 마주 서 있었다.

"몰라요!"

강서영이 반가움에 울컥해진 마음과는 달리 싸늘하게 소리치고는 털썩 땅바닥에 주저앉았다.

"자, 저기 그늘진 소나무 아래로 갑시다."

"혹시 축지법 배우셨어요?"

서운한 마음을 그렇게 토라지게 표현한 그녀의 말은 여전히 쌀쌀맞았다.

"여기 물 있소."

한성민은 대답 대신 미소를 머금고 생수병을 건넸다.

"아, 시원해! 이제야 살만 하네요."

작은 생수병 하나를 반이나 비우고 나서야 그녀의 표정이 밝아졌다.

"미안합니다. 함께 천천히 왔어야 했는데."

"아니에요, 물어보지도 않고 제가 일방적으로 따라나섰는데요 뭐."

"그래도… 사실 혼자 오면서 내내 걱정했지요. 몸도 불편한데 무리하는 게 아닌가 하고요."

"정말 그러셨어요?"

강서영은 내심 깜짝 놀랐다. 평소에 속을 잘 내보이지 않는 사람의 말이라 감동스럽기도 하고 쉽게 믿어지지가 않았다. 하지만 그는 말없이 고개를 끄덕여 그녀의 놀라움에 응답했다.

한성민은 평소에 수련원에 있을 때도 늘 그랬었다. 별로 말이 없는 데다가 말을 걸어도 무표정하게 대답해서 처음에는 썩 정이 가는 사람은 아니었다. 그저 그런 얼굴과 적당한 키에 왜소한 체격에다 여느 촌부 같은 허름한 옷차림이어서 별로였다.

그런데 오래 지켜보니 그게 아니었다. 그 누구보다 따뜻한 정이 있는 사람이었다. 말없는 가운데 타인을 배려하는 깊은 속내를 곳곳에서 느끼게 하였다. 그리고 언행 하나하나가 대수롭지 않은 평범한 것인데도 사람의 마음을 끌어당겼다. 그리고 흔들림이 없이 한결같이 단아한 자세여서 범접하기 어려운 듯해도 사람을 편안하게 해주는 마력이 있었다.

강서영은 그러는 동안 자신도 모르게 점점 그에게 끌려들었다. 그러나 가까이 다가가려 하면 사람의 마음을 꿰뚫어보는 듯 빛을 발하는 그의 눈을 의식해야 했다. 어떤 때는 혼을 흡수해버릴 것 같은 지극히 고요한 눈빛이어서 말을 함부로 건네기도 어려웠다.

사실 예사로운 마음으로 대하면 대수롭지 않은데도 좋아하는 속마음을 보이면 혹여 그가 끼가 많은 여자라 여길까 봐 두려웠다. 그리고 자신의 눈길을 의식적으로 피하는 그의 속내를 알 수가 없어서 이야기를 해보고 싶어도 망설이기만 하였다.

그러나 지난 몇 개월은 서로의 마음이 통할만한 충분한 시간이라 생각했다. 그래서 여태 저어해서 망설였던 마음을 떨쳐내고 용기를 내 그의 등산길을 무작정 따라나섰다. 그러나 산 입구에서부터 실망했다.

수련원을 출발하면서부터 그는 동행을 반긴다거나 싫다거나 내색하지 않아서 무언의 동의로 믿었다. 그런데 정작 산을 오르면서부터 따라오건 말건 아랑곳하지 않고 내빼듯 혼자 앞서갔다. 정말이지 자존심도 상하고 섭섭한 감정을 누를 수 없어서 눈물이 다 날 지경이었다. 생각 같아서는 그냥 되돌아가고 싶어 발길을 돌리기도 하였다.

그러나 오기가 치솟았다. 혼자 가고 싶으면 먼저 가고, 나는 나대로 이 산을 기필코 오르겠다! 하고 다부지게 마음을 먹었다. 그리고 가파른 언덕도 죽을 힘을 다해서 기다시피 한 발 한 발 내디뎌 올랐다. 그런데, 멀찍이 사라지고 없을 그가 뜻밖에 기다리고 서있는 모습을 보자 슬픔도 오기도 말끔히 사라졌다. 그저 그가 반갑고 고맙기만 하였다.

"저 위 백운대 고개를 넘을 수 있겠소?"

한성민은 그녀가 땀을 식히고 휴식을 충분히 취할 때까지 묵묵히 기다렸다가 구름이 맞닿아 흐르는 하얀 바위를 가리켰다.

"네 자신이 있어요! 축지법만 안 쓰신다면."

강서영은 또 한 번 서운했던 감정을 내보였다.

"알겠소. 그럼 지금부터는 내가 뒤를 따를 테니까 앞서서 가도록 해요."

"정말이에요? 걸음이 늦다고 뭐라시면 안 돼요!"

"걱정하지 말고 여기서부터 길이 험하니까 무리하지 말고 조심해서 천천히 걷도록 해요."

한성민이 걱정해 주자 그녀의 발걸음이 한결 가벼웠다. 진심어린 그의 관심이었다. 작은 개울의 울퉁불퉁한 돌더미를 별 불편 없이 건너고, 가파른 바윗길도 힘에 부치지 않았다.

한성민은 성치 않은 다리를 절뚝이며 산을 오르는 그녀의 뒷모습이 안쓰러웠다. 그런 그녀를 배려하지 않고 무정하게 혼자 올라와서 못내 미안했다. 그녀가 싫어서가 아니라 둘만의 산행인데다가 친절은 애정의 표현으로 오해받을 수 있다 싶어서 일부러 그랬다. 그러나 내심은 되돌아가서 발을 맞추어 함께 산을 오르고 싶은 마음을 내내 참고 참았다.

그런데도 굳이 그리한 까닭은 그녀와의 사귐이 자칫 도에 이르는 걸림돌이 되지나 않을까 저어해서였다. 평소에도 늘 그리 생각하고 그녀를 대했다. 그런데 뜻밖에 그녀가 단단하게 쳐두었던 마음의 울타리를 비집고 들어오려 해서 느슨해지는 마음의 문을 더욱 단단히 닫으려 하였다.

그러나 늘 그녀에 대한 의식을 떨쳐내지는 못하였다. 의식한다는 것은 좋건 싫건 마음의 문을 두드리는 그녀의 소리에 귀를 열어 놓은 것이라, 의지는 마음의 문을 옥조이려 하고, 생각은 자꾸만 그녀를 향하고 있었다.

거기다가 오늘 산행에서 불편한 다리를 절뚝이면서 혼신의 힘을 다해 가파른 산길을 따라 오르는 그녀를 더는 모른 체 할 수가 없었다. 그래서 마음을 접고 그녀를 기다렸는데 숨이 턱에 차서 곧 넘어갈 듯 헐떡이는데다 흠뻑 땀에 젖은 그녀의 창백한 얼굴을 보자 그만 억지스럽던 의지가 허물어지고 말았다.

그러고 나니 마음이 한결 가볍고 편했다. 그러나 그녀의 뒤를 따르면서 절뚝여 걷는 모습을 보니 마음이 싸하게 아파왔다. 유달리 가파른 고갯길에서는 더 안쓰러워서 마음 같아서는 업어주고도 싶었다.

강서영은 용케도 잘 걸어서 백운대를 넘어 어느덧 구기동으로 내려가는 길로 접어들었다. 산 아래로 가벼운 걸음을 내딛던 그녀가 문득 멈춰 서서 배가 고프다며 그를 돌아보았다.

"우리 저기서 점심식사해요. 네?"

그녀가 길도 없는 가파른 언덕에 홀로 선 큰 소나무 밑에 펑퍼짐한 바위를 가리키더니 동의를 구할 것도 없이 먼저 걸음을 놓았다.

"내려가는 길이 험한데 갈 수 있겠소?"

"그럼요, 자신 있어요!"

그녀가 씩씩하게 대답했다.

한성민은 성큼 큰 걸음을 내디뎌 얼른 앞장섰다. 그리고 그녀가 행여 미끄러질 세라 연신 뒤돌아보았다.

"막걸리 가져왔어요. 잘했죠?"

강서영이 바위에 올라 자리를 잡자마자 배낭부터 풀어 막걸리 한 병을 꺼냈다. 그리고 넌지시 그를 쳐다보았다.

"무거울 텐데 웬 막걸리를 다 가져왔소."

한성민은 그리 말하면서도 마침 목이 마르던 참이었다. 그녀가 하얀 종이컵에 색깔도 고운 막걸리를 넘치게 부어주자 숨도 쉬지 않고 두어 모금에 잔을 비웠다. 금방 짜릿한 술기운이 퍼져나가고 때마침 시원한 바람까지 불어왔다. 그녀도 목이 말랐던지 그가 한 잔 권하자 사양하지 않고 잔을 받아 한 모금 삼키더니 맛있다며 활짝 웃었다. 그리고 연거푸 두어 잔을 비우더니 얼굴이 발갛게 물들었다. 취기가 타오르자 등산객의 발길이 닿지 않는 호젓한 산속에서 그와 함께 대자연과 하나가 된 듯 포근해서 노래라도 부르고 싶었다. 이런 기분이 무위자연의 마음일까? 그녀는 문득 무위한 자연 속에 동화되고 싶어 그를 쳐다보았다.

"저어기 선생님, 노자는 무위한 자연으로 돌아가라 했는데 정말 그러고 싶어요."

"무위한 자연으로 돌아가고 싶다? 자연이 과연 무위할까?"

한성민은 산 아래를 굽어보며 대답 대신 자문自問하듯 반문했다. 그녀는 그의 말뜻을 얼른 알아듣지 못했다. 그녀 자신에게 물은 것인지 감이 잡히지를 않아서 우물쭈물하다가 잠자코 다음 말을 기다렸다.

"자연은 무위하지 않아요. 자연을 변화시키는 천지의 도가 무위한 것이지."

"도덕경을 해석한 여러 책에서도 그리고 유명한 사람들 강의를 들어봐도 이구동성으로 그러던데요? 무위란 자연으로 돌아간다는 뜻이라고요? 틀린 말인가요?"

"자연은 인간세상처럼 사회적이지요. 개미나 벌처럼 무리지어 사니까. 그리고 벌과 꽃처럼 상생도 하지만 치열한 상극의 먹이사슬 세상이라 무위라 할 수가 없지요."

"듣고 보니 정말 그렇군요. 대표적인 자연이라 할 정글의 짐승들을 생각하면 무위는커녕 끔찍해요."

"굳이 무위를 자연에서 찾으라면 바로 이 초목과 태양과 같은 것이오. 초목과 태양이 무엇을 위해서 존재하지 않지 않습니까?"

"그건 그래요. 그냥 거기에 있을 뿐이에요. 아, 그러고 보니 초목과 태양이 그저 거기 있을 뿐인데 만물을 위하고 있네요!"

"그렇습니다. 만물에 덕을 베풀고 있지만 바라는 바가 없지요. 바라는 바 없이 베푸는 것 그것이 바로 무위의 참뜻입니다."

"이제야 이해가 갑니다. 저는 무위가 그런 뜻인지 몰랐어요! 자연 속에서 원시적인 삶을 사는 뜻인 줄 알았는걸요."

강서영은 말은 그리 해도 얼굴이 화끈했다. 그릇된 견해를 옳다고 단정한 그간의 무지가 부끄러웠다.

"그렇지가 않아요. 자연 속에서 자연과 더불어 원시적인 삶을 산다 해도 무위의 마음이 없이 욕망을 버리지 않으면 세속의 삶이나 다름이 없지요. 제 이익을 위해 생명을 죽이고, 더 많은 것을 가지려고 서로 싸운 원시인들이 어찌 무위하다 할 수 있겠소?"

"하긴 그러네요. 더 많은 것을 차지하기 위한 싸움이 그때부터 시작되었군요."

"그렇소. 어쩔 수 없는 인간의 욕망이었소."

"그런데도 무위자연을 원시자연으로 돌아가라는 뜻이라고 유명한 사람들의 강연이나 책에서도 그리 해석하고 있어서 저도 여태 그런 뜻으로만 알고 있었으니 차암 나!"

"사람마다 생각이야 달리 할 수 있겠지요. 하지만 나의 견해는 다릅니다. 무위란 어디에 있건 타인의 이익을 넘보지 않고 자기 일에 최선을 다하는 것이라 정의해요. 이익을 탐하지 않으면서 공직자는 공작자답게, 군인은 군인답게, 사업가는 사업가답게 몸이 처한 곳에서 진심을 다하다 보면 저절로 타인이 덕을 입으니 무위자연의 도가 자연에 있는 것이 아니라 실은 우리들 생활 속에 다 있다고 할 수 있지요."

"그러고 보니 무정부주의자들은 무위자연을 잘못 해석하고 자기만의 이상을 실현하려 했군요."

"그렇소! 노자는 천지의 도를 본받아서 사람이 할 바를 다하란 뜻에서 그리 말한 것이오. 가령 공직자가 자기 위치에서 진심으로 할 바를 다하면 그 자신이 국민을 위하는 마음이 없다 하더라도 자연히 그 덕이 국민들에게 가는 것이니 무위자연의 참뜻을 실현하는 것이오."

"어찌 생각하면 세상과 담을 쌓는 것이 아니라 오히려 자기 삶을 적극적으로 사는 것이라 할 수 있군요. 마치 한 그루 나무가 기를 쓰고 햇빛과 물을 찾아 가지와 뿌리를 뻗어서 생명을 유지해야 좋은 공기와 물을 주고… 그리고 여기 이 소나무가 그늘을 드리워서 우리를 무위하게 돕듯이 말이에요."

"잘 말했소. 하지만 이익을 탐하지 않는 전제가 있지요."

"그러고 보니 세상 사람들은 무위자연의 도를 행하지 않는 것 같아요. 남의 것 빼앗고, 술수부리고, 짓밟고… 아, 그리 생각하니 세상이 무서워요!"

강서영이 말하다 말고 제 이익에 눈을 날카롭게 번뜩이는 사람들이 떠올라 몸서리를 쳤다. 그나마 위안이 되는 것은 무위의 도를 실천하고자 말없이 노력하는 그가 곁에 있어 든든했다.

"그래서 세상이 타락하면 성인聖人이 나타나 교화하지요. 모름지기 성인은 하늘의 뜻을 받들어 무위로 처신하기 때문에 사람이 교화됩니다. 환인桓因·太一의 빛이라는 뜻. 한민족의 하느님. 실질적으로 세상을 다스리는 자께서 홍익弘益·인간을 널리 이롭게 함하라 이르심을 실행하는 것이 성인이 할 바이지요."

한성민은 만감이 교차해서 여태와는 달리 처연하게 말했다. 스스로 배달민족이라 자처하면서도 신시神市·하느님의 나라를 세워서 개천開天·하늘의 뜻인 홍익인간의 진리를 펼침한 배달한국倍達桓國·밝은 땅에 진리가 빛나는 나라의 일세一世 환웅桓雄·하느님의 빛으로 탄생한 인걸(人傑이란 뜻의 배달황제의 명칭) 천황天皇 거발환居發桓·一世桓雄의 이름. 처하는 곳에서 진리를 설파하는 자라는 뜻의 역사와 홍익정신마저 서구사상과 종교에 자취마저 사라져 간 현실이 통탄스러워 가슴이 미어지는 듯했다.

"우리 민족의 건국이념이 홍익인간弘益人間인데, 정말 이 위대한 민족정신을 모두 망각하고 있는 것 같아요. 특히 국민을 위한다는 지도자들은 말만 그럴듯하게 하고."

강서영은 갑자기 처연한 표정을 짓는 그의 심중이 홍익의 도가 실현되지 않는 현실을 안타까워해서라 지레 짐작했다. 그는 그녀의 말을 듣고는 문득 한민족의 역사와 정신을 자세히 말해줄까 하다가 이야기의 맥을 끊는 것 같아서 기회가 있으면 다음에 말해주기로 하고 대답했다.

"안타까운 일이오. 말끝마다 국민을 위한다며 목소리를 높이는 정치인, 이웃을 위한다는 자선사업가나 하늘을 받들고 사람을 바르게 교화한다며 온갖 미사여구를 다 동원하는 종교인들… 그들은 진심으로 나라와 국민을 위한다면서 자세히 보면 협박도 마다하지 않소. 다 제 이익을 위하는 것이지요."

"정말 사심이 없이 나라를 위하고 홍익하는 사람이라면 드러내놓고 대중 앞에서 들으란 듯이 자신을 내세워 외치지 않습니다. 말 없는 가운데 행동으로 보여주어 국민들을 저절로 감화시키지요. 하지만 그렇지 못한 사람은 나중에 결국 사람들로부터 외면당하게 됩니다."

"도덕경에 이런 말이 있어요. 가장 뛰어난 지도자는 잘난 척하지 않고 몸소 실천하여 사람들이 가깝게 여기고 칭송하지만 그 아래 지도자는 사람들이 두려워하고, 아주 못난 지도자는 사람들이 업신여긴다 하였지요."

"뛰어난 지도자란 말만 빼면 북한의 젊은 지도자를 두고 하는 말 같군요."

"우리나라에도 그런 류의 지도자가 없지 않았지요."

"맞아요! 말만 번지르르했지 막상 지도자 위치에 오르면 영 아니던데 금년에 지도자에 오른 사람은 어떨지… 운이 좋아서 그 자리에 올랐지 솔직히 믿음이 가지 않습니다."

"이번 선거에 가장 가증스러운 발언을 수없이 한 후보자가 있었지요. 위선이 내다보이는 데도 말이지요. 물론 전에도 그런 말을 한 정치지도자가 없지 않았지만."

"어떤 말인데 가증스럽다는 말까지 하세요?"

"차라리 국가와 민족을 사랑하는 국민 여러분, 하고 말하면 듣기도 좋고 그나마 위선이 감추어질 텐데 사랑하는 국민 여러분! 하고 위선을 스스로 드러낸 자가 있었지요. 대통령이 돼보겠다고 사랑하는 국민 여러분이란 말을 예사롭게 쏟아냈지만 진심이 아닌 말이라 아무리 호소력 있게 목소리를 다듬고 높여도 위선은 감추어지지 않지요. 그래서 사랑이란 말을 감동 깊게 받아들인 국민도 별로 없었던 것이고."

"사랑한다는 건 좋은 말이잖아요?"

"진정 국민을 사랑한다면 헐벗고 굶주리는 수많은 국민들을 위해 그 많은 재산 일부라도 내놓았다면 사랑한다는 그 말이 진심이겠지요. 하지만 일원 한 푼 내놓지도 않았지요. 사랑이란 타인을 위해 목숨을 들어 바친다는 말과 같습니다. 조국의 독립을 위해 재산은 물론이요 목숨까지 기꺼이 내놓았던 일제 강점기 때의 의사들을 생각해 보세요. 그분들이야말로 국민들을 향해 사랑을 말할 수 있는 자격이 있지요."

"하기는 사랑이란 말이 그렇게도 순결하고 고귀한데 요즘 사람들은 사랑이란 말을 너무 쉽게 하는 것 같아요. 누군가 그러더군요.

요즘 사랑은 쓰레기통에서도 주울 수 있을 만큼 흔하다고. 그런데 궁금해요. 선생님이 아시는 사랑의 참 뜻을 알고 싶어요."

"자, 여기 찬란한 숲을 보세요. 땅이 이 나무와 풀을 태어나게 하고 길러주지만 소유하지 않을 뿐만 아니라 사랑한다는 자취마저 나타내지 않습니다. 그러나 이토록 자연을 아름답게 해줍니다. 마찬가지로 진심으로 사람을 사랑하고 나라를 사랑하는 사람은 이익을 탐하지 않으면서 사랑하는 국민, 혹은 사랑하는 누구누구 하거나, 이웃 혹은 국민, 혹은 나라를 위한다는 말을 하지 않을 뿐만 아니라 자취마저 남기지 않습니다. 위정자들이 그리하지요."

한성민은 속에 담은 생각을 처음으로 토로했다. 그녀는 그의 말에 공감하며 연신 머리를 끄덕였다. 오래도록 누군가로부터 듣고 싶었던 말이어서 속이 다 후련했다. 하지만 정말 무위의 도를 실천하기란 성인이 아닌 다음에야 쉽지 않을 것 같고, 여전히 위선자들이 선민鮮民·가난하고 고독한 사람을 현혹해 착취하거나 종처럼 부릴 것 같아서 속으로 한숨이 절로 나왔다.

"다 옳으신 말씀이에요. 하지만 예나 지금이나 미래에도 사악한 중생이 이 세상을 지배할 텐데 어쩌지요?"

"비록 천지의 도가 무위하다 하나 때가 되면 그들을 멸하게 될 것이오. 세상을 다스리는 분께서 천문天門을 열어 만물을 태어나게 하여 길러 주지만, 때가 되면 천문을 닫아 그들을 멸하겠지요."

한성민은 석굴에서 일러주던 노인의 말이 문득 생각났다. 때가 이르렀으니 사악한 자 그 육신이 불구덩이에 타서 없어질 것이며 그 영은 거두어 가리라 하였던 그 말이 이 시대가 아닐까 하는 생각이 들었다. 거기다가 격암유록의 예언까지 떠올랐다.

"천문이 서서히 열리면 봄이 되어 만물이 태어나고, 활짝 열리는 여름에 자라지만, 천문이 서서히 닫히면서 가을이 돼 시들고, 천문이 닫히는 겨울에 뭇 생명이 죽듯이, 그들이 멸해질 날도 그리 멀지 않은 것 같소. 지금은 아마도 겨울 문턱에 들어선 깊은 가을쯤이나 되지 않을까 생각합니다만, 그때가 되면 지진이 일어나고 폭풍이 몰아치고 괴질이 퍼지는 등 재앙이 일어나 그런 무리들은 하나도 살아남지 못하겠지요."

"어머, 종말을 말씀하시는 거예요? 정말 그런 일이 있을까요?"

강서영은 놀라서 반문했다. 시대가 뒤숭숭하면 어김없이 등장해서 종말 운운하며 재산과 생명을 빼앗아서 세상을 발칵 뒤집어 놓은 사이비한 종교인들이 생각나 끔찍했다. 그런데 그가 갑자기 그들과 유사한 말을 왜 하는지 의구심에 고개를 갸웃했다.

"천장지구天長地久라는 말이 있지요 하늘은 영원하고 땅은 오래지 않다는 뜻입니다."

"예, 도덕경에서 읽었어요."

"과거에도 그렇지만 현재와 미래도 종말론자들의 말은 믿을 것이 못됩니다. 세상의 종말은 없다고 단언할 수 있어요. 하지만 도덕경에서 천장지구天長地久라 했으니 수억 년, 아니 수십억 년이 지난 뒤에는 그런 시기는 반드시 오겠지요. 천장이라는 말은 하늘은 영원하다는 뜻이고, 지구의 구久 자는 가는 사람을 붙들어 놓는다는 뜻입니다. 붙들어 놓은 사람은 언젠가는 반드시 가기 마련이니 그때 가서 이 땅도 파괴되고 새로운 땅이 생기겠지요."

"천장지구가 그런 뜻이라면 정말 그렇겠네요? 하지만 아까 말씀은 그런 뜻이 아닌 것 같은데요?

"물론이오, 아까 내가 한 말은 지금 규장각에 소장돼있는 격암유록을 두고 하는 말이었소. 격암은 조선 중엽 때 남사고 선생의 호인데, 그분이 젊은 시절에 수행 중에 하늘로부터 받은 계시를 기록한 것을 격암유록이라 합니다. 거기에 자세히 실려 있거니와 임진왜란, 일제침략, 6.25와 같은 수많은 전란과 시대마다 변천하는 인류사회의 온갖 사건, 주의, 사상 등이 빠짐없이 예언돼 있지요. 모두가 지나고 나서 보니 하나도 틀리지 않았으니 모르기는 해도 거짓된 말은 아닌 것 같소."

"네에! 그래서 그리 말씀하셨군요! 전 그것도 모르고… 저도 격암유록을 얼핏 들은 적이 있었어요. 천손天孫인 한민족이 조상을 섬기지 않거나 허망한 신의 이름으로 혹세무민하는 자 다 죽으리라 했다 하더군요."

"그뿐이 아니요. 그들이 가장 사악하기는 하지만 오십 보 백 보로 나쁜 이들이 적지가 않소. 그들은 반드시 그 벌을 받게 되리라 믿소. 상고대에는 인간이 신에게 어떻게 해야 할지 물었지요. 그러나 대략 기원전 5000년경 인간이 타락하기 시작한 때에 이르러 신이

보다 못해 인간에게 반대로 물었다더군요. 이제 너희가 어떻게 할 것이냐고."

"그 말은 인간이 하는데 따라서 신이 응답해 준다는 뜻인가요?"

"그렇소. 참으로 무서운 말입니다. 너희 멋대로 살아보라는 뜻이니, 마치 곡식을 가꾸지 않고 내버려 두었다가 나중에 알곡은 거두어 들이고 쭉정이는 불에 태워 없애는 농부의 마음과 같다고나 할까? 신은 반드시 그와 같이 해서 의로운 이는 살리고 사악한 무리를 벌하리라 믿소만, 아무튼 격암유록의 예언에 의하면 그때가 머지 않았다는 생각이 듭니다."

"정말 그랬으면 좋겠어요! 하루라도 빨리 그런 세상이 왔으면! 근데 저도 겁나는 걸요. 정말 착하게 살았나 싶기도 하고요."

"서영 씨 같은 사람이 벌을 받는다면 이 세상에 살아남을 사람이 몇이나 되겠소? 설사 과거 인생이 그릇되었다 하더라도 육신에 배어 있는 업을 닦으면 누구나 하늘의 보호를 받기 마련이오. 업이란 인연을 찾아가서 발광하는 법이니 항상 바르게 보고, 바르게 느끼고, 바르게 생각하고, 바르게 판단해서 바르게 행하면 자연히 멸해지는 것이오.

"⋯⋯!"

"나 역시 그리 하리라 다짐하고 수 년을 석굴 속에서 수행했으나 아직도 멀었다는 생각이 드오. 그래서 이제부터는 세속의 경험에서 바른 지혜를 터득하려 합니다. 수행이란 산속에서보다 세속에서 하는 것이 더 상승의 도를 얻을 수 있으니까."

한성민은 세속으로 돌아가서 경험하라던 석굴 속에서 친견했던 노인을 다시 한번 떠올렸다. 그러고 보니 그 노인은 예사 신인이 아니라는 생각이 들었다. 인간세상을 다스리는 이의 사자使者이거나 그에 버금가는 신선인 것 같기도 해서 문득 고개를 들어 하늘을 올려다 보았다. 푸르고 푸른 허공 어디선가 그 노인이 내려다보고 있는 것 같았다.

　그래서 흐트러진 옷깃을 여미어 숙연히 몸을 가다듬었다. 그 모양을 곁눈질해 보던 그녀는 그로부터 진하게 흐르는 외로움이 느껴졌다. 그리고 그 외로움은 진솔한 인간미로 푸른 하늘빛처럼 살며시 다가와 가슴을 적셨다.

　"하늘이 참 맑아요. 저 하늘 같은 마음을 오래오래 간직할 수 있다면 얼마나 좋을까요?"

　강서영은 문득 그의 맑은 하늘 같은 마음을 오롯이 가슴에 담고 싶어 마치 시를 낭송하듯 가만히 속삭였다. 그러나 그는 듣기에 그녀의 마음이 하늘처럼 맑았으면 하고 바라는 뜻이라 여기고, 참마음의 뜻을 노자의 말을 인용했다.

　"도가 만물을 낳고, 만물을 덕으로써 기르며, 만물의 형상을 지어 자라나게 하므로, 만물은 도의 존귀한 덕을 입지 않음이 없다. 도가 존귀하고 덕이 귀한 것은 시키지 않아도 항상 저절로 그리 하기 때문이다. 그러므로 도가 만물을 낳고 덕으로 기르고 무성하게 생육하여 만물의 모양을 무성한 풀잎처럼 이루어 대지에 가득이 기르지만 태어나게 하고도 소유하지 않으며, 만물을 위하면서도 의지하지 않으며, 기르고도 주재하지 않으니 실로 현묘한 덕이라 할 것이다."

하는 말이 있어요. 이 말뜻을 잘 생각해봐요."

"……?"

"저 맑은 하늘과 아름다운 자연을 품은 땅을 잘 지켜보아요. 수억만의 생명을 그 품속에서 탄생시켰으나 공덕의 기미조차 보이지 않으며, 시궁창처럼 그 몸을 더럽혀도 버리지도 않지요. 그리고 내 것이다 하고 소유하려 하지도 않으며 주재하지도 않소. 무릇 진실로 깨끗한 이의 마음이란 바로 천지만물을 생한 도와 같은 것이지요."

"맞아요! 불의한 사람은 욕심낼만한 것이 있으면 소유하려 합니다. 소유하면 내 것이라 생각하고 지배하려 하고, 소유하지 못하면 빼앗거나 훔쳐서라도 소유하려 해요. 그러니까 물질만능의 세상에서는 도의 모습을 발견하기 어렵겠군요."

"욕심낼 만한 것을 눈으로 보지 않아야 소유욕이 없어진다고는 하지만 근본적으로 욕망을 지우지 않으면 그 업은 여전히 몸속에 찌꺼기처럼 남아 있기 마련이지요. 산속의 순박한 촌부도 이익을 보면 즉시 소유욕을 일으키는 것이 인간의 속성일진대 근본적으로 업을 닦아내 마음을 비우지 못했기 때문이 아니겠소? 그래서 도를 찾아보기 어려운 것이지요."

한성민은 말을 마치자마자 자리에서 일어섰다. 아직 해가 많이 남아 있기는 하지만 그녀를 일찍 집으로 돌려보내는 것이 좋을 듯해서 그만 하산하자 하였다.

그러나 그녀는 한사코 좀 더 이야기하고 싶다며 일어서려 하지 않았다. 산속에서 둘이 오롯이 있는 것이 행복했다. 그리고 물 흐르듯 도를 논하는 그의 해박한 지식에 매료돼 이대로 훌쩍 산을 내려가는 것이 못내 아쉬워서 응석을 부리듯 하였다. 그는 그런 그녀의 마음을 모른 체할 수 없어서 마지못해 다시 주저앉았다.

섹스는 도의 첫 사랑행위

세상 만물은 가깝게 있을수록 서로에 의지하고 동화된다. 한 포기의 풀도 뿌리내린 흙에 생명을 맡기고 함께한 풀들과 의지하여 성장한다. 그러다가 다른 풀 무리들이 있는 흙에 옮기면 한참을 적응하느라 시들시들 몸살을 앓다가 동화되지 못하면 죽고 만다. 다행히 사람은 온갖 생명의 집합체라 어느 곳에서든 능변하는 생명력이 있다.

그러나 가깝게 지내는 것에 동화되기도 하고 아니 되기도 한다. 고향은 그립고 타향은 외롭거나, 타향은 포근한데 고향은 싫증이 나거나, 부모형제, 친구, 생면부지의 사이에도 친숙해져서 정이 깊기도 하고 멀어져서 정이 없는 경우가 허다한데 왜 그럴까?

"아까 인연이란 말씀을 자주 하셨는데, 좀 자세히 말씀해 주셨으면 해요."

한성민과 오래 함께 있을수록 깊어지는 정을 느낀 그녀가 문득 그와 남다른 인연이 있어서 그런 것이 아닌가 싶어 물었다.

그 말을 들은 그는 내심 흠칫 놀랐다. 아까 그만 하산하자고는 했으나 그녀를 배려해서 한 말이었지 실은 더 이야기하고 싶은 마음이 없지가 않았었다. 그래서 못 이기는 체하고 다시 앉아 여인을 멀리하리라던 의지가 꺾여버렸음에도 태연할 수 있는 자신을 곰곰이 생각하고 있던 참이었다.

그런데 인연이란 말을 듣는 순간 안주해도 좋을 인연을 만난 풀잎처럼 자신도 그녀에게 동화돼 가고 있다는 사실을 불식간에 깨달았다. 그래서인지 어안이 벙벙해져서 띄엄띄엄 더듬어 말했다.

"인연이라… 생각해 보면 간단한 이치 가운데 있소만… 아무래도 말이 좀 길어질 것 같아서…!"

"괜찮아요. 해가 저물어도 다 듣고 싶어요!"

강서영은 그가 다음 기회에 말해주겠다며 또 다시 하산하자 할까 봐 화들짝 놀란 시늉으로 다급히 말했다. 그는 그녀의 말속에 애정의 기미를 느끼고는 자연스럽게 인연을 찾아오는 본능이라 생각했다. 그리고 그에 부담 없이 응하는 자신의 마음 역시 인연을 찾아가는 본능이 아닌가 여겨졌다.

"알겠소. 세상 만물은 인연으로 맺어지고 인연이 다하면 흩어지는 것이니 이는 다 전세前世의 업의 작용이라 할 수 있소."

한성민은 지금 그녀와 알게 모르게 깊이 맺어지고 있는 느낌 역시 전세로부터의 내림돼온 인연의 업이 시행되고 있음을 어렴풋한 의식으로 느낄 수 있었다.

"업이요? 그럼 업의 작용으로 인연이 맺어져요?"

강서영 역시 자꾸만 그를 향해 달려가는 마음이 불가항력의 업의 작용이 아닌가 싶어 설레는 가슴으로 반문했다.

"그렇소. 세상 만 가지가 우연이란 없습니다. 소위 팔자가 나쁘면 덕을 주는 사람과는 멀어지고, 해를 주는 사람과는 가까워져서 해를 입기 마련이오. 반대로 팔자가 좋으면 해를 주는 사람과는 멀어지고, 덕을 주는 사람과는 가까워져서 덕을 입지요. 남녀의 관계도 그와 같습니다. 그래서 악연도 인연이라 하는 것이지요."

"그럼 그런 인연은 다 전세에 지은 업의 결과라는 말씀이시죠?"

강서영은 그와 어떤 필연적인 업이 얽혀져 이처럼 인연을 맺고 있을 것 같은 생각이 문득 들어 재빨리 반문했다. 그리고 속으로는 우리도 전세에 맺은 못 다한 인연의 업이 남아서 이렇게 만나고 있나요? 하고 묻고 있었다. 하지만 그는 그녀의 속내를 아는지 모르는지 그저 업의 작용으로 맺어지는 인연 따라서 전개되는 사람의 일을 덤덤하게 말했다.

"그렇소, 업의 결과요. 덕을 입거나 해를 입거나 그럴만한 전세의 원인이 있었기 때문에 현세에서 그 응보를 받기 위해 인연을 만나게 되고, 그래서 해를 입기도 하고 덕을 입기도 하는 것입니다. 가령 전세에 남의 것을 빼앗았다면 빼앗아가는 인연을 만나서 빼앗기고, 덕을 베풀었다면 덕을 주는 인연을 만나서 덕을 입게 되는 것이지요."

"네, 그래서 인과응보라 하는군요. 응보를 받기 위해서 자연히 인연을 만나게 되는 것이고요. 남녀관계도?"

강서영은 그와 자신의 인연관계를 더는 연관시키지 않을 생각이었다. 그런데도 그 마음이 그림자처럼 남아돌아서 기어이 남녀관계를 언급하고는 이제부터는 정말 그런 생각을 하지 않기로 마음을 다잡았다.

"그렇소. 맺어질 인연이라면 반드시 만나게 되어 있소. 눈에 보이지 않는 끈이 그리 되도록 끌어주기 때문이오. 그래서 인연을 만나면 육신에 조건 지어진 과거 업의 기운이 의식을 자극해 상대를 좋아하거나 싫어하게 되는 것이지요. 또 이렇게 두 마음이 극명하게 갈라지므로 사람의 품성이 적나라하게 나타납니다. 가령 쇠를 녹인 물을 어떤 사람은 농기구를 만들어서 좋은 일에 쓰고, 어떤 사람은 칼을 만들어서 강도짓 하는데 쓰기도 하듯 각자 과거세의 업에 따라서 인연심을 내는 것이오."

"아, 사람의 마음이 그렇군요! 정말 많은 걸 배웠어요. 그런데 요즘 사람들은 너무 욕심이 많은 것 같아요. 그것도 전생에 못 가진 업의 작용이겠군요?"

"욕망은 누구에게나 있는 법, 그 정도가 문제지요. 아무튼 갈수록 물질에 종속돼 마치 짐승을 쫓는 사냥꾼처럼 돈을 찾아 헤매는 사람들이 천하를 어지럽히니 어찌 보면 욕망의 혼들이 한풀이 한마당을 펼치는 세상이라고나 할까?"

한성민은 처연히 말하고 길게 한숨을 내쉬었다. 그녀는 그 숨소리에 진하게 묻어 나오는 안타까움을 느낄 수 있었다. 그리고 교화의 덕을 베풀 마음의 일단인 듯싶어 직접 물어볼까 하다가 생각을 빙 돌려서 물었다.

"업에서 벗어나게 할 수 있는 방법은 있을까요?"

"무릇 의문에는 답은 항상 있는 법, 마음만 먹으면 왜 없겠소?"

"어떻게요?"

"매우 쉽소! 사람의 마음은 오장으로부터 발현되므로 오장을 잘 관찰하면 능히 업을 멸할 수 있소."

"네에? 오장에서 어떻게?"

"업은 오장을 자극해서 마음을 발현시킵니다. 간의 본성은 덕을 베푸는 것인데, 속성은 분노와 욕망이고, 신장은 사물을 바르게 관찰하는 지혜가 그 본성인데, 속성은 어리석음과 두려움이며, 폐의 본성은 의로움인데, 속성은 불의하고 애통해함이며, 비장은 치우침이 없는 믿음이 본성인데, 속성은 거짓과 차별과 근심이고, 심장은 그 모든 속성과 본성을 하나로 묶는데, 본성은 하늘을 공경하는 예스러움이며, 속성은 기쁨과 슬픔입니다."

"......!"

"이렇게 오장은 각기 본성과 속성을 지니고 그 마음을 내는데, 본성을 따르면 도를 행함이요, 속성을 따르면 사도邪道를 행하는 것입니다. 따라서 오장을 잘 관찰하여 본성을 따르면 업은 자연히 멸해집니다. 본성을 따른다 함은 결국 그 마음이 무위의 처소에 머물러서 덕을 베푸는 것으로 나타나니 이것이 바로 업을 멸하는 법이지요. 그리고 덕을 베풀면 비단 타인에게만 베푸는 것이 아니라 자신의 오장에 덕을 베푸는 것이니 곧 자기 자신을 위하는 것이오. 그러니 서영 씨도 앞으로 그리 해보세요."

한성민은 결론을 지은 듯 그녀의 이름을 부드럽게 부르며 말끝을 맺었다. 그녀는 할 말을 잃었다. 더 질문할 것도 더 들을 것도 없었다. 초지일관 도를 추구하는 그의 열정만이 가슴을 가득 채워 저절로 자신을 관찰하게 하였다. 그리고 속으로 격렬하게 말하고 있었다.

'그 말씀 하나하나가 수행하라는 뜻인 줄 압니다. 저 자신 수행을 한답시고 팔다리를 꺾고 허리를 휘면서 수련에 열중했었지요. 하지만 진실은 수행이 아니었습니다. 남보다 더 잘나고 싶어 육신의 미를 다듬기 위한 여자의 욕심이었지요. 그 욕심 누구를 위한 것이었을까요? 저도 잘 모릅니다. 남한테 칭찬 듣고 싶어서? 아니면 남자의 시선을 끌기 위해서? 그렇습니다. 생각해 보니 둘 다인 것 같군요. 아닌 체하면서 위선적인 삶을 산 셈이지요. 그것이 영혼을 병들게 하는 업인 줄을 이제야 알았습니다!'

그들은 더 말을 주고받지 않았다. 하지만 말 없는 가운데 수많은 말을 주고 받았다. 그렇게 말없이 한참을 더 앉아 있다가 햇살이 시들해질 즈음에 산을 내려와 곧장 수련원으로 돌아왔다. 그녀는 배낭을 내려놓기가 바쁘게 저녁식사를 준비해 그와 자연스럽게 밥상을 마주하고 난 뒤에 차까지 끓여왔다.

"철호 군이 별장에서 아직 안 돌아왔소?"

한성민은 찻잔을 들다 말고 지나가는 말처럼 넌지시 물었다. 토요일이면 어김없이 별장으로 가서 일요일 밤에 늦게 아니면 월요일 일찍 오는 강철호의 행동을 모르는 바가 아니었다. 그러나 마음을 잡고 돌아와 주었으면 하고 내심 많이 걱정하며 기다리다 보니 차 한 모금이라도 얼른 입으로 들어가지 않았다.

"저어기 선생님!"

강서영은 그가 무언가 알고 묻는 것 같아서 조심스럽게 말했다가 강철호의 요즘 행동을 다 말해야 옳을지 얼른 판단이 서질 않아서 망설였다. 그러나 정면으로 바라보는 그의 눈길이 아무래도 다 알고 있는 것 같아서 아는 대로 털어놓기로 했다

"선생님도 다 아시는 것 같군요. 철호가 오늘 세 번째 여자랑 별장에 갔답니다. 처음 여자는 유부녀인데 길정숙이라고 어느 기관의 상당한 직위에 있는 공직자의 부인이에요. 또 한 여자는 김갑숙이라고 작년에 교통사고로 남편을 잃은 미망인인데 물려받은 재산도 많고 굉장한 미인이지요. 그리고 오늘 데리고 간 여자는 한문옥이라고 저의 대학 후배이기도 한 미혼녀입니다. 광고모델로 섭외가 들어올 만큼 미모가 출중해요. 철호가 그런 여자만 골라서 글쎄!"

"잠깐! 무슨 말을 하려는지 알아요. 철호가 도를 얻기 위한 수행에 뜻을 세우고 그런다 했지요 아마?"

언젠가 강철호가 섹스수행을 해보고 싶다며 그에게 넌지시 농담 삼아 말한 적이 있었다. 그때는 설마 하고 생각했는데 요즘 들어 별장에만 다녀오면 눈에 띄게 얼굴이 초췌해서 분명 그럴 것이라 짐

작하고 내심 걱정하고 있던 참이었다.

"수행이라니요? 세상에 그런 수행이 어디에 있어요?"

강서영은 어이없고 기가 막혀서 항의하듯 반문했다. 그는 그녀의 돌연한 반응에 응당 그럴 것이라 생각하고 빙긋이 웃었다. 그러나 고대로부터 상승의 수행법으로 섹스의 기법이 전승돼 오고 있다는 사실을 오해 없이 이해시킬 요량으로 정색을 하고는 진지하게 대답했다.

"그런 수행법을 탄트라 하는데 고대 인도로부터 전승되었소. 우주 탄생의 이치를 사람이 재현함으로써 최상의 도를 얻을 수 있다는 관점에서 옛 수행자들이 창안해 낸 것이오. 지금도 은밀한 가운데 시행되고 있는 것으로 알고 있소만, 철호 군이 인도에서 배웠었지요. 아마도 명상이 쉽지가 않으니까 그 길을 택한 것 같소."

"탄트라요? 얼핏 말은 들어본 것 같은데 그런 뜻이었군요?"

"탄트라는 인도 여신女神을 일컬음인데 널리 파생된다는 뜻이지요. 불교의 한 종파인 밀교에서 한때 최상승의 수행법으로 성행한 적이 있었지요."

"불교에서까지요? 저는 도무지 이해가 안 돼요."

"서영 씨!"

"네?"

"지금부터 내가 하는 말을 잘 들으세요. 세상에는 우리가 알지 못하는 무수한 법들이 있으며 그 나름대로 확고한 진실이 있어요."

"그런 것 같기는 해요."

"탄트라섹스수행의 경우, 여성의 성기를 숭배하기도 합니다. 남인도에 가면 거대한 바위로 여성의 성기를 조각해 놓고 그 위에 역시 거대한 바위로 조각한 남성의 성기를 꽂아놓은 것이 있습니다. 섹스의 순간을 그대로 표현한 조각상이지요. 그런데 많은 사람들이 그 조각상에 꽃을 뿌리며 합장하여 경배합니다."

"어마나! 그런 흉측한!"

강서영은 놀라서 입을 다물 줄 몰랐다. 그리고 얼굴이 화끈해 그를 마주 보기가 부끄러워 눈을 내리 깔았다. 그는 그녀의 그런 모양을 이해는 하면서도 아랑곳하지 않고 말을 계속했다.

"도덕경에 이런 말이 있지요. 도가 하나를 낳고, 도가 둘을 낳고, 도가 셋을 낳고 셋이 만물을 낳았으며, 만물은 음이 양을 등지고 끌어안아서 기가 서로 부닥쳐 화합한 것이다."

"무슨 뜻이에요?"

"도가 하나를 낳았다는 말은 무엇이 있다 없다 하고 말할 수 없는 텅 빈 무, 즉 도에서 처음으로 물질 하나가 나타났다는 뜻이지요. 그리고 그 물질을 음이라 하고, 두 번째 물질은 양이지요, 음은 어둠이고 양은 밝음이요 빛입니다."

"셋은요? 그리고 셋에서 만물이 나왔다고 했는데요?"

"셋은 도가 행한 최초의 사랑행위로서의 섹스, 즉 음양의 결합성으로서 세 번째로 창조된 물질이지요. 그리고 이것을 역에서 목木이라 하는데, 목은 나무가 아니라 '생육生育의 덕'을 의미합니다. 즉 만물을 낳고 길러준다는 뜻이지요. 무슨 말이냐 하면 음양이 결합해서 자식을 잉태했다는 뜻인데, 말하자면 만물의 씨눈에 해당됩니다. 그래서 생육의 덕이라 한 것이고."

"아, 그러니까 인간의 정자와 난자가 결합해서 아이가 배는 것과 같군요?"

"그렇소. 천지만물은 그렇게 태어났소. 음양이란 전혀 다른 두 성질이 만나서 섹스로 화합함으로써 하늘과 땅, 그리고 만물이 태어났던 것이오."

"그럼 천지만물은 신이 만든 것이 아니겠네요? 아 참, 영국의 유명한 물리학자 호킹 박사가 그랬다더군요. 만물은 신이 만든 것이 아니라 무에서 어떤 물리적 작용에 의해서 창조되었다고."

"그렇소! 신은 창조 이후에 나타난 것으로 볼 수 있어요. 다만 무라고 말한 도는 누구의 자식인지 알 수 없다고 노자가 말했지요. 아무튼 음양의 결합에 의해 만물은 태어났으므로, 인간을 비롯해 일체 생명체는 그 내림을 그대로 받아서 암컷과 수컷이 섹스로 결합해 자식을 낳게 돼 있어요. 자연스러운 현상이지요."

"그럼 남녀의 성관계는 도를 행하는 것이겠네요?"

"그렇소! 가장 순결한 도를 행하는 것이오."

"네-에! 바위를 조각해서 남녀 성기를 만들어 놓은 것은 도를 상징하는 것이군요! 여성의 성기는 음이고 남성의 성기는 양. 그래서 자식을 낳고."

"그렇소. 도가 음양의 이치로 천지만물을 창조한 현상을 재현해 놓은 것이지요. 천지만물이 음양 합덕으로 탄생되었으므로 그 탄생물인 암컷과 수컷은 그 음양의 이치대로 결합해서 자식을 낳게 되는 것입니다. 그리고 자식을 낳는 곳이 어딥니까? 바로 여성의 자궁이지요. 인간은 소우주이므로 여성의 자궁은 넓은 의미에서 천지만물을 생출시킨 우주적 자궁에 해당됩니다. 노자老子가 말한 현빈玄牝·현묘한 암컷이 바로 그 뜻입니다. 따라서 여성의 자궁은 숭배 받아마땅하다고 생각하는 것이지요."

"그래도 그런 조각상을 해놓고 숭배하는 것은 미신행위가 아닐까요?"

"서영 씨는 무엇을 미신이라 생각합니까?"

"그야…" "미신이란 신의 이름으로 사람의 마음을 미혹시키는 것이지요. 눈에 보이지도 증명할 수도 없는 상상의 신을 인간 스스로 설정해 놓고 그것에 종속되는 행위가 바로 미신입니다. 아까도 말했지만 여성의 성기를 숭배한다는 것은 정말 여성의 성기를 숭배하는 것이 아니라 천지만물을 탄생시킨 도의 세계를 숭배하는 것이라 할 수 있어요. 그런 의미에서 남녀 성기를 조각해 놓은 그 바위덩어리는 관념이지 실존의 세계가 아닙니다."

"듣고 보니 이해가 갈 듯 하군요. 하지만 아직은 잘 모르겠어요."

"우주 본성은 도이고, 도는 지극하고 순수한 사랑입니다. 따라서 성행위는 지고지순한 사랑의 표현입니다."

"그 말씀은 충분히 이해합니다. 하지만 성행위수행이란 말은 아직은 좀…!"

"그럴 것이오. 그 분야를 공부한 적이 없을 테니. 어찌 되었건 종교의 하나인 밀교가 섹스수행법을 전승시켰지요. 그 까닭을 단순한 논리로 추하게 생각해서는 안 됩니다. 밀교는 힌두와 원시불교라 할 민간신앙을 동시에 수용한 종교인데, 대승불교를 태동시켰지요. 그런 종교가 수행의 시각에서 일체 존재물의 육신이 업을 머금고 번뇌를 일으키므로 순수 우주 본성에 회귀하자는 데서 섹스수행법을 수용한 것이라 할 수 있어요.”

“말씀 다 옳아요. 그래도 섹스로 어떻게 본성에 회귀할 수 있겠어요? 쾌락을 탐하는 자들의 변명 같아요. 우리 철민이처럼…!”

“그렇지가 않소! 순수한 사랑으로 행하면 말초신경적인 쾌락의 의미가 아니라 지순한 사랑의 쾌락을 의미합니다. 그리고 그 순간은 음양이 화합한 채 완전 무아에 들 수 있으므로 비로소 도에 드는 것이지요. 그래서 섹스수행을 추하다고만 생각해서는 안 됩니다. 도교에서도 성도인술이란 것이 있어요. 탄트라와 같은 의미로 전해지는데 정신건강과 육체적 건강을 함께 지향하는 수련법이지요.”

“……!”

강서영은 웬만큼은 납득을 했으나 아직은 혼란스러웠다. 다만 그런 학설과 수행법까지 다양한 지식을 습득한 그의 해박함에 탄복했다. 그런데 문득 의심스러운 한 생각이 불쑥 고개를 쳐들었다. 이처럼 섹스수행법을 거침없이 설명하는 그의 지식으로 보아 실제 경험한 것은 아닐까 하는 불안감이었다. 그래서 은근히 떠볼 요량으로 어떻게 그리 섹스수행법을 잘 아느냐고 슬쩍 물어보았다. 그러자 그는 한바탕 껄껄 웃고는 대답했다.

“서영 씨는 내가 섹스수행을 해본 적이 있느냐고 묻고 싶은 거지요?"

"아니에요! 설마 선생님이 그리 하셨을 리는 없고요. 하도 많이 아시기에 그냥 좀 궁금해서."

강서영이 당황한 나머지 얼굴이 발개져서 우물우물 말끝을 맺지 못했다.

"나는 깨달음을 줄 수 있는 스승이 있다면 세계 어느 나라고 찾아가서 배우고 실행하려 했지요. 하지만 그 법만은 듣고 읽었을 뿐 아직 실행해 보지 못했소. 이제 의심이 풀렸소?"

"아이 참, 저는 의심한 적이 없는데!"

강서영은 저어기 마음이 놓이고 한편으로는 부끄럽기도 해서 홍조를 띠며 말끝을 흐렸다. 그러나 수행이라면 뭐든 다 실행하고자 하는 마음이라면 언제든 섹스수행을 할 가능성이 없지가 않을 듯해서 이번에는 솔직하게 물었다.

"혹시 그런 수행기회가 주어진다면 하실 건가요?"

"궁금하오? 불행하게도 나에게는 그런 기회가 주어질 것 같지가 않소!"

한성민은 다시 한 번 껄껄 웃고는 대답했다.

"어머, 정말 그럴 마음이 있으시다는 말씀이군요?"

"서영 씨, 내가 말한 기회란 우주를 창조한 순수한 사랑으로 음양 합덕의 도를 행할만한 상대가 없을 것이란 뜻이오. 만약 그런 사람이 있다면 부끄러움 없이 기쁘게 행할 수 있을 것이오."

"네…!"

강서영은 순백의 사랑을 지향하는 그의 순수한 내면이 감동스러워 들릴 듯 말듯 겨우 입술만 움직였다. 그리고 여자는 염두에도 없는 듯 초연한 그가 사랑의 진실을 깨달을 수 있는 상대가 나타나면 언제든 결혼할 마음의 준비가 돼있음을 내비친 것 같아 기쁘기도 했다.

"허, 이거 차가 다 식었잖소!"

한성민은 분위기를 바꾸어 볼 양으로 장난스럽게 말하고 찻잔을 들어 흔들어 보였다. 그녀는 좀 짓궂은 그의 몸짓에 식은 찻물을 다시 끓여 오겠다며 주전자를 들고 밖으로 나갔다. 그런데 막 문을 열고 나가는데 한 사내가 눈앞에 떡 버티고 서있었다. 화들짝 놀라 하마터면 주전자를 놓칠 뻔 했다.

"아니, 누님, 무슨 죄 지었어요?"

강철호였다.

"얘는 기척도 없이 놀랐잖아! 그래 지금 오는 길이니?"

"예, 형님 안에 계시지요? 나도 차 한 잔 주시고요."

"응, 안에 계셔. 근데 너 얼굴이 왜 그러니?"

강서영은 강철호의 얼굴이 몰라보게 까칠하고 피로해 보여서 의아했다. 그러나 강철호는 멋쩍은 듯 씨익 하니 한 번 웃고는 방으로 들어갔다.

"형님, 편히 계셨습니까? 좀 늦었습니다."

"자네 피곤해 보이는군."

강철호가 자리에 앉자 안색을 살펴본 그는 무슨 뜻인지 모를 표정으로 고개를 끄덕였다. 강철호는 그에게서 의미심장한 속뜻이 느껴져서 몸가짐을 바르게 하고는 그윽이 바라보았다. 그는 강철호가 머금은 시선의 의미를 알아챘으나 내색하지 않고 가만히 마주 응시해 묘한 침묵이 흘렀다. 그러나 잠깐이기는 하지만 두 사람 사이엔 무언의 질문과 대답이 시선을 통해 몇 차례 오고갔다.

강철호는 막상 한성민의 눈길을 대하자 머릿속이 복잡하게 얽혀서 인사치레만 하고는 별 말없이 방을 나설 뻔했다. 그런데 강서영이 가져온 녹차를 두어 모금 마셔보고는 향긋한 맛이 막힌 가슴을 열어주는 듯해서 마음을 바꾸었다. 그러나 곁에 있는 그녀가 마음에 걸리는지 얼른 입이 열리지 않아서 머뭇거리며 어색한 표정만 지었다. 그 모양을 재빨리 눈치를 챈 그녀가 찻잔을 급히 비우고는 자리에서 일어서려는데 그가 만류하며 말했다.

"서영 씨, 그냥 앉아 있으세요. 어차피 서영 씨도 알고 있는 일이고, 탄트라수행에 대해서 설명까지 하였으니 부끄러워 할 것도 없을 테니."

"네에? 형님이 누님과 저의 이야기를 하셨다고요? 그럼 두 분이 다 아시고 계셨어요?"

강철호는 크게 놀라서 좀 구부정하게 앉았던 상체를 벌떡 일으켜 세웠다. 그리고 눈이 휘둥그레져 두 사람을 번갈아 쳐다보았다. 누구도 눈치 못 채도록 은밀하게 행동했는데 어떻게 두 사람이 알았는지 기가 막히기도 하고 부끄럽기도 했다. 그렇다고 누구한테 들었느냐며 따지기도 민망해서 치켜뜬 눈꺼풀을 아래로 내리 깔아

가만히 있었다.

"응, 놀라지 마. 네가 걱정이 돼서 아까 우연히 말이 나왔어. 나는 소진수 사범한테 얼핏 들었는데 소 사범을 나무라지 마. 내가 다그쳐서 어쩔 수 없었을 거야. 선생님도 눈치를 채고 계신 것 같았어. 그리고 너의 수행법에 대해서도 자세히 말씀해 주시기에 이해는 했다만…아무튼 난 또 네가 여자들을 희롱하고 다니나 해서 걱정 많이 했다."

강서영은 강철호의 마음을 다치지 않으려고 일부러 차분하게 말했다. 강철호는 창피해서 얼굴을 들지 못하다가 누이의 말을 듣고는 안도했다. 그리고 기왕 이야기가 나왔으니 모든 걸 털어놓고 그의 자문을 구해볼 마음을 굳혔다. 그리고 나니 마음이 한결 편안해서 고개를 번쩍 들었다. 자신의 행위를 정당화시켜서 말할 참이었다. 그러나 남의 속을 꿰뚫어 보고 있었다는 듯이 그가 먼저 말을 꺼내 목구멍까지 차오르던 말을 가라앉히고 열리던 입을 꾹 다물었다.

"자네가 섹스수행을 해보고 싶다는 말을 했을 때 말리지 않은 것은 내가 그런다고 고분고분 따를 자네가 아니지 않은가? 그래서 그냥 지켜보기로 했던 것이다. 하지만 언젠가는 자네가 말해줄 날이 있을 것이라 믿었지. 다행히 오늘이 그 날인 것 같다만 역시 자넨 매사에 솔직해서 좋아."

"그래도 철호가 그런 수행을 하기 전에 지도라도 좀 해주시지 않고요."

강철호의 초췌한 얼굴이 못내 마음에 걸린 그녀는 원망스럽다는 듯이 그를 향해 눈을 살짝 흘기며 말했다. 그 모양을 무심코 바라보던 그는 그녀가 참 순진하고 귀여웠던지 한 바탕 껄껄 웃고는 대답했다.

"서영 씨, 이 사람은 한 번 배우면 자신이 최고라고 생각하는 사람이오. 그런데 나의 말을 듣겠소? 안 그래, 철민 군?"

"죄송합니다. 형님!"

강철호가 허리를 한 번 굽실하여 고개를 숙였다가 쑥스러운지 머리를 쓱쓱 긁적였다.

"보통사람들은 무엇을 하겠다고 마음을 정하면 옳고 그름을 따지기 싫어하지. 업의 작용으로 일어난 인연심이라 남의 충고가 귀에 들어오지 않을 테니 말이다."

"왜 그럴까요? 사실 이것은 아니다 싶으면서도 의지와 상관없이 오기로라도 그 일을 하게 되는 경우가 있거든요!"

강서영이 경험한 적이 있었던지 그의 말이 끝나기가 무섭게 의문이 가득한 눈망울을 초롱초롱 빛내며 말했다. 강철호는 귀를 쫑긋이 세워 그의 다음 말을 기다렸다. 그녀의 질문이 아무래도 자신의 성질을 대변해 주는 것 같아서 그가 무슨 말을 할지 궁금했다.

"사람의 본성은 도와 같아서 지극히 고요하고 그윽함이 본질입니다. 하지만 고요함은 반드시 요동하기 마련이지요. 특히 욕망의 마음이 그러합니다. 그런 마음은 업이 이끌어 낸 것이므로 의지를 꺾어 눌러 기어이 하고자 하는 일을 하게 합니다. 그래서 해를 입지요. 그렇다고 그런 마음이 도가 아닌 것도 아닙니다. 도를 덮어 누른 허상이어서 해를 입히는 것입니다."

"형님, 좀 더 구체적으로 말씀해 주세요. 형님의 말씀은 뭐랄까 너무 철학적이어서 솔직히 이해가 쉽지 않습니다. 어려워요. 누님은 어때요? 어렵지 않으세요?"

강철호는 본래 머리를 쓰기보다는 몸을 단련시키기만 좋아해서 깊이 있는 말은 싫어하는 성미였다. 그런 성미를 누구보다 두 사람은 잘 알고 있는 터라 무식하다는 핀잔을 듣는다 해도 별 부끄러울 게 없어서 터놓고 말했다. 그러나 공부를 좋아하는 그녀는 충분히 이해할 것이라 믿었다. 그런 줄 알면서도 어렵지 않느냐고 물은 것은 좀 멋쩍은 기분을 희석시킬 요량이었는데, 그녀는 대답대신 고개를 끄덕여 응답했다.

"하긴 자네는 운동을 즐기는 사람이니… 하지만 자네가 도를 생각한다면 이제부터라도 노력했으면 한다."

"예, 예, 형님! 열심히 해보렵니다. 가르쳐만 주십시오!"

강철호는 그답지 않게 곰살스런 목소리로 여러 번 고개를 끄덕이며 큰 소리로 대답했다. 그 모양을 흐뭇한 미소로 잠깐 바라본 그는 짐짓 정색을 하며 무겁게 입을 열었다.

"물을 도라고 가정을 하자. 그런데 물에서 안개가 일어나지 않느냐. 그럼 물이 안개냐 안개가 아니냐? 그리고 안개가 무거우면 풀잎을 적시니 안개가 물이냐 물이 아니냐?"

"그야…?"

강철호가 급히 대답하려다 말고 말꼬리를 흐리고는 아까와는 달리 시무룩했다. 그는 잠시 생각에 잠겼다. 아무래도 강철호가 이해하기 쉽도록 말해주기 위해서는 들었던 비유를 자세하게 설명해주어야 할 것 같았다. 그래서 지루하더라도 끝까지 집중해서 듣기 바란다 하고는 설명하기 시작했다.

　"물은 안개가 아니면서도 안개이고. 안개는 물이 아니면서도 물이다. 무슨 말이냐 하면, 물은 안개의 습성이 있으므로 안개라 할 수 있는데, 그렇다고 안개라고 말할 수도 없다. 안개 역시 구름이 되고 이슬이 되니 물의 습성이 있어서 물이 아니면서도 물이라 할 수 있다."

　"그 참, 어렵네요. 이것도 아니면서 이것이고, 저것도 아니면서 저것이니… 차~아~암, 나!"

　강철호가 이해하기 어려웠던지 자신의 무지를 탄식으로 토해냈다.

　"사람의 마음도 물과 같다. 본성인 도에서 마음이 일어나지만 그 마음은 도로부터 나왔으므로 도가 아니면서도 도인 것이다. 무슨 비유를 들까? 그렇지! 나비는 무엇으로부터 생겨나는가?"

　"그야 애벌레로부터 저절로 생겨나지요."

　강철호가 얼른 대답했다.

　"그렇지! 그럼 애벌레가 나비인가 나비가 애벌레인가?"

　"예에? 그 차~암! 또 어렵네?"

　"애벌레는 나비가 아니면서도 나비이고 나비는 애벌레가 아니면서도 애벌레이지. 즉 나비는 애벌레가 변화해서 태어났으므로 애벌레의 성질이 그 몸에 다 들어 있지 않은가. 그리고 여기 녹차 잔은 무엇인가? 육안으로 보기에는 그릇이지만 그 성분은 무엇인가? 바로 흙이 아닌가? 변화했다고 해서 자체 본성까지 없어지는 것은 아닌 것이다."

"맞아요! 생활도구고 뭐고 다 변화한 것들이에요. 그릇은 흙이고 숟가락은 쇠이고 쇠는 부숴 가루내면 역시 흙이 되네요!"

강서영이 그제야 확실하게 알아들었는지 손바닥을 마주치며 아는 체했다.

"그렇지요. 마음 역시 그렇습니다. 그래서 노자가 이렇게 말했었지요."

"어떻게요?"

"지극한 허에 들어 고요함을 두텁게 지키면 만물이 한꺼번에 나타나는데 그것을 거듭해서 관찰해 보니, 만물이 무럭무럭 자라서 각기 근본으로 돌아가더라. 근본으로 돌아감을 고요함이라 하고, 고요함은 또 영원한 목숨이라 하며, 목숨은 불멸하는 것이다. 마음이 항상 본성에 머물러 있음을 알면 밝음이요, 알지 못하면 망령되어 흉해진다 하고 말이오."

"부처님 말씀과 같군요."

강서영이 문득 불경을 읽으면서 기억해 두었던 구절이 생각나 아는 체하였다.

"성인은 항상 생각과 뜻을 같이 하니까 당연하지요. 부처님도 그런 뜻으로 말씀하셨지요. 마음이 몸 밖을 벗어나 천하를 주유하면서 온갖 욕망을 일으킨다 해도 항상 되돌아 와 본성에 고요히 머물기 마련이라고. 그러니까 삿된 마음 중에도 도는 있는 것이오. 수증기가 구름이 되고 비와 이슬이 되고 옹달샘이 되고 계곡물이 되고 컵 물이 되고 시궁창의 물이 되고 오줌똥물이 되는 등 천변만화하지만 결국 바다로 들어가듯이 말이오."

"네 그래서 만물이 근본으로 돌아가듯 마음이 본성으로 돌아가면 고요해진다했군요."

강서영이 또 아는 체했다.

"그렇소. 그러나 발광하는 욕망을 주체하지 못하면 그 마음이 어디로 가겠어요? 수증기가 똥오줌이 되듯이 나를 잡아끌고 돌이킬 수 없는 시궁창을 찾아가 기어코 해를 입히게 되지요. 그래서 망령되어 흉하다 한 것입니다."

"사람은 결국 망령된 마음 때문에 화를 입는 것이군요!"

"그렇소. 그릇된 업은 불쏘시개와 같고, 욕망은 활활 타오르는 불꽃이며, 그 마음은 더러운 시궁창으로 끌고 가는 수레와 같아요. 그러므로 욕망의 문을 닫아 걸고, 본성인 도의 문을 항상 열어놓아야 합니다. 그러면 별처럼 태양처럼 무위의 빛이 발하여 나를 밝히고 세상을 밝히니 얼마나 좋겠소?"

말을 마친 그는 잠자코 있는 강철호의 말을 들으려고 그윽이 바라보았다.

"형님, 의지로 욕망의 문을 닫을 수 없다면요?"

강철호는 그의 말이 제 속내와 달라서 망설이다가 마지못해 건성으로 물었다.

"그러므로 도를 얻지 못하여 넘어지고 자빠지는 운명의 고통에 빠져 괴로워하는 것이다. 그것을 알고 잘못됨을 깨달아야 한다. 깨달아서 그것이 후일에 닥칠 재앙을 생각하고 발광하는 마음이 고요해지도록 기다려야 한다."

"하지만 아궁이에 불을 지피고 있는데, 솥의 물이 끓지 않을 수 없고, 물이 끓으면 뚜껑은 열리기 마련인데 이럴 때는 어찌 합니까?"

이번에는 그녀가 비유를 들어 물었다. 그는 마땅한 비유로 질문하는 그녀가 대견해 그윽이 바라보며 대답했다.

"지피는 불은 업의 본색, 끓는 물은 발광하는 마음, 뚜껑은 욕망의 문을 닫으려는 의지니, 참 잘 질문했소! 물이 끓는데 억지로 뚜껑을 누르면 폭발하기 마련이오. 마찬가지로 발광하는 마음을 의지만으로 억지로 누르려하면 스트레스, 분노, 신경질이 한꺼번에 일어나서 안 함만 못하지요."

"형님, 제 말이 그 말이에요! 명상을 할라치면 온갖 잡생각이 다 나고, 그 때문에 짜증나요!"

강철호가 할 말이 바로 그거였다는 듯 즉시 그의 말에 맞장구를 쳤다.

"그럴 때는 발광하는 마음을 측은지심으로 타인을 바라보는 마음으로 바라보면 된다. 가령 미운 마음이 발광하거든 미워하는 사람을 생각하고 그 사람을 측은하게 생각하면 어느덧 자신이 측은해져서 마음이 고요에 머물러 업은 자연히 자취를 감추고 즉시 도의 본색이 드러난다."

"네, 그래서 오늘 산에서 말씀하셨군요. 자신을 잘 관찰하라고! 특히 마음은 오장에서 일어나므로 미움, 분노, 비애, 근심, 두려움, 희비가 있거든 오장을 관찰하라 하셨는데 이제야 이해가 됩니다."

강철호가 말하기 전에 그녀가 먼저 응답했다. 그리고 잠에서 깨어난 듯 의문어린 사유의 눈동자를 초롱초롱 빛냈다. 그런데 강철호는 흠칫 놀란 눈을 휘둥그레 떠서 묘한 웃음을 흘리며 큰 소리로 말했다.

"아니 오늘 두 분이 등산을 함께 가셨어요?"

"얘는 엉뚱한 질문은… 그래 갔었다. 왜?"

강서영은 한창 새로운 지식을 깨닫고 있는 중인데 분위기를 바꾸어 놓으려는 동생이 얄미워서 대들듯 말했다. 머쓱해진 강철호가 뜨끔한 표정을 지었다가 또 묘한 웃음을 입가에 흘렸다. 그는 그런 남매를 별 뜻 없이 물끄러미 쳐다보다가 기왕 말이 나온 김에 심중의 생각을 다 말해주는 것이 옳다 싶어 다시 입을 열었다.

"서영 씨, 오늘 낮에 산에서 보았던 자연은 참 아름다웠지요. 하지만 마음이 사라지면 자연도 함께 사라지고, 마음이 동하면 자연이 다시 나타납니다. 그리고 자연은 도로부터 태어나 도의 세계로 돌아가지요. 무無에서 유有가 나오고, 유는 무로 돌아가는데, 이렇게 유무有無가 끊임없이 순환하니 유무는 결국 같습니다. 시작이 끝이고 끝이 시작인 셈이지요. 사람의 마음도 이와 같이 돌고 돕니다."

"그러니까 그놈의 마음을 고요하게만 머물게 할 수 없잖아요!"

강철호가 그 말을 기다렸다는 듯 얼씨구나 하는 표정을 지어 반문했다.

"당연하다. 어찌 사람이 마음을 내지 않고 살 수 있겠나? 하지만 마음도 마음 나름이지. 무위無爲·무엇을 위하지 않으나 저절로 위해짐의 마음은 시각 되지 않아서 자취가 없고, 유위有爲·무엇을 위하기 위해서 억지로 행함의 마음은 아무리 은밀히 행하여도 뚜렷하게 자취를 남기기 마련이다."

"그럼 저의 탄트라섹스수련이?"

강철호는 비로소 그가 무슨 속셈으로 이토록 장황하게 말했는지 깨닫고는 말끝을 흐렸다.

"그렇다네. 이제야 나의 뜻을 눈치챘군! 여하튼 자네의 섹스수련은 내가 보기에 유위有爲라 생각된다. 다시 말해서 도의 근본인 사랑이 전제되지 않은 유위한 것이지, 유위는 결국 쾌락만을 쫓기 마련이고, 언젠가는 세상에 드러나게 될 텐데 그때 가서 당할 괴로움을 생각해 보았는가?"

"형님!"

묵묵히 듣고 있던 강철호가 부지불식간에 그를 불렀다. 그리고 눈을 부릅뜨고 입을 굳게 다물었다가 무거운 어투로 대답했다.

"형님, 제대로 배우지 못하고 수행이란 명분으로 저 자신을 합리화해 함부로 놀아난 것 같습니다. 그래서 아무리 애써도 뜻대로 되

지 않았군요! 아무튼 오늘 좋은 말씀 명심하고 기왕 시작한 수련이
니 끝장을 보고 싶은데, 아무래도 형님의 지도가 필요합니다."

"아니 이 사람! 경험도 없는 내가 무엇을 안다고?"

한성민이 손사래를 치며 고개를 가로저었다. 강철호는 진심을 보
이면 무엇이나 다 들어주는 그가 뜻밖이다 싶어 잠시 멈칫했다. 그
러나 이대로 물러나지는 않으리라 작심하고 집요하게 설득하기 시
작했다. 그래도 그는 묵묵부답이었다.

그러자 곁에서 듣고 있던 그녀가 동생이 딱했던지 자신은 아까
섹스수련법에 대해 대충 이야기를 들었으니까 부끄러울 것도 없다
하였다. 그러니 망설이지 말고 기왕이면 자세히 말해주었으면 좋겠
다며 간절히 청하였다. 그녀까지 나서서 부탁하자 그는 마지못해
탄식조로 몇 번 혀를 차고는 낯 뜨거운 말이 나오더라도 부끄러워
하지 말라며 주의를 주었다. 그리고 섹스수행의 진실을 공부한다는
마음으로 들어주기를 당부하였다. 그러고도 그녀가 그리하겠다는
말을 할 때까지 기다렸다가 대답했다.

"철호 군! 사람은 더러움을 찾아가서 더럽혀진 뒤에 더러움을 깨
닫는다. 그리고 그것에서 벗어나려 하지. 그렇게 망가지지 않고 도
를 깨우치면 좋으련만 인간사에 쉽지 않는 일이다. 내가 보기에 솔
직히 자네도 그리 되는 것은 아닌지 심히 걱정스럽다."

"참으로 진언眞言이십니다, 형님!"

"잘 듣게나. 섹스수행은 아무나 하는 것이 아닐세. 행법만 알고
유의有意로 함부로 행했다가는 영혼과 몸을 망치고 말지. 그래서 옛

사람들을 비롯해서 타락한 요즘 중생들에 이르기까지 해탈을 빙자해서 욕정의 늪에 빠져 헤매다가 심신을 망가뜨리고 목숨을 잃는 경우가 허다하다. 이 얼마나 안타까운 일인가?"

"네, 형님! 저도 그런 것 같습니다."

"세상 만물을 탄생시킨 도의 본질은 무엇인가? 사랑이라네. 지극한 사랑이 그 근본이지. 순수한 사랑을 이(理)라고도 하고, 힌두에서는 아트만atman이라 한다네. 우리 한민족이 말하는 사랑은 순결한 음양의 화합을 뜻하지. '사'는 음이고, '랑'은 '라'의 마침말로서 양(陽)인데, 남녀 결합의 대표적인 언어라네. 따라서 섹스수행은 사랑이 전제되어야만 착오가 없는 것이네."

"형님, 그런 사랑을 어디서 찾습니까?"

"사랑을 감각기관과 의식으로 찾고자 한다면 영원히 얻을 수가 없네. 피상적으로 사람을 보지 말고 지혜로써 보아야 바르게 보인다네. 피상적으로 보는 사랑은 사랑이 아니라 허상인 것이지. 그러므로 상대방의 결점을 발견하면 실증이 나기 마련일세. 그런데 설사 피상적으로 보고 사랑을 느꼈다 하더라도 상대방을 측은지심으로 바라보면 미움도 싫어함도 없어진다네."

"요즘 세상에 형님 말처럼 그게 가능할까요?"

"요즘 세상이라 말하지 말게. 예나 지금이나 진실은 불변한다네. 그리고 그 진실은 자기 자신부터 사랑하는 것이지. 자신을 사랑하면 상대방을 진심으로 사랑하게 된다네. 대개 사람들은 자신을 가장 사랑하는 것 같지만 그렇지가 않아. 내가 간교하면 타인도 간교하게 보이고, 내가 도둑의 심보면 타인도 도둑으로 보이는 것이 사람의 마음이지. 따라서 내가 나를 사랑하면 사랑의 마음으로 상대방을 보므로 미워지지가 않는다. 마찬가지로 내가 나를 사랑하지 않으면 사랑하지 않는 마음으로 상대방을 보므로 미워하게 된다네"

"그 참, 어렵네요! 형님 말씀이 다 맞는 것 같은데… 결국 저 자신을 사랑하지 않아서 사랑을 찾지 못하고 있군요. 그런데 형님 말씀을 들어보면 세상에 사랑하지 못할 사람이 없을 것 같네요?"

"그렇다. 그것이 도라고 할 수 있다."

"그런데 말입니다. 형님이 말씀하시는 그런 사랑을 하면서 부부생활을 하는 사람이 과연 몇이나 있겠습니까? 그런 의미에서 부부간의 섹스도 죄가 될 수 있겠는데요?"

"사회통념상 죄가 아니지. 하지만 사랑이 없이 애욕을 채우기 위한 수단의 섹스는 도의 본분을 망각한 것이니 죄가 성립된다."

"그럼 부부가 아닌 타인도 진심으로 사랑하면 죄가 성립되지 않겠네요?"

"윤리와 도덕적 측면에서는 죄가 성립되지만 진심이면 도의 시각에서는 죄라고 할 수가 없다. 하지만 누가 그런 사랑을 할 수 있겠는가? 애욕의 핑계지. 애욕의 충족을 위한 섹스는 자기 생명을 불태우는 자신에 대한 죄악이기도 하고."

"생명을 불태우다니요?"

"그렇지 않은가? 정精이란 생명의 근원인데 함부로 쏟아내면 당연히 생명을 태우는 것이지!"

"그럼 사정하지 말아야 한다는 뜻입니까?"

"꼭 그런 것만은 아니다. 도가 천지만물을 탄생시키듯 인간 역시 생명을 탄생시키는 것이 마땅하다. 하지만 이것을 알아야 해. 현묘한 도는 불가사의한 기운을 면면히 뿜어내 만물을 탄생시켰으나 만물은 반드시 회귀하여 도에 가서 머문다. 그러나 인간은 한 번 쏟아내면 돌이킬 수가 없지 않은가?"

"그럼 어떻게 해야 합니까?"

"만물이 도에 회귀하듯, 정을 돌이켜서 몸속에 저장할 줄 알아야 해. 정을 오장육부에 저장하면 정이 충만해지고, 정이 충만하므로 정신이 맑아지며, 정신이 맑으므로 죄에 빠지지 않고, 죄에 빠지지 않으므로 업을 멸해 도를 얻게 된다. 이것이 섹스수행의 진실이야."

"형님, 말이 쉽지 어떻게 쏟아지는 정을 참습니까?"

"의지를 따르지 말고 인내할 수 있는 습관을 길러야 한다. 남녀 모두 훈련하여 습관을 기른 뒤에 수련하면 능히 정을 거두어 들여서 몸에 저장할 수가 있다. 저장하는 방법은 절정의 순간에 회음會陰에 집중하면 정기精氣가 회음에 모이지. 그렇게 해서 오장육부에 집중하면 정기가 그곳으로 흘러들어 충만하게 저장된다. 그러다가 남녀가 지고지순한 사랑의 쾌락을 느끼게 될 때 서로에게 집중하면 지고지순한 음양화합에 의한 도의 세계를 경험할 수 있을 것이다."

한성민은 마치 섹스수행을 충분히 습득한 사람처럼 거침없이 설명했다. 그리고 할 말을 다했는지 입을 굳게 다물고는 벽시계를 힐끗 쳐다보았다. 벌써 밤 열 시가 넘어서고 있었다. 강철호는 이 시간이면 어김없이 잠자리에 드는 그의 습관을 그제야 알아차렸다. 하지만 이런 이야기를 또 언제 듣겠느냐며 막무가내로 고집을 부려 1시간만 더 듣고 싶다며 간청했다.

한성민은 마음을 고쳐먹었다. 강철호의 말마따나 어렵사리 꺼낸 섹스수행 이야기를 다시 또 하기도 그렇고, 무엇보다도 강철호가 수행을 잘못해서 상당히 몸을 상하고 있는 터여서 시간이 늦더라도 끝을 맺어주기로 작심하였다. 특히 그녀가 자신을 걱정하면서도 은근히 더 많은 이야기를 듣고 싶어 하는 눈치였다. 그리고 그녀의 솔직한 고백이 마음에 와 닿았다.

강서영은 그동안 섹스라는 말만 들어도 추하게 생각했으나 이제는 아니라며 자신 있게 말했다. 그리고 섹스의 성스러움을 모르고 애욕을 못 참는 육체의 놀이쯤으로 비하했지만 지순한 사랑의 의미를 모른 무지의 소치였다고도 했다. 그래서 추하다는 생각을 했던 내가 오히려 추하게 느껴졌다. 하고 자신을 향한 말을 강철호가 들으란 듯이 말해 주었다. 그녀의 말을 들은 그는 고개를 끄덕여 옳은 말이라 동의해 주고 말을 이었다.

"추하다는 생각 이면에 아름다움이 있고, 아름답다고 생각하는 이면에 추함이 있소. 그런 상대성이 없으면 추하다 아름답다 할 것도 없지요. 모두 눈, 코, 귀, 입, 의식이 지어낸 허상일 뿐이라오. 철호 군, 지금껏 잘못한 수련을 너무 탓하지 않았으면 한다. 좋은 경험이었다고 생각하고 사랑의 중요성을 깨달았을 테니 지금부터라도 사랑하는 여인을 만나서 진심으로 수련해 보기를 권하고 싶다."

"형님, 앞으로는 절대로 아무 여자랑 만나서 과오를 되풀이하지 않겠습니다. 정말 사랑하는 여자를 찾으면 형님 말씀대로 순수한 수행을 하고 싶습니다. 그런데 아까 형님께서 연습으로 정을 거두어 들이는 습관을 들이라 하셨는데, 누님이 듣기에 민망할지 모르겠지만 방법을 좀 알려주시면 안 되겠습니까?"

강철호는 진지하게 속뜻을 솔직하게 고백했다. 그녀는 동생이 무슨 뜻으로 하는 말인 줄을 알았다. 그러나 사랑의 완성을 위한 행위의 이야기를 기피한다는 것 자체가 순수하지 못한 것이라 생각했다. 그래서 추하게 생각한다거나 부끄러워하지 않고 담대하게 들을 자신이 있었다. 그는 그녀의 조금도 거리낌이 없는 의지를 읽고는 두말없이 결가부좌로 고쳐 앉아 두 사람에게 같은 자세를 취하라 하였다.

그리고 몇 차례 시범을 보이고는 설명했다.

"이 법은 남녀 모두 성기를 강하게 하는 법일세. 여성은 자궁병을 예방하고 치료하는 데도 탁월한 효과가 있어요. 자, 그럼 두 사람 다 먼저 상체를 꼿꼿이 세우고 두 손은 무릎 위에 가볍게 올린 다음, 온몸의 힘을 이완시켜서 혀끝을 위 치아 두 개의 뿌리 부분에 살짝 말아 올리고."

"……!"

"그리고 숨을 천천히 끝까지 들이쉬었다가, 힘을 불끈 주어 항문을 굳게 조인 다음, 숨을 내쉼과 동시에 상체를 절하듯이 앞으로 숙이되 아랫배는 뒤로 한껏 당기면서 이마가 바닥에 닿을 때까지 숙이고… 그리고 자, 아마가 바닥에 닿고 숨을 다 내쉬었으면, 이번에는 서서히 조인 항문을 풀면서 처음 자세로 상체를 천천히 세우는데 이때 숨을 동시에 들이쉬어야 해. 이와 같이 하기를 매일 50차례씩만 반복해도 성기가 대단히 강화될 것이다. 그리고 여성은 웬만한 자궁병도 나을 뿐만 아니라 치질도 치료가 가능해요."

"생각보다 힘드네요? 특히 항문 조이기가"

한성민의 지시대로 한참을 반복해 보던 강철호가 그새 이마에 송송 땀방울이 맺혀 손등으로 씻어내고는 말했다. 그러나 그녀는 뜻밖에 별 힘들이지 않고 여러 차례 더 반복하다가 몸을 곧추세우고는 굉장한 운동이 될 것 같다 하였다.

"다 익혔으면 이번에는 앉았을 때나 누웠을 때 성기를 강화시키는 법을 설명하지. 매우 쉬운 법이니까 듣기만 해요. 앉았을 때는 배꼽 아래 하단전에 상상의 나무를 심어놓게. 그리고 그 나무의 무수한 잔뿌리가 성기를 향해 뻗어나가는 모습을 계속해서 상상하게. 그리고 누워서는 두 무릎을 세우고 회음에 집중하고… 이와 같이 잠들기 전에 계속하면 남성은 회음이 뜨거워지다가 나중에는 성기까지 열기가 뻗치지. 그래서 성기가 강화되는 것이고… 그럼 다음은 임맥과 독맥을 터주는 훈련을 해야 해!"

"형님, 자칭 도사라는 사람들이 임맥과 독맥을 터준다고 선전하던데 그거 쉽습니까?"

"자네는 쉽다고 생각하나?"

"아닙니다. 말이 그렇지 어떻게 터줍니까?"

"맞네! 모두 돈벌이를 위한 자들의 헛소리지! 정말 임독맥이 트이면 만가지 병이 치유됨은 물론이고 완벽하면 그 몸은 부처가 된다네."

"그 정도로 어렵습니까?"

"어렵지… 임독맥은 절정의 무아에 들었을 때 저절로 트여야 하는데, 그때는 몸에서 광채가 나고 공중에 저절로 부상하게 되지. 그리고 소위 말하는 초월적 능력도 지닐 수 있고."

"예? 초월적 능력이요?"

강철호는 눈이 번쩍 뜨이는지 다급히 반문했다. 절정의 무술을 익히려고 섹스수행까지 마다않고 도를 얻으려 했던 그 답이 임독맥에 있다니 놀라울 따름이었다.

"하지만 현세에서 거의 불가능하다. 다만 임의로 터주는 방법은 있다만 저절로 트기란 요원한 꿈만 같은 것이지. 그래서 나중을 위해서 임의로 트는 법을 배워주겠네. 이 법은 마치 황무지에 새 길을 닦는 것이라고나 할까? 아무튼 이것만 꾸준히 수련해도 많은 질병을 다스릴 수 있고 피부가 백옥같이 변할 걸세."

"혹시 형님께서 임독맥을 저절로 트시지 않았습니까?"

강철호는 문득 그가 그럴 것 같은 예감이 들었다. 인도에서부터 범상치 않은 느낌이 있었는데, 더욱이 몇 년을 동굴 속에서 수도를 했으니까 분명 그럴 것 같았다. 그 말을 들은 그는 정색을 하고는 근기가 부족해서 아직 그 정도의 경지에 오르지 못했다며 두 번 세

번 반복해서 부인했다.

그런데 강철호는 정도에 넘치게 부인하는 그의 태도가 미심쩍었다. 평소 같으면 그냥 아니라고만 단답을 하고 마는 그의 성품에 미루어 일부러 자신을 나타내지 않으려고 극구 부인하는 것이라 확신에 가깝게 짐작했다.

"쓸데없는 생각 하지 말고… 아무튼 이 수련을 삼관욕기법이라하는데, 척추에 중요한 세 가지 혈자리를 씻어준다는 뜻이야. 방법은 아까와 같다. 다만 의식을 주는 곳이 다르지. 숨을 내쉬면서 백회에서부터 꽁지뼈까지 의식을 집중하고, 몸을 일으킬 때는 역으로 꽁지뼈에서 백회까지 의식을 집중하면 된다. 이렇게 척추에 집중해서 한 두어 달 계속하면 나중에 마치 분수 같은 기운이 척추를 오르락내리락 한다."

"신체적으로 어떤 효험이 있어요?"

강서영이 신기해하며 물었다.

"척추는 오장뿐만 아니라 전신의 기혈을 다 통하게 합니다. 따라서 오장육부를 건강하게 할 뿐만 아니라 기미, 닭살 같은 피부를 깨끗하게 해주지요. 그리고 무엇보다도 골수를 잘 흐르게 해서 정액을 충만하게 해주니 노화를 더디게 하고 섹스수련에도 크게 도움이 됩니다."

"형님은 세상에 모르는 것이 없는 것 같습니다. 이런 법을 다 아시다니요."

강철호는 그가 배워준 대로 몇 차례 반복해서 행해보고는 탄복했다. 대수롭지 않아 보이는 행법인데도 척추를 오르내리는 뜨거운 기운을 단박에 느껴져 믿어지지가 않았다. 그녀도 벌레가 기어 다니는 것처럼 척추를 꿈틀대며 오르내리는 기미를 확연히 느낄 수 있어서 대단한 수련법이라 생각했다.

"느낌이 매우 빠르군! 열심히 해봐. 인당으로 들어오고 나가는 오색 빛을 볼 테니. 아무튼 그건 그렇고 이제 마지막으로 정액을 거두어들이는 연습법을 설명해 주마. 이 법은 섹스수련자로부터 직접 들은 것인데 충분히 일리가 있더군. 그런데 워낙 적나라한 이야기라 서영 씨가 낯이 뜨거울 텐데 괜찮을지 모르겠소?"

"염려 마세요. 어떤 말씀도 부끄러움 없이 들을 준비가 돼있으니까요."

"그럼 그리 알고 말하겠소. 올리브 같은 매끄러운 것을 남성은 성기에 바르고, 여성은 젖가슴과 배, 성기에 바릅니다. 그리고 마사지를 하다가 오르가즘에 오르면 즉시 입과 항문을 힘껏 다물고 정액의 발산을 억제하고는, 재빨리 의식을 회음에 주어서 정기精氣를 저장해야 합니다."

"형님, 말이 쉽지, 그거 정말 어려워요."

강철호가 아직 한 번도 성공하지 못한 그간의 경험이 생각나 부끄러움 없이 진지하게 말했다. 하지만 그는 대답하지 않고 다음 말을 계속했다.

"이렇게 여러 차례 계속하면 회음에 정액이 넘칠 듯 가득 차는데, 그러면 즉시 의식을 신장, 간, 심장, 비장, 폐 순으로 옮깁니다.

그러면 정액의 정기가 오장으로 흘러 들어가지요. 그리고 다음은 계속해서 마사지해서 회음에 정기를 모으고 이번엔 임독맥으로 의식을 옮겨서 유통시킵니다. 임독맥 유통은 한 번 시작하면 네 차례는 반복해야 하고, 마지막에는 하단전에 의식을 집중해서 정기를 모으고 연습을 끝냅니다."

"그런 다음에는요?"

강철호가 다급히 반문했다. 하지만 강서영은 아무런 표정도 내보이지 않았다. 무덤덤해 보여서 그의 설명을 들었는지 듣지 않았는지도 분간하기 어려웠다.

"이와 같이 연습한 뒤에 남녀가 한마음으로 화합하면 백회에 뜨거운 김이 솟아오르고, 기운이 허공에서 합쳐져서 하나가 됩니다. 철민 군, 이렇게 되도록 하는 것이 섹스수행의 정도라 할 수 있다. 육체적 쾌락과 더불어 정신적 사랑의 희열이 절정에 도달하게 되는데, 이 순간이 바로 무아에 드는 찰나라 할 수 있다. 무아가 곧 도이니 도의 순간에 이르는 것이지. 자 이제 할 말을 다했다. 더 깊은 이야기는 다음 기회로 미루기로 하고 시간도 늦었으니 오늘은 그만 하자."

자정이 훨씬 넘은 시간이었다. 그가 침묵하자 형광등 불빛도 은연했다. 두 사촌남매는 무엇에 홀린 듯 잠시 적막에 잠겼다가 부스스 일어섰다. 그들이 돌아가자 그는 결가부좌한 자세 그대로 가만히 눈을 감았다. 그리고 마음이 고요해지는 때를 기다려서 속으로 읊조렸다.

밤은 깊음이 다하고 새벽은 오는데
도의 길은 멀고도 험한 것을
제 몸을 태우는 색욕의 화신들이여
정으로 생명을 기를 줄 모르구나.

애욕의 업은 제 몸을 불태우는 것
용광로에 몸 던져 죽음을 자초함이여
목숨의 샘 스스로 말려놓고
늙어 정력 없음을 어이 한탄하는가!

사랑을 함부로 말하는 자여
욕정의 충동에 못이긴 헛소리
참사랑으로 정을 거둬 도에 들게나
그 덕에 천궁에 이르리라.

참사랑으로 맺어진 인연

　가을 매미들이 더 시끄러웠다. 높고 낮은 나뭇가지에 달라붙어서 엉덩이를 들썩이며 소리를 질러대는 꼴이 제 세상을 만난 듯 신명이 났다. 그러나 어찌 생각해 보면 죽음을 슬퍼하는 것 같기도 하였다. 아닌 게 아니라 큰 나무 아래에는 한여름의 찬란한 삶을

192 · 도리천 가는 길 〈17

뒤로 하고 죽어 나자빠진 매미들의 시신이 여기저기 썩어가고 있었다. 그리도 요란하게 산천을 울리더니 제 삶이라고는 겨우 7일만이었다.

점심 산책에서 돌아온 한성민은 방으로 돌아와서 책을 읽을까 하다가 세상 이야기나 들어볼 생각으로 TV를 켜보았다. 그런데 어느 방송인지 모르고 무심코 스위치를 누르자 짧게 깎은 머리에 몸보다 좀 큰 한복을 헐렁하게 차려 입은 한 장년의 남자가 이상한 목소리로 열변을 토하고 있었다. 얼핏 듣기에 지식이 해박해서 잠깐 귀를 기울였다.

강의내용은 불경인 것 같은데, 도덕경을 논하는가 하면 서양철학을 헤집기도 하고 의학의 영역도 넘나들었다. 그뿐만 아니라 중국 춘추전국시대 이야기인 열국지 내용을 역사학자들도 무색할 정도로 꿰차고 현란한 몸짓으로 언어를 구사하는 모습은 신들린 사람 같았다. 그런데 그 사람의 말을 귀 기울여 자세히 들어보니 알맹이가 없었다. 자식이 풍부한 양 교만한데다가 말의 유희로 대중을 현혹시키는 얄팍한 속셈을 한눈에 알아보고는 스위치를 꺼버렸다.

"정말로 아는 사람은 아는 체하지 않고, 많이 아는 체하는 사람은 정말로 알지 못한다."
하고 말한 노자의 어록을 공부했다는 소위 지식이 풍부하다고 자타가 공인하는 자들이 더 심했다.
비단 오늘만이 아니었다. 어쩌다가 TV를 켜보면 우연찮게 여러

분야에 종사하는 그런 유의 사람들이 한여름의 매미처럼 떠들어대는 소리를 여러 번 들었었다. 그때마다 채 1분을 넘기지 못하고 스위치를 꺼야 했는데 오늘도 그러고 보니 탄식이 절로 나왔다. 그릇된 진실을 잘 포장해서 현란한 혀끝으로 목소리를 높이면 대중은 그것이 진실인 줄 알고 환호하기 마련이다. 말하는 자의 죄도 크지만, 듣고 옳고 그름을 분별하지 못하는 어리석은 자 역시 죄에 빠지고 말 것이다.

사이비한은 늘 그렇다. 장엄한 성전, 으리으리한 건물 그 안에서 우아한 옷을 입고 현란한 언변으로 성인처럼 행동한다. 많이 배우고 많이 아는 체하고 자신을 드러내 사람의 눈과 귀를 현혹시키기 일쑤다. 국가와 민족을 위한다며 궤변으로 국민의 눈과 귀를 속여서 제 이익을 챙기는 자들, 그리고 온갖 미사여구나 공갈협박, 혹은 권력으로 사람의 마음을 휘어잡아 타인의 재물을 탈취하기도 한다. 그런 그들이 역사의 전면에서 민중을 지배해 온 지가 어제 오늘이 아니었다.

언제까지 그럴 것인가?

이제는 때가 되었다. 발뒤꿈치를 높이면 오래 서 있지 못하고, 보폭을 넓히면 멀리 가지 못한다. 자신을 드러내거나 거짓된 자 물거품 같다. 그리고 자신을 내세우고 궤변으로 재물과 명성을 얻은 자 혐오스러워서 음식 찌꺼기처럼 사라질 날도 멀지 않았다. 제 이익을 위해 마구 짖고 물어뜯는 개는 급히 삶아 먹히고, 아름다운 꽃일수록 쉽게 꺾이며, 숲을 덮어 누르고 혼자 우뚝 솟은 나무는 목수의 톱에 잘려지고, 털이 고운 짐승은 그 털 때문에 목숨을 잃기 마련이다.

아니, 그보다는 이제는 때가 되었다. 한민족의 예언서 격암유록에서 알곡은 거두고 썩은 쭉정이는 불태워 없애리라 하였던 그 날이 지금인 것이다.

썩은 쭉정이는 누구인가?

바로 사이비한 그들이다. 신은 불의한 그들의 오늘을 예상하고 오래 전에 인간에게 물었다.

"너희가 너희의 삶을 나에게 물었으나, 이제부터는 너희가 어떤 삶을 살 것인지 내가 묻노라."

하고 말이다.

신은 이제 인간으로부터 그 답을 들을 준비를 마쳤을 것이다.

그 사실을 알고 있는 그는 탄식을 거듭하다가 가만히 생각에 잠겼다. 석굴 속 명상에서 하늘과 응한 영혼이 지금 그리 하리란 신의 의지를 확인하고 돌아와서 소리 없는 소리로 말했었다. 그리고 그 옛날 노자도 예견하고 이렇게 말하지 않았던가!

"옛날에 (도道에서) 하나가 있었다. 하늘은 하나를 얻어서 맑아졌으며, 땅도 하나를 얻어서 편안해졌으며, 신도 하나를 얻어서 신령해졌다. 골짜기도 하나를 얻어서 가득 찼으며, 만물도 하나를 얻어서 생겨났다. 하지만 하늘이 맑지 못하여 장차 무섭게 찢어질 것이며, 땅이 편안하지 못하여 장차 무섭게 폭발할 것이며, 신이 신령하지 못하여 장차 무섭게 신령함을 그칠 것이며, 만물이 태어나지 못하여 장차 무섭게 멸할 것이다.”

사람이 죄를 겁내지 않고 제멋대로 저지르기를 그치지 않으면 장차 큰 재앙이 닥칠 것이다. '도가 없으니 하늘은 찢어지고, 땅은 갈라질 것이며, 신은 신령함을 거두어 인간을 냉혹하게 대할 것이다.' 라고 하였다.

생각할수록 미구에 닥칠 재앙에 속수무책으로 비참하게 죽어갈 그들이 안타까웠다.

한편, 강철호는 한성민으로부터 올바른 섹스수련법을 들은 뒤로 작심하고 사랑해도 좋을만한 여자를 찾아내는 데 그리 오래지 않았다. 이명숙이라고 이제 서른 살을 갓 넘긴 그녀는 누가 봐도 한 가정의 참한 주부 감으로 여길만한 착하고 순진한 아가씨였다. 몸매나 미모, 그리고 가정형편이 그 전의 여자들에 비해 한참 못 미치기는 했으나 결혼을 염두에 두고 그녀를 택했다. 그리고 예전의 여인들을 유혹할 때처럼 현란한 언변으로 그녀를 설득해서 드디어는 사랑의 감정으로 섹스수련에 몰두할 수 있었다.

그런데 한성민은 그런 강철호를 걱정하고 있었다.

아무렇게나 뿌린 씨앗은 잡초가 돼 알곡을 버려놓는 법이라 그동안 강철호가 수련을 명분으로 농락한 세 여자가 아무래도 마음에 걸렸다. 어느 하나에 몰두하면 다른 것은 거들떠도 보지 않는 강철호의 성미로 보아서는 이명숙을 만난 뒤로 그녀들에게 냉담할

게 불을 보듯 뻔했다. 버림을 받았다고 생각하는 그녀들의 시기와 질투와 분노가 하늘을 찌를 텐데 정작 강철호는 남의 일처럼 대수롭지 않게 생각하는 것 같아서 불안했다.

별반 움직임이 없는 그녀들의 동태를 강서영으로부터 수시로 전해는 들었으나 왠지 예감이 좋지가 않았다.

더욱이 요즘 들어 유부녀인 길정숙은 전과 다름없이 꾸준히 수련원에 나와서 몸매를 다듬고 있는데, 미망인 김갑숙과 아가씨 한문옥은 발길을 영영 끊었다 하였다. 두 여인은 이명숙을 처음에는 별로 관심조차 두지 않았다가 강철호가 계속해서 그녀들을 냉담하게 대하자 어느 날부턴가 소리 소문 없이 자취를 감추었다는 소문도 들렸다.

강서영은 두 여인이 강철호를 깨끗이 잊은 것으로 알고 마음을 놓고 있었다. 그러나 한성민은 그렇게 생각하지 않았다. 학벌이나 지위, 재산, 혹은 외모와 섹스 능력에 이끌려서 육체관계를 맺은 사람들은 그것을 잃게 될 때 문제를 일으키기 마련이라 생각했다. 그런 허위의 사랑은 그 바탕에 증오를 깔고 있기 때문에 분노가 더 무섭게 나타날 수 있을 것이라 짐작했다.

허상을 좇는 그녀들에게 강철호는 몸과 마음을 바쳐서 정열을 쏟아 부을 만한 조건을 다 갖춘 사내였다. 그렇기 때문에 사랑을 배신당했을 때 그녀들의 분노가 한으로 고스란히 남아 무슨 짓을 할지 모를 일이었다. 마치 굶주린 개가 밥그릇을 빼앗으면 주인이라도 물어뜯듯 강철호를 향한 집착을 끊지 못해 이성을 잃을 수도 있다는 불안감을 지울 수 없었다. 그래서 그녀들을 만나서 솔직히 잘 못을 고백하고 용서를 구해주기 바랐지만 강철호는 아예 말을 들으려고 하지도 않았다.

강철호는 그녀들도 섹스수련을 알고 좋아서 서로 즐긴 것이라며 냉담하게 반응했다. 말이야 맞는 말이었다. 그러나 남녀관계란 그런 것이 아니어서 문제였다. 그녀들도 스스로 잘못을 인정하고 마음을 돌이키면 그만이겠지만 배신이라 생각하고 원한을 품으면 낭패였다.

옛말에 여자가 한을 품으면 온 유월(음력 6월 가장 더울 때)에도 찬 서리가 내린다는 말이 있다. 여인이 원한에 사무치면 그만큼 무섭다는 뜻이다. 특히 살을 섞어 한 남자에게 마음을 온통 빼앗겼다가 배신을 당하면 원한이 골수에 맺힐 수도 있기 때문에 그런 말이 있었던 것이다. 그래서 그는 마음이 놓이지를 않아서 어제 강서영에게 기회를 보아서 그녀들을 설득해서 잘 다독여 두라고 당부는 해놓았다.

그런데 일이 꼬이려고 그런지 아니면 강철호의 운명이 그래서인지 강서영이 그녀들을 설득할 기회를 스스로 잊어버릴 수밖에 없는 일을 그에게 풀어놓았던 것이다. 실로 예상하지 못했던 충격적이라 할 만한 전혀 뜻밖의 일이었다.

그날 한성민이 저녁 산책에서 돌아와 강철호의 일을 걱정하고 있는데 서영이 찾아왔다. 그녀의 얼굴은 매우 밝았다. 무슨 좋은 일이 있는지 방으로 들어오면서 환한 웃음을 감추지 않았다. 그리고 자리에 앉자마자 오늘 낮에 어머니로부터 호출이 있어서 집에 다녀오는 길인데, 집에 간 김에 내일 산에 갈 준비를 다 해두고 왔다 하였다. 그런데 그녀는 다 말하고 나서도 그의 얼굴에서 눈길을 떼지 않고 상기된 표정으로 미소를 머금었다.

"집안에 경사라도 있어요?"
한성민이 의아해서 물었다.
"네, 있고말고요! 아빠 엄마가 절더러 시집 안 간다고 그렇게도 성화시더니 이제는 아예 포기하셨는지 혼자 살려면 재산이 있어야 한다며 웬만큼 유산을 물려주셨어요!"
강서영이 기다렸다는 듯이 유쾌하게 말했다.
"아, 그래요? 철호 군이 그러던데, 서영 씨 부모님이 굉장히 부자라던데, 이제 서영 씨도 만만치 않은 부자가 되었겠소! 아무튼 축하합니다."
한성민은 농삼아 말하고는 껄껄 웃었다. 그러자 그녀는 부모님이 시집 안 가고 혼자 살아도 될 만큼만 주었다는 말을 다시 한번 강조했다. 그래도 그는 농을 그치지 않고 앞으로는 신랑감이 더 많이 줄을 서겠다며 놀리듯 하였다. 그 말을 들은 그녀는 돌연히 웃음을 거두고 새침했다. 그리고 정색을 하고는 마치 발성연습이라도 하듯이 또박또박 말했다.
"저는 시집 갈 생각을 한 번도 한 적이 없었어요. 하지만!"
"아니 시집을 안 가겠다니… 이렇게 아름다운 서영 씨의 짝이 어디선가 듣고 섭섭해 하겠소!"

한성민은 그녀가 다부지게 말하다가 마지막에 하지만 하고 말끝을 맺지 않은 의중을 생각하면서도 마음과는 달리 또 장난스럽게 말했다.

그러나 그녀는 웃지 않았다. 무언가 잔뜩 근심을 머금은 굳은 표정으로 한참을 입을 꾹 다물고 생각에 잠겨 있었다. 하지만 초점 잃은 눈동자에 맺힌 빛은 무언가 매우 중요한 말을 쏟아낼 듯 초롱초롱했다. 그리고 하고 싶은 말을 얼른 꺼낼 수가 없어서 머뭇거리는 기색도 엿보였다. 그러면서도 터놓고 말 못하는 그녀의 속사정이 뭘까? 그는 궁금증이 더해져 헛기침을 한 번 한 뒤에 정중하게 물었다.

"서영 씨, 무슨 걱정이 있어요?"

"아니에요! 걱정은요."

강서영은 고개를 힘껏 저어 부인했다. 그리고 또 침묵했다. 그러나 이번에는 오래 그러고 있지 않았다. 드디어 결심을 세운 듯 결연한 표정으로 마치 시를 읊듯 가만가만 말하기 시작했다.

"사실 저는 부자유스러운 다리 때문에 결혼을 포기했었습니다. 그리고 참사랑을 찾지도 못했고요. 만약 참사랑을 느낀 사람이 있었다면 결혼했을지도 모르지요. 아니 했을 거예요. 사랑의 불씨마저 꺼뜨리지는 않았으니까요. 언제든 그 불씨를 피워 올릴 준비가 되어 있었었다고나 할까요. 그 사실을 선생님을 만나고 나서 깨달았습니다. 선생님은 저의 이런 마음을 모르시지는 않겠지요?"

강서영은 마지막 말에 눈동자를 크게 떠서 목소리를 조용히 높였다. 그는 놀라고 당황했다. 하지만 이내 마음을 다잡았다. 그녀와 근 일 년을 거의 매일 얼굴을 맞대는 데에다 주말마다 산행을 함께하면서 자연스럽게 그녀와 이심전심으로 같은 생각을 문득문득 했던 터라 그리 충격적이지는 않았다. 그러나 삶의 이유를 도에다가 둔 이상 가정을 꾸리고 오순도순 살아갈 자신이 없어서 애써 그런 마음을 지워내고 있던 참이었다. 그런데 그녀가 먼저 품었던 감정의 물꼬를 터주어서 더없이 기쁘면서도 착잡했다.

"정말 사랑하면 사랑하는 사람이 침묵해도 그 사람의 마음을 읽을 수 있다는 말을 실감합니다. 선생님은 언젠가는 고향의 그 석굴로 돌아가시겠지요. 그래서 저를 염려해서 사랑을 참고 계시다는 것을 압니다. 하지만 사랑하는 사람의 그 모든 것을 이해하고 인내하며 그림자처럼 따르는 것이 사랑의 진실이 아니던가요? 늘 말씀하시던 순백의 사랑을 저는 경험하고 있습니다. 그리고 그 사랑은 영원히 변질되지 않는 백옥과 같습니다."

아무 대답도 못하는 그의 마음을 읽은 그녀가 한 발 더 나아가 진심을 솔직하게 고백했다. 하지만 그는 그녀의 마음을 받아들일 자신감이 없는 데다가 무슨 말을 해주어야 할지 갈피마저 잡지 못해 곤혹스러웠다.

그러나 그녀는 그의 속마음을 충분히 알아차릴 정도로 사랑하는 데다가 그 마음을 이해하고 설득할 생각까지 미리 다 해둘 만큼 현명하고 지혜로웠다.

"오늘 저의 부모님께서 재산을 물려주신 것도 솔직히 말씀드려서 지난 여름에 부모님께 선생님의 말씀을 드렸기 때문입니다. 대체로 부모님은 저의 뜻을 존중해 주시는 편이에요. 저의 말씀을 들으신 부모님께서 실은 얼마 전에 여기에 오셔서 선생님을 보셨어요."

"아니 부모님이 나를 보셨다고요? 미리 말해주지 않고!"

한성민은 정신이 번쩍들 만큼 깜짝 놀랐다.

"죄송합니다. 저도 뜻밖이었습니다. 하지만 그때는 선생님의 마음을 몰라서 자신이 없어서 아무 말씀 못 드렸어요. 그런데 부모님은 그러시고 나서 저의 눈치만 살피시다가 제가 선생님을 인사시켜 드리지 않자 화가 나셨는지 시집을 가건 안 가건 마음대로 하라시며 저의 몫을 내놓으셨어요. 아마도 머뭇거리고 있는 저의 결심을 굳히게 할 생각으로 그러신 것 같아요."

"괜찮소. 부모님께서 나를 보시고 실망하시지나 않으셨는지? 이제야 말이지만 실은 내 마음도 서영 씨와 다르지 않았소. 다만 아직 나의 삶을 보다시피 가정에 충실할 수 없을 게 뻔해서."

한성민도 드디어 마음의 문을 열었다. 여태 꼭꼭 숨겨놓고 절제하던 속내를 털어놓고 뜻대로 할 수 없는 처지를 솔직하게 고백했다.

"잠깐만요. 선생님! 아까 말씀드렸던 대로 조건 없이 그림자처럼 따르는 것이 사랑이 아니던가요? 선생님이 어떤 길을 가시든 저는 그 길을 함께할 뿐입니다."

강서영은 그의 다음 말이 두려워 급히 가로막고는 불변의 의지를 다부진 어조로 표현했다. 그 말을 들은 그는 그 어떤 변명을 들어 주저할 이유가 없었다. 어쩌면 기다린 말인지도 몰라 마침내 그간의 생각을 마침표를 찍는 심정으로 대답했다.

"나를 이해하고 그리 말해주니 고맙소! 나에게 서영 씨가 있으리라고는 꿈에도 생각하지 못했소. 참으로 기쁩니다!"

"선생님!"

강서영은 목이 메었다. 그리고 울컥 치밀어 오른 감격의 눈물을 그렁그렁 머금었다.

"우리 선희가 얼마나 좋아할지."

한성민은 고향에 혼자 두고 온 여동생 선희가 먼저 떠올랐다. 그리고 묻어두었던 그리움이 뭉클하고 솟아올라 아득히 먼 남쪽으로 마음의 시선을 돌렸다.

"참! 여동생이 있다 하셨지요? 아가씨가 보고 싶어요! 서울로 오라시면 안 돼요? 아님 언제 우리 같이 시골에 가요. 네?"

강서영은 그새 선희를 시누이처럼 여기고 그에게는 마치 남편에게 떼를 쓰고 조르듯 하였다.

"그렇게 합시다. 우리 선희가 서영 씨를 보면 많이 좋아할 게요. 늘 혼자 외롭게 지내게 해서 미안했는데 이제 서영 씨가 있어서 저어기 안심이 됩니다. 그나저나 서영 씨 부모님은 나를 어떻게 생각하실지 모르겠소. 혹 실망이나 하지 않으셨는지…"

"아니에요! 얼마나 좋아하셨다고요. 저한테 꼭 어울리는 사람이라 하셨어요. 아마 제가 암자에 가 있기도 하고, 요가수련을 열심히 하니까 제 짝은 선생님같이 수도하는 사람이라 생각하신 것 같아요."

"그래요? 서영 씨도 나와 같은 업을 타고난 것 같소! 그래서 이렇게 인연이 맺어지는 모양이오!"

한성민이 짐짓 놀라워하다가 크게 웃었다. 그녀도 정말 그렇다며 부끄러운지 붉어진 얼굴을 화사한 웃음으로 수놓았다. 그 웃음으로 품어만 오던 그간의 심중을 털어놓지 못해 맺혀 있던 마음의 응어리를 다 풀어서 날려 보낸 듯 홀가분했다.

드러난 거짓 사랑의 본색

들판도 보이지 않고 마을도 없는 강원도의 어느 깊은 산중의 밤은 적막했다. 높이 솟은 산이 양쪽으로 흘러내린 그 안쪽에 정적에 쌓인 집 하나에서 희미한 불빛이 새어 나오고 있었다. 별 하나가 내려와 밤을 밝히는 듯 산중의 희미한 그 불빛은 끊어지지 않은 유일한 인적의 자취였다.

강철호는 그곳에 이명숙과 함께 있었다.

어제 늦은 밤에 와서 자정이 지나도록 격렬한 섹스수행으로 지칠 만도 한데 그 둘은 아직도 눈을 붙이지 않았다. 먼동이 틀 때가 한참이나 멀었지만 어둠이 서서히 걷혀가는 이른 새벽까지 여러 번이나 수련에 몰두했는데도 그들은 정신도 또렷하고 몸도 가뿐했다.

강철호는 지치지 않은 체력이 그저 신기하기만 했다. 게다가 목이 말라 빈속에 생맥주 한 캔을 시원하게 마시고 나서 짜릿한 취기가 좋아서 또 한 캔을 마저 비웠는데 뜻밖이었다. 한성민이 말했던 대로 절정의 순간에 정액을 거두어 들였던 효과가 곧바로 나타났다.

약간의 취기가 있기는 해도 실오라기 하나 걸치지 않은 이명숙의 몸이 또 한 번 열기를 솟구치게 해서 쾌재가 절로 터져 나왔다. 전의 세 여자로부터 전혀 느낄 수 없었던 현상이었다. 그녀들과는 적어도 몇 시간은 지나야 피로가 회복돼 슬그머니 열기가 솟았으나 이번은 달랐다. 여러 번이나 장시간 그랬는데도 처음보다 더 강렬한 느낌이었다.

이명숙도 그러기는 마찬가지였다. 격렬한 몸부림에 상당히 지친듯 이마에 흘러내린 머리카락이 땀으로 축축이 젖었는데도 강철호가 게슴츠레한 눈동자로 바라보자 금방 몸이 달아올랐다.

"명숙아, 우리 강정법을 해볼까?"

강철호는 곧 바로 그녀를 끌어안고 싶은 욕정을 누르고는 이미 여러 차례 효과를 보았던 수련을 먼저 하기로 마음을 다잡고는 맨바닥에 결가부좌 자세로 앉았다. 이명숙은 잠시 머뭇거리다가 못이긴 체하고 강철호를 마주 보고 앉아 수련자세를 취했다. 이명숙은 이미 교육을 받고 여러 차례 행했던 터라 능숙했다. 온몸을 이완시키고는 혀끝을 입천장에 살짝 댄 채 천천히 숨을 들이쉬고 항문을 힘껏 다물었다가 즉시 숨을 내 뿜으며 절하듯 허리를 숙이고 다시 몸을 일으키면서 숨을 들이쉬는 수련을 반복했다.

그렇게 이명숙은 30여 차례 수련을 계속하자 자궁이 촉촉이 젖어드는 것이 느껴지기 시작했다. 그 즈음에 강철호는 이미 뜨거운 열기가 성기에 팽팽하게 실린 상태에서 행한 수련이라 핏줄이 터져나갈 듯 위로 치솟아 있었다. 그런데도 의지는 좀 더 수련을 계속하려 하였다. 그러나 최고조에 달아오른 욕정의 불꽃은 인내를 허락하지 않았다.

"명숙아!" 하고 숨 가쁘게 부르기 무섭게 벌떡 몸을 일으켰다. 그리고 이명숙을 번쩍 들어 침상에 내던지듯 하고는 들소처럼 덤벼들어 몸을 포갰다. 하지만 강철호는 이내 허덕이던 몸짓을 차분히 가라앉히려 하였다. 욕정에 못 이겨 급히 서두르는 섹스는 몸을 상하게 한다는 한성민의 말이 번쩍하고 떠올라 발광하는 욕정의 불꽃을 삭이려고 애썼다. 그리고 간밤에 경험해서 잘 숙달된 대로 애무하기 시작했다. 이마에 입술을 맞추고 양 볼과 양 귀를 차례로 애무하였다. 그리고 입술을 부드럽게 포갰다가 목덜미를 입술로 쓸어주고는 젖가슴으로 옮겨가서 손과 함께 부드러운 애무를 오래 계속했다. 그러다가 촉촉이 땀에 젖은 양 젖가슴 가운데를 혀끝으로 쓸어주다가 배를 지나 이윽고는 그녀의 두 다리 사이 갈라진 그곳으로 내려갔다. 이때부터 이명숙은 정신을 잃을 듯 타오르는 정염을 못 참아 가쁘게 신음을 토해내기 시작했다.

그런데 바로 이 순간에 강철호의 운명을 송두리째 바꾸어 놓을 상상도 못할 놀라운 일이 밖에서 벌어지고 있었다.

언덕 쪽으로 나있는 작은 창문이 소리 없이 스르르 열렸다. 그리고 빠르게 찰칵이는 소리와 동시에 불빛이 여러 차례 번쩍였다.

카메라 셔터 누르는 소리였다.

아까부터 몰래 숨어들어 그들의 행위를 지켜보던 한 사내가 회심의 미소를 머금고 수없이 사진을 찍어댔다. 그러나 정염을 불사르는 그들은 전혀 의식하지 못한 채 못 참을 애욕에 몸부림만 치고 있었다. 사진을 찍어대는 그 사내는 그들이 여러 가지 체위를 바꾸어 가며 행위를 할 때마다 쾌감에 일그러지는 표정까지 빠짐없이 카메라에 담았다.

이명숙이 강철호의 성기를 입으로 애무하고, 강철호가 이명숙을 엎드리게 하고 뒤에서… 이처럼 섹스수련의 수많은 체위를 하나도 빠짐없이 다 촬영하였다. 강철호와 이명숙이 최고조에 달한 희열을 못 참아 동시에 방안을 뒤흔드는 괴성을 터뜨리며 숨이 넘어가듯 일그러지는 모습까지 촬영하고 녹음도 하였다. 그리고 잠시 후 두 사람이 엉킨 몸을 풀고 반듯하게 드러눕는 모습까지 카메라에 담은 뒤에야 살며시 창을 닫고 자취를 감추었다.

그러고 나서 얼마 지나지 않아서 날이 훤히 밝았다.

수련을 목적으로 해서인지 밤새 그리도 격렬하게 섹스에 몰두했는데도 강철호와 이명숙은 별로 피로를 느끼지 않았다. 마지막으로 단 한 번밖에 정액을 쏟아내지 않은데다가 섹스의 만족감이 피로를 잊게 한 것 같았다. 거기다가 그들 젊은 육신의 세포가 해가 뜨는 아침의 양기에 자극받아 맹렬한 운동으로 기운을 타 올린 덕도 없지가 않았다.

"뒷산을 좀 걷다가 갈까?"

강철호가 얼큰한 컵라면 두 개를 허겁지겁 먹어치우고 나서 출출한 뱃속이 포만해지자 이명숙을 부드럽게 껴안고 말했다.

"응, 가요!"

이명숙의 얼굴은 어제보다 훨씬 만족한 듯 밝고 화사했다. 따끈한 라면국물을 한 방울도 남김없이 후룩후룩 마시고 나서 아직 젖마개만 한 채 하얗게 드러난 어깨에 윗옷을 걸쳐 입었다. 그 모양을 바라보는 강철호는 수줍어하던 그전의 모습이 남아 있기는 해도 벗은 몸을 별로 부끄러워하지 않는 이명숙이 사랑스러워서 흐뭇한 미소가 절로 지어졌다.

이명숙은 전의 세 여자와는 달리 언제나 자상했다. 사랑하는 사람을 위해서는 무엇이나 아까워하지 않고 다 바치고도 더 주고 싶어 하는 여인, 그런 여인은 세상에서 오직 사촌누나 강서영 하나뿐인 줄 알았는데 이명숙이 누나 못지 않다는 생각이 들었다. 어쩌면 자존심이 강한 누나보다 고분고분 순종하면서 희생을 마다하지 않을 것 같은 그녀가 더 나을 성도 싶었다. 그래서 내년 봄에 결혼식을 올릴 생각을 굳힌 터였다.

"마음은 낙엽에 가 있고, 머리는 내 가슴에 와 있군!"

그리 높지 않은 뒷산 능선에 올라서였다. 산 아래를 굽어보니 찬란한 아침햇살에 반짝이는 단풍이 오색물감을 뿌려놓은 듯 환상적이었다. 그 아름다움에 탄성을 자아내던 이명숙이 허리를 두 팔로 껴안고 머리를 가슴에 기대자 강철호이 짐짓 시샘이 나는 투로 말했다.

"어머 단풍한테 질투하시나 봐!"

"단풍을 질투한다… 재미있는 말이네?"

"피이! 나도 질투 좀 해봤으면 좋겠어요. 자기는 뭐 나 말고 여자가 셋이나 있으면서."

이명숙이 허리를 껴안고 있던 두 팔을 풀고는 뾰로통해서 토라진 표정을 지었다.

"아직도 그 생각이야? 이봐 내 맘 속에 그 여자들은 그림자조차 없어진 지 오래야. 이제는 명숙이 너뿐이야! 그래서 약속했잖아. 내년 봄에 결혼하자고. 그 여자들과는 다 지나간 일이니까 이제는 잊어, 알았어!"

"그래도… 하도 여자들한테 인기가 좋으니까 솔직히 불안해요!"

"명숙아, 너 모르겠니? 사랑이란 말은 목숨과도 같다. 우리 형님이 그랬거든. 목숨과 같은 숭고한 사랑을 함부로 말하지 말라고 했어. 이제 내게는 진심으로 사랑하는 여자는 명숙이 너 뿐이야. 그러니까 의심하지 마. 의심하면 네가 나를 사랑하지 않는 거야. 정말 사랑하면 의심하지 않거든. 그리고 이해하고 감싸주고 그러는 게 사랑 아니겠어?"

"미안해요. 다시는 그런 말 안 할게요. 철호 씨를 내가 얼마나 사랑하는지 모르실 거예요. 그러니까 무슨 일이 있건 다 이해할게요.

말마따나 목숨 걸고 사랑하니까 미워하면 정말로 죽어버릴 테니까 그리 아세요."

이명숙이 다부지게 말했다. 단호하게 말하는 어조로 보아 다른 여자와 결혼하면 정말 목숨을 끊을 것 같았다. 그래서 그녀를 안심시킬 요량으로 가만히 포옹하며 속삭였다.

"걱정 마. 하늘이 두 쪽이 나도 너와는 헤어지지 않는다."

"정말이죠? 고마워요. 나는 철민 씨 여자예요. 죽어도 같이 죽고 살아도 같이 사는 철민 씨 여자예요. 철민 씨가 내일 죽으면 나도 내일 따라 죽을 거예요."

"야, 명숙아 불길한 소리 하지 마. 내일 죽다니! 나는 백 살 넘어 살 거니까. 수행 열심히 하면 오래 살 수 있거든!"

"그래도 죽기는 죽잖아요!"

"백 살이면 우리 형님처럼 도를 깨우친 뒤니까 죽어도 죽는 것이 아니지."

"어머 그래요? 죽는데 왜 죽는 것이 아니에요?"

"우리 형님이 말씀하셨어. 죽는 것은 육신의 지수화풍地水火風이 흩어지는 것이고, 영혼은 불멸한다고… 그걸 깨우치는 게 중요해."

"한성민 선생님 말씀이면 정말이겠네요? 그럼 나도 이제부터 수행 열심히 해야지! 영혼이 불멸한다는 건 모르겠고, 아무튼 수행하면 오래 산다니까 나도 열심히 할 거예요. 철민 씨 혼자 오래 살고 나만 먼저 죽으면 억울하니까."

"그래 그래… 열심히 해서 너랑 나랑 천년만년 살아보기로 하고, 이제 그만 내려가자. 오늘은 일찍 서울 가서 형님 뵐 일이 있어."

강철호는 이명숙의 말이 감동스러웠으나 겉으로는 대수롭지 않은 듯 덤벙덤벙 말하며 손을 잡아끌었다. 산을 내려오면서는 좁은 길이라 그녀의 손을 놓고 뒤따랐다. 그리고 몇 발자국을 걷자 문득 한성민이 들려주던 말이 떠올라 그 생각을 하면서 천천히 발걸음을 옮겼다.

　사람의 몸은 죽어도 죽지 않는 불멸의 삶은 혼백이 하나가 되는 것이다. 그리고 태어나기 이전에는 혼백이 갈라지지 않고 하나로 묶여 있어서 순진무구함이 지극해 죽음을 모르는 것이라 하였다.

　그러나 태어나는 순간 혼백이 둘로 갈라지고 만다. 그리고 혼은 정신을 주관하고, 백은 눈, 귀, 코, 혀, 피부 등 오관을 주관한다. 그래서 듣고 냄새 맡고 맛보고 촉감에 의한 육신의 욕망이 죽음으로 끌고 간다 하였다.

　그러므로 수행으로 백을 돌이켜서 혼과 합일시키면 태어남 이전의 '나'로 돌아가므로 도를 얻어 죽음도 삶도 없음을 안다며 수행의 덕을 거듭 강조했었다.

　맞는 말일지는 모르지만 강철호는 그럴 자신도 없고 그러고 싶지도 않았다. 혼백을 일치시킬 만큼 수행의 정점에 도달할 자신도 없을 뿐더러 설사 그리될만한 근기가 있다 해도 아직은 세상에서 할 일이 너무 많았다. 오직 무술을 최고의 경지까지 끌어올리는 한편, 국내외에 수백 아니 수천 개의 지부를 개설하는 것이 더 중요했다. 그리고 나서 늙음이 오면 유유자적하면서 도전해도 늦지 않다고 생각했다.

강철호가 이명숙을 집에다 데려다 주고 수련원에 돌아왔을 때는 해질 녘이었다. 4층 집무실에 올라가기 바쁘게 사범들을 불러놓고 수련생들을 차질 없이 지도했는지 일일이 점검했다. 그런데 수석사범인 전이용이 보이지 않았다. 토요일 밤 수련을 주관할 차례인데 바쁜 일이 있다며 외출했다는 보고를 받았다. 웬만해서는 자리를 비우지 않는 매우 성실하고 책임감이 남다른 사람이라 무슨 급한 일이 있나 하고 걱정했다.

전이용은 수련원 내에서 강철호에게 가장 충성을 다하는 인물이었다. 비단 사범들뿐만 아니라 강철호가 알고 있는 수많은 사람들 중에 그만큼 충성심이 뛰어난 인물은 없었다. 그래서 남다르게 총애하는 데다 수련원 일을 전부 맡기다시피 해온 터였다. 그런데도 수련원을 비웠다면 피치 못할 다급한 사정이 있을 것이라 짐작만 하고 전이용을 대신해서 수련을 지도한 소진수 사범에게 물었다.

"전 사범이 급한 사정을 말하지 않았어?"

"아무 말 하지 않고 급한 일이 있다며 그냥 나갔는데요?"

"그래? 그 참! 사정을 말하지 않고 자리를 비울 사람이 아닌데…?"

"말 못할 사정이 있겠지요. 이따가 들어오면 물어보겠습니다."

소진수가 퉁명스럽게 대답했다. 표정으로 보아서는 꼴같잖다는 기색이 역력해서 전이용에 대한 불만이 여간 아님을 금방 알 수 있었다.

"짜식! 수석사범이 다급한 일이 생겨서 나갔는데 너는 걱정도 되지 않니?"

강철호가 곱지 않은 시선으로 핀잔을 주었다. 평소에도 전이용을 못마땅해 하는 소진수의 삐딱한 성질을 아는 터라 좀 노기도 섞은 어투였다. 그러나 내심은 그렇지가 않았다. 수련원을 위해서는 몸을 아끼지 않고 헌신하는 데다 강철호를 위해서는 물불을 가리지 않는 사람이었다. 다만 입바른 소릴 잘 해 가끔 속을 뒤집어 놓아서 그렇지 나무랄 데가 없었다.

"하여간 전 사범 들어오면 나한테 들르라 하고 너도 그 성질머리 좀 고쳐! 알았어?"

강철호가 소진수의 어깨를 툭 치며 좀 따끔하게 말하고는 뒤돌아서 한성민의 방으로 걸음을 놓았다.

"철호야, 너도 이제 왔니?"

사무실을 막 나서는데 강서영이 마주 들어오며 밝은 웃음으로 반겼다. 그 뒤로 등산에서 이제 돌아오는지 한성민이 배낭을 짊어지고 뒤따르고 있었다. 등산을 가도 늘 물병 하나만 달랑 들고 다니던 그가 배낭을 멘 모습을 보니 어딘지 어색하고 우스웠다.

"아니? 형님, 웬일세요? 배낭을 다 메시고?"

"애는! 선생님이 배낭 메신 거 처음 보니?"

강서영이 눈을 흘겼다가 재빨리 돌아서 배낭을 받아 대신 들었다.

"일찍 왔군! 나 샤워 좀 하고 올 테니 이따가 저녁 먹고 늦더라도 보자."

빙긋이 미소 지어 말한 그는 곧장 뒤돌아섰다.

"누님, 행복해 보이는데요? 드디어 꼭꼭 닫은 형님의 마음을 여셨네요."

"얘도… 나 집에 좀 다녀올 테니까 선생님 진지나 잘 챙겨드려. 근데 이명숙 씨는 같이 안 왔니?"

"형님 진지는 걱정하지 말고 다녀오세요. 명숙이는 집에 대려다 주고 왔어요."

"함께 오지 않고… 선생님이 너희 걱정 많이 하셨어. 전에 여자들이 자꾸 마음에 걸리시나 봐."

"신경쓸 것 없어요. 처음부터 수련을 목적으로 그런 것이고 걔들도 동의했는데 무슨 걱정이에요? 좋아서 결혼을 약속한 것도 아닌데."

강철호가 잘라 말했다. 그리고 그녀가 절뚝이는 걸음으로 엘리베이터를 타는 모습을 지켜보다가 방으로 들어가 곰곰이 그녀들의 육체를 떠올렸다. 전에는 몰랐는데 돌이켜 생각해 보니 이상하게도 벌거벗은 그녀들의 모습이 추하게 느껴져 못 볼 것을 본 것처럼 끔찍했다. 얼굴은 하나같이 미인이라 할만 했다. 그러나 엉킨 잡초처럼 고르지 못한 음모며 볼품없이 아래로 찢어진 그 모양이 혐오스럽게 기억돼 탄트라수행이랍시고 정신없이 그녀들과 놀아난 것이 후회가 막급이었다.

거기다가 길정숙과 김갑숙은 뻔뻔스럽고, 한문옥은 잘 생기고 육체는 풍만해도 이명숙처럼 다소곳하지 않았다. 경험 많은 여자 뺨칠 정도로 강한 색성으로 덤벼들던 모습은 진저리가 쳐지게 환멸스러웠다. 하지만 어차피 저지른 일이었다. 돌이킬 수는 없다 해도 꿈속에서라도 그녀들의 추한 모습을 깨끗이 지워내고 싶었다.

　한편 한성민은 샤워를 마치고 자원봉사자들 중에서 한 중년 여인이 지어준 저녁식사를 하자마자 습관대로 곧장 뒷산으로 산책을 나갔다. 늦가을 밤바람이 스산하기는 해도 거리에 소복소복 쌓인 은행잎을 밟고 걸으니 저절로 시상에 젖어들었다. 하지만 도취된 아름다움을 표현할 만한 싯구가 얼른 생각나지 않아서 그저 한발 한발 황금빛 낙엽을 밟고 걷기만 하였다.
　그러다가 은행잎이 쌓인 거리가 끊어진 산자락에 올라 어둑해진 숲속길을 걸으면서 밟히는 낙엽소리가 천지의 도를 생각나게 하였다. 걸음을 멈추고 어둠 속에 잠든 숲을 둘러보니 기후를 변화시켜서 만물을 생로병사의 윤회법칙으로 변화시키는 무위한 도의 자취를 느낄 수 있었다.

　억만 별들을 품에 안은 끝없는 하늘의 도는 그 문을 열어 봄의 기운을 내려서 만물을 태어나게 하고, 여름에 길러서 가을에 문을 닫기 시작해 만물을 시들게 한다. 그리고 겨울에 문을 꼭꼭 닫아서 생명을 거두어 가지만 소리도 색깔도 없어서 그 모양도 성질도 알 수가 없다. 그리고 만물을 낳아 길러줌에도 소유하지 않고 죽어도 슬퍼하지 않으니 실로 천지는 냉정하다. 그러나 불멸하는 도가 넋을 끌어안고 혼으로 자유자재하여 생로병사를 윤회시키기 때문에 천하가 그래서 존재하는 것이리라!
　한성민은 무위하게 불멸하는 도를 생각하자 한숨이 절로 나왔다.

아직 혼백을 온전하게 하나로 묶지 못한 자신의 근기와 업의 그림자가 고뇌를 더했다. 만 가지 이치를 지식으로 다 깨우치기는 했어도 이치 그 자체가 될 수 없으니 앎은 앎이 아니라 물거품 같은 것. 그림자만 보고 형상을 말할 뿐 형상의 속을 모르기에 무지한 것이다. 무지하므로 아는 체하는 자신이 부끄러웠다. 진실한 앎은 안다는 의식조차 없다!

아, 도의 세계여!
알 듯도 하고 모를 듯도 하구나.
잡힐 듯 아른거려 달려가 보면
산 너머 찬란한 오색무지개!

한성민은 그렇게 중얼거렸다. 그리고 문득 사람들 앞에서 아는 체하고, 거짓 없이 진실한 사람처럼 생각하고 언행을 한 것은 아닌지 자문했다. 완전한 깨달음으로 무위의 도를 실천하지 못하면서 성인의 흉내나 내고, 함부로 짖는 개처럼 장광설을 늘어놓았다면 궤변으로 인기몰이나 하면서 제 욕심만 채우는 자들과 다름이 없으리라!

그리 생각한 그는 다시 한번 마음을 추슬러서 더욱 겸허해지리라 다짐하였다. 그리고 왔던 길을 되짚어 느릿느릿 걸음을 옮겼다. 밤바람이 차기는 해도 느낌은 시원하고 발걸음도 가벼웠다. 그래서인지 시상이 절로 떠올라 생각나는 대로 지어 읊었다.

도는 때맞춰 생육하고 기르건만
소유도 주재도 하지 않으니
성인이 할 바라 몸을 숨기는데
개 짖는 소리가 천하를 진동하네.
추함은 아름다움, 아름다움은
추함이 반영한 거울이라
앎은 모름의 허깨비 같은 것
그 앎 때문에 모름이 드러난다.

천하에 사랑 노래 가득하네.
미움과 증오의 반영인 것을
아는 체 웅변으로 외치는 자
거짓의 본색을 드러냄이라.

이익에 눈 먼 욕망의 개소리여
장엄한 성전과 건물에 앉아
감동의 위선언행 그쳐야 하느니
그대도 중생도 죄옥에 끌려가리라.

사람들이여 지혜로 깨어나오.
도금한 반지에 미혹되지 말고
바르게 보고 바르게 느껴서
거짓과 진실을 바르게 판단하소서.

한성민이 산책에서 돌아와 보니 강서영이 무언가 열심히 이야기하는 소리에 귀를 기울이고 있었다. 그가 헛기침으로 기척을 내고 들어가 자리에 앉자마자 강철호가 싱글빙글 웃음지며 농이 다분한 말을 걸었다.

"형님, 요즘 안색이 밝아 보이십니다."

"그래? 자네도 좋아 보이는군! 이명숙이란 아가씨와 내년 봄에 결혼한다지?"

"예, 그럴 겁니다."

"한문옥이란 아가씨와는 정리가 잘 되었겠지?"

"정리하고 말고가 있습니까? 명숙이 만나서 저의 의사를 분명히 전달했으니까요. 걔도 알아들었는지 별 말없이 수긍하더라고요!"

"그래도 여자의 마음은 그렇지가 않아. 너는 몰라서 그렇지 그동안 한문옥이 너의 주위를 얼마나 맴돌았는지 아니? 울기도 많이 울고… 참 안 됐어!"

강서영이 핀잔을 주었다. 몸과 마음을 다 바친 여자의 눈물을 헤아리기는커녕 못 쓸 물건을 내다 버리듯 냉정하게 내친 강철호가 아무리 동생이라도 얄미웠다.

"누님, 걔 일시적인 마음이었을 거예요. 아마 지금쯤 다 잊었을 걸요. 그런 애들은 다 그러니까 마음 쓸 거 없어요. 그래서 수련원에도 안 나오잖아요."

강철호는 한문옥을 누구나 갖고 놀 수 있는 그런 여자로 취급하고 있었다. 그래서 미련은커녕 아무리 울고불고 해도 마음 아파할 것도 없다는 속내를 분명하게 내보였다.

　강서영은 그 말을 듣기 무섭게 벌컥 화가 났으나 꾹 참았다. 그리고 한순간 소름이 오싹 끼칠 만큼 냉혹한 동생이 무서웠다.

　한성민의 생각도 다르지 않았다. 강철호가 지독히 이기적이어서 자신에 반하는 것에 대해서는 무자비하게 냉혹해지는 성품을 익히 알고는 있었다. 충고를 귀담아 들을 사람도 아니었다. 그러나 그간 남다르게 정이 깊은 사이라 어떡하든 마음을 바르게 잡아주고 싶었다.

　"자네, 세 여자한테 모두 사랑한다는 말을 했겠지?"

　"아, 그거요? 그야…"

　"이 사람아! 사랑한다는 말을 일시적인 충동으로 했다 해도 헤어질 때는 남녀 모두 치명적인 마음의 상처가 되지 않겠나? 더욱이 여자는 사랑을 가장 소중하게 여기는 사랑의 화신이라 할 수 있어. 대우주의 '생육의 덕生育의 德. 사랑에 의해 낳고 기르고 베풀어 줌'이 무언가? 여자가 그 집합체일세. 그래서 여자의 사랑은 목숨 이상의 가치를 지닌 본능이라 할 수 있다."

　"어쩜 너는 아무 여자한테나 사랑한다는 말을 예사롭게 할 수 있니?"

　강서영이 그의 말을 듣다가 같은 여자로서 한문옥이 측은해 더 화가 나서 언성을 높였다. 그러자 강철호가 대뜸 불같이 성을 낸 얼굴로 대꾸했다.

　"누님, 그거 남자라면, 아니 여자도 마찬가지예요. 분위기 따라서 누구나 할 수 있어요. 요즘 안 그런 남자 여자 있으면 다 나와 보라고 그래요! 물론 형님이나 누님 같은 분은 빼고요. 보세요. 드라마든 뭐든 다 사랑타령이지! 진심이 있는 줄 아세요? 뭐랄까? 쓰레기통에서도 주울 수 있는 말이 사랑이에요. 사랑! 아시겠어요?"

"너는 무슨 말을 그렇게 하니? 남들이 그런다고 너도 그래야 하니? 지금 너의 신분을 생각해 봐! 얼마나 많은 사람들이 너를 존경하고 있니? 그런 네가 사랑을 아이들 불장난처럼 한다는 게 말이나 되니?"

강서영도 지지 않았다. 화를 누르지 않고 거침없이 쏘아붙였다. 그러고 나서도 화가 풀리지 않아서 더 심한 소리를 하려다가 그가 보는 앞이라 꾹 참았다. 하지만 할 말은 다해야겠다 싶어 목소리를 낮추어서 타이르듯 충고했다.

"철호야, 수련을 목적으로 한 너의 마음은 십분 이해해. 하지만 여자의 마음도 헤아려 주어야지. 아무리 동의를 구해서 서로 마음이 맞아서 그랬다 쳐도 여자는 정조가 중요해. 그래서 한 번 마음을 빼앗기면 그 남자로부터 쉽게 헤어나지 못하는 것이 여자야."

"아니 누님, 요새 세상에 여자가 정조를 중요하게 여겨요? 그거 누님 같은 분이나 하는 소리에요!"

강철호가 펄쩍 뛰며 이상하다는 표정을 지었다. 무슨 조선시대 아녀자들이나 하는 고리타분한 소리냐는 투였다. 그녀는 그 말을 듣고는 속으로 발끈했으나 그를 의식해서 내색하지 않았다. 그냥 상처받은 그녀들의 심정을 같은 여자의 입장에서 차분하게 말해주었다.

"김갑숙 씨와 한문옥 씨가 수련원에 나오지 않는 것도 알고 보면 심한 배신감 때문일 거야. 철민아, 길정숙 씨야 남편이 있으니까 그렇다 치더라도 김갑숙 씨와 한문옥 씨는 아니잖니? 김갑숙 씨는 젊은데다 혼자 된 지 겨우 일 년밖에 되지 않았고, 더구나 한문옥 씨는 미혼이니까 그 마음이 어떻겠어? 너의 말대로 정조를 귀하게 여기지 않는 세대라 해도 사랑이란 의미를 두고 생각해 봐. 얼마나 가슴이 아프겠어? 그리고 그 아픔이 증오심으로 변하게 될지 누가 아니?"

강철호는 차근차근 말해 주는 그녀의 말을 듣고는 그제야 뭔가 잘못 되면 어쩌나 하고 불안감이 좀 들기는 하였다.

"서영 씨, 이 사람 충분히 알아들었을 테니 너무 나무라지 말아요. 그리고 지나간 이야기를 해서 뭐 하겠소. 앞으로의 문제를 잘 생각해 보는 게 좋겠소."

한성민은 그녀의 말을 옳게 여기면서도 너무 다그쳐서 반항심이 발동할까 봐 심기를 건드리지 않을 생각으로 언쟁을 바꾸어 놓았다.

"네, 저도 그리 생각해요. 아무튼 철민아, 나는 그저 네가 걱정이 돼서 한 말이니까 이해해."

강서영은 분위기를 바꾸어 놓으려는 그의 뜻을 짐작하고 남매의 정을 담아 말했다.

"아니에요, 누님! 누님 말 듣고 보니 내가 좀 잘 못한 것 같소."

아이처럼 달래면 금방 달라지는 강철호였다. 그녀가 달래자 당당했던 아까와는 달리 기어들어가는 목소리로 잘못을 시인했다.

"자네가 깨우치고 있으니 원만하게 해결할 방도가 있겠지. 하지만 내가 우려하는 것은 느낌이 좋지가 않아서 걱정이야. 보통 진심이 아닌 사랑이 뒤집어지면 그 즉시 증오심이 들끓기 마련이지. 특히 사랑은 소유욕이 강해서 잃은 것에 대한 분노가 더 심해질 수도 있으니 말이네."

"설마하니 걔들이 그럴까요?"

"글쎄다. 자네는 섹스의 순간에 사랑한다는 말을 수없이 되풀이했을 테고, 그 소리를 들은 그녀들은 모르긴 해도 자네에 대한 소유욕이 강하게 작용했다는 생각이 드네. 그러니 잃은 것에 분노하고 증오가 지나쳐서 복수를 생각할 수도 있지 않을까, 나는 그것이 심히 우려스럽네."

"에이, 형님! 복수는 무슨! 설마 걔들이 그런 짓을? 아닐 거예요! 설사 그런 마음이 있다 해도 걔들이 뭘 어쩌겠어요?"

"그러나 만약을 생각해 보게. 할 말은 아니지만 세 여자의 관상을 보니 만만치가 않더군. 특히 길정숙 씨와 김갑숙 씨는 만만하게 볼 상대가 아니야. 오히려 한문옥 씨가 자신의 운명에 순응할 사람 같더군. 여하간 잘 생각해보고 보상도 고려해 보는 것이 좋을 것 같아."

"예? 한문옥이가 아니고 길정숙 씨와 김갑숙 씨한테요?

강서영이 놀라서 반문했다. 한문옥은 미혼이라서 그렇다손 치더라도 한 사람은 유부녀이고, 또 한 사람은 한 번 결혼한 경험이 있는 사람인데 굳이 보상해 줄 필요가 있을까 싶었다. 게다가 길정숙은 아무렇지도 않은 체하고 수련원에 나와서 전과 다름없이 수련에 열중하고 있었다. 그리고 김갑숙은 아예 소식을 끊고 있었으므로 유야무야 끝날 것이라 생각했었다.

그러나 그의 생각은 달랐다. 길정숙은 차라리 모습을 보이지 않았다면 한 가정의 주부로서 자숙하고 있을 것이라 생각했을 텐데, 내색하지 않고 태연히 나와서 수련하고 있는 속마음이 미심쩍어 영 마음이 놓이지 않았다. 그리고 김갑숙은 김갑숙대로 소식을 뚝 끊은 것이 마음에 걸렸다.

"옛말에 짖는 개는 물지 않는다더군. 정말 무는 개는 요란하게 짖지 않고 방심하는 사이에 가차없이 물어뜯는다 했어. 그녀들이 아무리 유부녀이고 미망인이라 하지만 여자는 여자이지. 여하간 나의 생각이 그러니 그녀들을 꼭 만나보게. 길정숙 씨는 다행히 수련원에 매일 나오니까 만나서 사과하고. 김갑숙 씨는 찾아가 봐. 못 배운 사람들도 아니고 주위에 체면도 있으니까 별다른 생각은 안하겠지."

"명심하겠습니다. 형님! 저의 생각이 짧았습니다. 그 여자들 만나서 용서를 구해보겠습니다."

강철호는 점점 심각성을 느끼면서 고개를 숙여 무겁게 대답했다. 단순한 만큼 솔직 담백한 기질이 강철호의 단점이자 장점이었다. 그래서 생각 없이 행동한 단순함이 문제의 씨앗을 싹틔웠던 것이다. 그것은 별장에 숨어든 괴 사나이가 강철호와 이명숙의 섹스 장면을 촬영해 감으로써 수면 위에 드러나고 말았다.

그리고 그 일로 인해 나중에 강철호로 하여금 내면의 무서운 본색을 충동질한 재앙의 폭발물이었다. 그리고 그 폭발물의 심지에 불이 붙기 시작한 때는 가을이 저문 뒤였다. 그는 그럴 가능성을 염려한 나머지 노자의 글귀를 떠올렸다.

　　"큰 원한은 화해를 해도 원한의 앙금이 남으니 어찌 편안하게 살 수 있으며, 좋은 일이라 할 수 있겠는가? 성인은 받을 사람한테 받을 것을 간직한 채 책임을 묻지 않는다. 덕이 있으면 받을 것을 지니고만 있고, 덕이 없으면 받으려고만 한다."

　　하는 말이었다. 그러기에 그녀들이 성인이 아닌 다음에야 언제든 원한의 앙금을 씻어내려 하지 않을까 저어했다.

3장

욕심으로 천하를 취하려 하는 자
절대로 취할 수 없음을 안다
천하는 신령한 그릇이라!

사람이 하는 짓을 보면
하늘 마음을 안다.

깨어난 악마의 자식들

낙엽이 지는가 싶더니 곧바로 겨울이 성큼 다가왔다. 가로수 가지 끝에 대롱대롱 매달린 잎사귀 몇 개가 거리를 휩쓰는 삭막한 바람에 휘날리는데 눈발까지 풀풀 흩날렸다. 거기다가 간밤에는 비까지 내려서 거리도 질펀했다. 강서영은 이런 길을 절뚝이며 걷기가 불편했으나 강철호가 앞서서 고른 땅을 밟도록 이끌어 주어 신발을 적시지는 않았다.

"한문옥이 웬일일까? 그렇게도 네가 만나자고 연락해도 꿈쩍도 않던 애가 갑자기 만나자고 전화한 게 이상해."

강서영이 좀 마른 땅을 편하게 걸을 때 줄곧 생각해 왔던 말을 꺼냈다. 뜻밖에 한문옥으로부터 만나자는 연락을 받은 강철호가 곧장 달려와 의논해서 이것저것 생각할 여유도 없이 서둘러서 무작정 나선 길이었다.

"글쎄요… 설마 무슨 일이야 있겠어요!"

강철호도 미심쩍기는 마찬가지였다. 한성민으로부터 많은 이야기를 듣고는 이래서는 안 되겠다 싶어 한문옥과 김갑숙한테 여러 차례 만나자고 전화를 했으나 그녀들은 냉담하게 거절했었다. 그런데 느닷없이 한문옥이 먼저 만나자고 연락한 것을 보면 무언가 꿍꿍이속이 있을 것 같은데 그것이 무엇인지 짐작이 가지를 않았다.

그리고 길정숙은 여전히 하루도 빠짐없이 수련원에 나오고 있었다. 그러나 여러 차례 만나자 해도 바쁘다는 핑계로 도망치듯 수련원을 빠져나가곤 해서 영 마음이 찜찜하던 참이라 좀 불안하기는 하였다.

강철호가 이런저런 생각을 굴리며 걷다 보니 오는 줄도 모르게 약속장소인 C호텔에 도착했다. 커피숍은 아침나절인데도 붐볐다. 가운데 자리는 여러 사람들이 마주앉아 이야기에 열중인데 한문옥은 얼른 눈에 띄지 않았다.

"누님, 문옥이 저기에 앉아 있네요."

강철호가 한 사람, 한 사람 둘러보다가 창가 구석진 자리에 혼자 앉아 있는 한문옥을 발견했다. 코트깃을 세우고 긴 머리를 어깨까지 늘어뜨린 그녀의 모습은 여전히 아름다웠다. 강서영이 빠른 걸음으로 다가가 먼저 인사하자 그녀는 앉은 채 고개만 까닥하고는 눈을 맞추지도 않았다. 강철호는 멀찍이 서서 혹 한문옥이 힘깨나 쓰는 사내들을 데리고 왔는지 본능적으로 주위를 살펴보다가 아무도 없음을 확인한 뒤에 어깨를 쭉 펴고 느릿느릿 자리에 가서 앉았다.

그리고 오랜만이다 하고 좀 다정스럽게 말했다. 그러나 한문옥은 거들떠 보거나 들은 체도 하지 않았다. 오히려 거북스럽고 성나고 불쾌한 속내를 한꺼번에 띤 채 눈길을 딴 곳으로 돌렸다. 강철호는 딴죽을 거는 한문옥이 볼썽사나워서 왈칵 성이 치솟아 얼굴이 벌겋게 달아올랐다. 여차하면 앞뒤 가리지 않고 불같이 성미를 부릴 태세였다. 강서영은 강철호의 그런 성질 때문에 일을 망칠까 봐 따라 나온 터라 즉시 분위기를 바꿨다.

"문옥 씨, 우리 차 시켜요. 뭘 드실래요?"

"커피요!"

한문옥은 화난 표정 그대로 냉담하게 대답했다. 순간 심보가 더 뒤틀린 강철호가 버럭 터져 나오는 성질을 겨우 꾹꾹 누르며 한문옥을 잡아먹을 듯이 매서운 눈초리로 노려보았다. 한 마디만 더 불쾌한 언동이 나오면 주먹이라도 날릴 심산인 듯 험악했다. 그런데도 한문옥은 겁없이 독기어린 눈빛을 번쩍이며 강철호를 똑바로 노려보았다. 금방이라도 비수같이 날카로운 말을 쏟아낼 것 같았다.

심상찮은 분위기를 감지한 강서영이 재빨리 곁에 앉은 강철호의 허벅지를 살짝 꼬집었다. 그리고 사람 많은 곳에서 언성을 높이면 실례가 되니 마음을 가라앉히고 좋은 이야기를 하자며 한문옥을 달랬다. 그런 중에 때맞추어 차를 나르는 아가씨가 다가와 상냥하게 주문을 청하는 바람에 둘 다 날카롭게 서로 쏘아보던 눈길을 거두어 들였다.

"어쨌건 미안하게 됐다."

잠시 후, 아가씨가 가져온 커피 잔을 들고 후룩후룩 몇 모금 마시며 성을 가라앉힌 강철호가 한문옥을 쏘아보던 눈길을 거두고 다소 부드러운 음성으로 사과했다. 하지만 속으로는 저도 좋아서 같이 즐겼는데 미안할 게 뭐 있나 하였다. 그리고 왜 만나자고 했는지 의구심이 들끓었으나 한문옥이 먼저 말할 때까지 애서 참았다.

강서영은 동생이 먼저 사과의 말을 꺼내자 이때다 싶어 즉시 말했다.

"그래요, 문옥 씨, 우리 철호가 잘못했다고 하니 좋은 마음으로 용서하세요."

"아뇨! 잘못은요? 늘 당당한 사람이잖아요. 그런 말씀 마세요!"

한문옥은 아직 누그러지지 않은 표정에다 비꼬는 어투로 앙큼스럽게 말했다. 그리고 주저하지 않고 손가방을 활짝 열더니 두툼하게 부푼 하얀 봉지 하나를 꺼내 탁자 위에 휙 던져놓았다. 여러 장의 사진임을 금방 알 수 있는 봉지였다.

"이게 뭐예요?"

강서영은 무슨 사진인지 의아해 다급히 봉지를 열어 꺼냈다. 그리고 사진을 보는 순간 기겁을 해 몸이 얼어붙고 정신이 멍해서 할말을 잃었다. 그러나 강철호는 달랐다. 사진을 힐끗 쳐다보기 무섭게 찢어질 듯 부릅뜬 눈으로 덥석 사진을 집어 빠르게 한 장 한 장 넘겨보았다. 그러는 두 손은 부들부들 떨리고 분기를 못 참은 눈빛은 살기가 번뜩였다. 사진은 모두 이명숙과의 적나라한 섹스 장면들이었다.

"더럽고 추잡한!"

한문옥은 내 뱉듯 말하며 치를 떨었다. 사진에서 뒤돌아 본 자신의 섹스행위가 연상돼 추잡하게 생각되었는지, 아니면 질투심에서 그런 것인지 모를 말이었다.

"야, 너! 이거 네가 한 짓이야?"

강철호가 드디어 끓던 분기가 탱천해 커피숍이 쩌렁쩌렁 울렸다. 마주 앉아 이야기에 열중인 사람들의 시선이 일제히 강철호를 향했다. 그러자 찻잔을 나르는 아가씨가 종종걸음으로 빠르게 달려와 조용히 해주었으면 좋겠다며 상냥하게 충고하고 돌아갔다.

"애, 목소리 좀 낮춰!"

강서영이 다급히 강철호를 제지하고는 한문옥을 바라보았다. 아까보다 더 차디찬 냉기가 서린 얼굴에 경멸의 빛이 역력했다.

"왜 말 못해? 네가 한 짓이야?"

강철호는 말보다 먼저 불끈 쥔 두 주먹을 탁자 위에 위협적으로 올려놓았다. 그리고 목소리를 낮추기는 해도 폭발하는 분기를 못 가눠 심한 떨림으로 다그쳤다.

"흥! 내가 찍었다고? 그럼 그랬으면 어쩔 건데? 나를 죽일 거야? 어디 한 번 죽여 봐!"

한문옥도 지지 않고 대들었다. 눈을 똑바로 뜨고 분노의 빛으로 노려 보았다. 그리고 정말 때려보란 듯이 얼굴을 내밀었다.

다급해진 강서영이 급히 일어나 한문옥 곁으로 자리를 옮겨 앉았다. 그리고 한문옥의 어깨를 어루만지며 참으라고 다독였다. 강철호를 향해서는 한문옥의 이야기를 먼저 들어보자며 마음을 진정시켰다.

"언니, 내가 이런 비겁한 짓은 죽어도 안 해요! 그리고 이 사람을 그렇게 증오할 만큼 좋아하지도 않아요. 그럴 가치도 없고요!"

"그럼 누가?"

강서영이 의아해 반문했다.

"몰라요! 누가 이런 짓을 했는지. 누가 우리 집으로 우편으로 보냈어요. 누군가 복수하자고 이런 짓 한 게 아니겠어요? 하지만 나는 그럴 마음도 없고 자신도 없어요. 그리고 그럴 가치도 못 느꼈고요!"

한문옥이 가증스럽다는 표정으로 또박또박 말했다. 강철호가 자신을 버리고 이명숙과 별장으로 가고 있다는 사실을 눈치챘을 때만 해도 죽고 싶을 만큼 괴로운 가슴앓이로 불면증에 시달리며 여러 밤을 지새웠었다. 그러면서도 언젠가는 이명숙을 버리고 자신에게 돌아올 것이라 믿고 싶었다. 아니 믿었다. 미모, 학벌, 가정환경 그 모든 것이 이명숙보다 낫다는 자신감 때문이었다.

그러나 기다려도 기다려도 강철호는 돌아올 기미를 보이기는커녕 아예 눈길조차 주지 않았다. 아무리 딴 여자가 생겼기로서니 조금이라도 양심이 있는 사람이라면 한때나마 사랑했던 자신에게 그렇게 냉담할 수는 없었다. 그렇다고 둘 사이에 문제가 있어서 정식으로 헤어진 것도 아닌데 일언반구 미안함도 없이 어느 날 문득 칼로 무 베듯 자신을 버린 그가 사람의 탈을 쓴 냉혈동물보다 더 냉혹하고 비열한 인간이라 생각했다.

그렇게 결론을 내리자 그런 인간과의 수없는 섹스가 불결해서 피부가 벗겨지도록 몸을 닦아내었다. 그런데 시간이 좀 지나면서 이상하리만치 증오도 추함도 조금씩 누그러들어 겨우 마음을 잡아갈 즈음이었다. 난데없이 날아온 뜻밖의 사진을 보고는 심장이 멎을 듯 더럽고 치욕스러워서 조각조각 찢어서 불태워 없애려 하였다.

그러나 문득 사진들을 강철호에게 보여주면 길길이 날뛰고 괴로워하고 무서워하는 꼬락서니가 불을 보듯 뻔해 회심의 미소를 지었다. 강철호의 그런 모양을 즐기며 쾌재를 부르고 싶어져 곧바로 만나자고 연락을 했던 것이다.

아니나 다를까 생각대로였다. 그런데 막상 강철호가 하는 꼴을 보자, 빈정거리며 즐기려던 생각보다 식었던 증오심이 되살아나서 앙칼진 말밖에 나오지 않았다.

강서영은 한문옥이 극구 부인하자 내심 길정숙과 김갑숙을 떠올리고는 단도직입적으로 두 여자를 거론하지 않고 누가 그랬을까 하고 미심쩍은 눈치를 보였다. 그러자 한문옥이 당연하다는 듯 빈정거리며 응답했다.

"길정숙 아니면 김갑숙이 아니겠어요?"

"야! 너 함부로 모함하지 마! 그 사람들은 너와는 차원이 달라!"

강철호이 또 버럭 소릴 질렀다.

"차원? 이봐요! 그 여자들이랑 차원이 뭐가 다른데?"

한문옥은 자존심이 상해서 씩씩거리며 맞받아 대들었다. 이러다가는 곧 크게 싸움이 일어날 것 같았다. 그녀가 재빨리 말을 그렇게 하는 것이 아니라며 강철호를 심하게 나무래서 한문옥 편에 서서 역성을 들어주었다.

"철민아, 문옥 씨 말에도 일리가 있어. 알 수 없잖아."

"누님, 그 여자들은 유부녀예요! 유부녀! 나이도 많고. 그런 여자들이 왜 그런 짓을 해요? 그리고 봉투에 적힌 이름과 주소도 다르잖아요?"

강철호는 그래도 의심을 거두지 않고 편지봉투에 적힌 이름과 주소를 손가락으로 탕탕 짚으며 따지듯 했다. 강철호는 두 여자일 리가 없다고 확신하고 있었다. 길정숙은 유부녀이고, 김갑숙은 미망인인데다가 둘 다 몇 살 연상이어서 자신과 결혼할 처지가 아니란 걸 그녀들 스스로가 알기 때문에 그런 짓을 했을 리가 만무하다고 생각했다. 그러니 한문옥을 의심할 수밖에 없었다.

"보낸 사람이 내 이름이에요? 주소도 우리 집 주소고."

"그야 모르지. 일부러 엉터리로 적어서 아무 우체국에서나 보냈는지 누가 알아!"

"나 참 기가 막혀! 그럼 맘대로 생각해요! 내가 그랬으면 어쩔 건데?"

한문옥은 어이없어 하다가 돌연 태도를 바꾸어 매섭게 대들었다.

"철호야, 넌 자꾸 왜 그러니? 설마 문옥 씨가 그래놓고 만나자고 했겠어? 전에 선생님도 그러셨잖아. 두 여자가 의심된다고. 벌써 잊었어? 무는 개는 짖지 않는다며 말없는 사람일수록 주의하라고. 아무튼 여기서 말다툼하고 있을 때가 아니야. 속히 이 사진 출처를 찾아내서 필름을 회수해야 해! 그리고 문옥 씨, 나는 문옥 씨를 믿어요. 어쩌면 문옥 씨가 한 말이 맞을지도 몰라요. 아마 그럴 거예요. 내가 그리 믿으니까 이제 화를 푸세요. 네!"

강서영이 강철호를 크게 나무라고는 한문옥을 다독였다. 그러나 한문옥은 분이 풀리지 않은 모양이었다. 벌겋게 달아오른 얼굴에 눈물까지 펑펑 쏟아내며 울먹이며 말했다.

"언니, 나 이 사람 용서 못해요! 언니 때문에 참으려고 했는데 안 되겠어요. 보신대로 나를 천한 여자로 보잖아요. 그러니까 지금부터 천하게 할 테니까 그리 아세요?"

"야, 네가 가만 안 있으면 어쩔 건데?"

"어쩌긴? 혼인빙자로 감옥에 쳐 넣어야지!"

한문옥은 이제 막가는 태도였다. 강철호는 그 말을 듣기가 무섭게 자리를 박차고 일어나 이 씨이-팔년! 하고는 내가 언제 너와 결혼하자고 했느냐며 주먹을 치켜들었다.

"안 돼, 철민아!"

강서영이 다급히 외치며 일어나 한문옥 앞을 가로막아 섰다. 하지만 한문옥은 조금도 두려워하지 않고 죽일 테면 죽여보라며 악을 쓰고 대들었다. 주변 사람들의 경멸의 눈초리가 그들을 향해 한꺼번에 쏟아지고, 여태 못 본 체하던 일하는 아가씨가 둘이나 달려와서 소란을 피울 거면 나가라며 싸늘하게 질타했다. 그녀가 나서서 무마하지 않았다면 정말 쫓겨날 형세였다. 강철호와 한문옥은 그제야 체면이 말이 아니다 싶어 제 자리에 앉았다.

"철호야, 네가 문옥 씨한테 사랑한다고 했잖아! 결혼하겠다는 말과 뭐가 달라? 나라면 그렇게 알아들었을 거야! 그리고 문옥 씨도 그런 말 함부로 하는 거 아니에요! 결혼을 전제로 사귄 것도 아니고 수행을 목적으로 한다는 말에 동의하지 않았어요? 잘잘못을 따지지 말고 어차피 지나간 일인데 앞으로의 일이나 얘기해요. 어쨌거나 우리 철호가 남자니까 보상을 하긴 해야겠지요."

강서영은 둘 다 싸잡아 비판했다. 그리고 보상 이야기를 해 한문옥의 마음을 진정시켰다.

사람의 감정은 업의 발동으로 육신의 욕망에 의한 것이므로 시간이 지나면 물거품처럼 가라앉는 일시적인 현상이다.

뿐만 아니라 사람의 내면은 언제나 측은지심이 자생력이 있어서 아무리 격한 감정도 측은지심 앞에서는 고개를 숙이고 본성에 회귀하기 마련인 것이다,

그리고 육신의 욕망은 육신 자체가 물질이므로 감정은 물질적 소유욕의 발로이다. 그러므로 물질을 충족시키면 어떤 증오와 분노도 사라진다 하였다.

한성민이 해준 그 말을 기억한 강서영은 즉시 한문옥을 보상이라는 말로 설득하는 데 주력했다. 한문옥은 비록 홧김에 대놓고 고소하겠다고 엄포를 놓았지만 정말로 그럴 생각을 한 것은 아니었다. 강철호가 자신을 거리의 여자쯤으로 비하하는 데 울컥해서 한 말이라 그녀의 설득에 곧 마음을 가라앉혔다.

강철호는 보상문제는 이미 염두에 두고 있어서 화만 냈지 그녀

가 하는 말에 딴죽을 걸지는 않았다. 한문옥도 못이긴 체하고 그녀의 말을 받아들여 적절한 금액으로 합의했다. 그러고 나서 한문옥은 두 번 세 번 자신은 절대로 사진을 찍지 않았다며 극구 부인했다. 그리고 분명히 길정숙과 김갑숙 둘 중 하나일 것이라고 단정했다.

강철호는 그제야 한문옥의 말이 진정성이 있어 보여서 오해는 풀었다. 그러나 두 여자 중 하나가 확실해지자 그들이 무슨 짓을 할지 몰라 걱정이 이만저만이 아니었다. 그리고 불같은 분노가 부글부글 치밀어 누군지 알면 당장 달려가 요절이라도 내고 싶었다.

오전에 풀풀 흩날리던 진눈개비가 그치는가 싶더니 오후 들어서 목화송이 같은 함박눈이 펑펑 쏟아져 내렸다. 날씨가 그래서인지 수련장도 밝지가 않았다. 평소 같으면 구석진 곳까지 빈틈없이 수련에 여념이 없던 사람들이 겨우 십여 명뿐이었다. 선도와 명상, 요가, 기공 모두를 다 가르치다 보니, 남녀 대여섯 명은 고요히 앉아 명상을 하고 있고, 다른 이들은 기공과 양생수련에 열심이었다. 그런데 한 여자만 유독 요가자세를 취하고 있어서 누군지 금방 알아볼 수 있었다.

40대 중반의 그 여자는 이진옥이라고 김갑숙과 절친한 관계였다. C호텔에서 한문옥과 헤어져 급히 수련장에 돌아온 강철호는 마침 수련중인 이진옥을 발견하고 그녀를 통해 우선 김갑숙의 동태를 들어보고 만날 수 있는 길을 모색하려 하였다.

그래서 소진수 사범을 시켜 이진옥을 자기 방으로 남모르게 불렀다. 그리고 수련이 잘 되느냐는 등 보아하니 몸이 유연하고 집중력이 뛰어났다는 둥 예의 칭찬을 한참 한 뒤에 부드러운 얼굴로 지나가는 말처럼 슬쩍 떠보았다.

"참! 요즘 김갑숙 씨가 소식이 없던데 어디 갔어요?"

"아닙니다. 늘 집에 있습니다. 요즘은 집에서 혼자 요가를 하나 봐요."

이진옥은 강철호의 칭찬에 마치 근엄한 성자로부터 말을 듣는 듯 황공해하며 대답했다.

"그래요? 하긴 오래 배웠으니까. 그래도 무언가 하는 일은 있을 텐데?"

"원장님, 갑숙이는 부자예요. 그저 아이들 열심히 키우고, 여행도 다니고, 하고 싶은 거 다 하고 사니까 재혼할 생각도 없나 봐요. 그런데 얼마 전까지는 우울증에 걸린 것 같더니 요즘은 아무렇지도 않아 보였어요. 저랑 같이 쇼핑도 하고 밥 먹으러도 다니고 재미나게 지내요."

이진옥은 신이 나서 묻지도 않는 말까지 다 했다. 강철호는 이진옥의 이 말 저 말을 다 분석해 봐도 김갑숙을 의심할 만한 대목은 없었다. 만약 김갑숙이 사진을 찍어 한문옥에게 보냈다면 아무리 절친한 친구라도 이진옥한테 그런 사실을 고백은 못했다 하여도 말이나 행동은 이상할 텐데 전혀 그렇지 않은 것으로 보아 김갑숙은 아닌 것 같았다.

그렇다면 의심이 가는 인물은 길정숙 뿐이었다. 그러고 보니 요 며칠째 길정숙의 얼굴이 보이지 않은 것이 이상하기는 했다. 하지만 아무리 생각해도 유부녀인 그녀가 설마하니 그런 짓을 했을 리는 없을 것 같아서 머리가 복잡했다.

도대체 누가 그런 짓을 했을까? 도무지 해답이 나오지 않았다. 그래서 일단 이진옥을 내보내고 곧바로 한성민의 방을 찾아갔다. 그는 강서영과 사진다발을 앞에 놓고 무언가를 골똘히 생각에 잠겨 있었다. 그리고 강철호가 방으로 들어오자 오래 기다렸는지 곧장 침중하게 말했다.

"어서 오게. 안 그래도 서영 씨와 자네 이야기를 하던 중이었다. 사진을 보니 내가 우려했던 것보다 더 심각해서 걱정하고 있었다."

"형님, 진작 형님 말씀을 들을 걸 죄송합니다. 걱정을 끼쳐드려서."

"어차피 지난 일이니까… 지금 당장 발등에 떨어진 불부터 꺼야지!"

"예, 이야길 들어보니까 김갑숙은 아닌 것 같습니다."

"그렇담 처음 내가 예상했던 대로군! 두 여자 중 하나가 틀림이 없을 테지, 아님 둘 다이거나. 아무튼 지금 당장 그 여자들을 찾아가 봐! 가서 용서를 빌고 어떡하든 필름을 속히 회수하는 것이 좋겠다!"

"설마하니 가정이 있는 그 여자들이 그랬겠어요?"

"무슨 소릴 하나? 그러니까 대놓고 질투를 할 수도 없었을 테고, 그리고 가정이 있건 없건 여자야! 사람의 속을 어떻게 알겠나?"

"그래, 철호야. 선생님 말씀이 맞는 것 같아. 이것저것 생각하지 말고 어서 나랑 그 여자 찾아가 보자 응?"

"잠깐만요 누님! 근데 요 며칠 그 여자가 보이지 않았어요. 길정숙이요!"

강철호는 의심은 해도 설마 그 여자가 그럴 리야 하고 생각했는데 왠지 가슴이 덜컥 내려앉았다. 그리고 온몸에 힘이 쭉 빠지면서 눈앞이 캄캄했다. 사실 세 여자 중에서 길정숙을 가장 믿었었다. 김갑숙과 한문옥의 관계를 뻔히 알면서도 이해해 주고 자신을 잊지는 말고 가끔 만나 주기만 하면 된다고까지 했던 여자였다. 그런 여자가 그런 짓을 했다니 도무지 믿어지지 않아서 세상이 무섭고 하늘이 무너지는 것 같았다.

강서영은 이것저것 생각할 것 없이 급히 사무실로 달려가 길정숙의 입회카드를 찾아내 전화부터 해보았다. 그러나 손전화는 꺼져 있었다. 다시 집으로 전화를 해보았으나 어린 여자아이가 전화를 받아 말했다. 엄마가 미국에서 공부하고 있는 오빠 만나러 며칠 전에 갔다며, 오래오래 있다가 온다 하였다.

"미국에 가요? 방학도 아닌데 왜 갑자기? 누님 그럼 그 여자가 틀림이 없을 것 같습니다!"

강철호는 그제야 확신했다. 누군가를 시켜서 그런 짓을 해놓고는 아닌 체하고 집을 비웠음이 틀림없었다.

"참으로 무서운 세상일세! 하지만 속단은 하지 말고 우선 김갑숙 씨라도 만나봐."

한성민은 탄식했다. 그리고 그녀를 돌아보며 책을 낭독하듯 가만가만 가르침을 내리듯 말했다.

"나무는 위로 솟아 오르려고만 하고, 지렁이는 더러운 흙속을 누비며, 범은 잡아먹을 거릴 노리고, 돼지는 먹을 것만 찾습니다. 사람은 인연을 찾아가서 한을 푸니, 도둑은 도둑의 인연을 찾아가서 도둑질을 하고, 사기꾼은 속일 인연을 찾아가서 속이며, 원한을 품은 자 갚을 인연을 찾아가 한을 풉니다."

".....!"

"오직 타고난 업의 발현이니 사람이 어찌 그 업에서 벗어나려 하지 않는지…! 다행히 사람은 만물의 영장이라 나쁜 인연을 찾아가는 마음의 문이 있는가 하면, 그 문을 닫아 걸어서 참 본성에 회귀시키고자 훈계하는 마음의 문도 있지요."

".....!"

"그러므로 참 본성의 문을 항상 열어놓으면 나쁜 인연을 찾아가서 죄를 짓지 않으니 이로써 운명은 바뀌는 것입니다. 그럼에도 대부분이 타고난 업의 인연을 버리지 못하니 탐욕, 성냄, 어리석음이 그 원인이지요."

".....!"

"철호 군! 내가 보기에 자네의 섹스수련은 색의 한을 푼 것이라 할 수 있네. 그리 보면, 세 여자도 마찬가지로 못다한 색의 업을 자네를 만나 푼 것이겠지. 그러나 그 한을 다 못 풀어서 업의 찌꺼기가 남은 사람은 정염의 불꽃을 삭이지 못해 증오와 복수심으로 바뀐 것이라 할 수 있다."

".....!"

"그러니 그 한을 풀어주어야 하는데, 그렇다고 다시 색으로는 풀

수는 없는 것, 그녀들의 마음의 문을 열 번이고 스무 번이고 두드려서 나쁜 업의 문을 닫도록 성심을 다해야 하네. 내 일찍이 자네의 사주를 본 적이 있네. 화가 미구에 폭풍처럼 밀어닥칠 것 같더군! 서둘러야 한다. 그리고 욱 하는 성미를 죽이고 빈 마음으로 진심을 다해 그녀들을 설득했으면 좋겠다."

"……!"

"사람의 마음은 태산이라도 움직일 수 있는 힘이 있네. 내가 진실하면 그 마음이 기어이 전해져서 상대방의 마음을 능히 움직일 수 있지. 오늘 내가 한 말 명심했다가 이후로는 욕심을 줄이고 수련원 일에 열중했으면 한다. 이제부터는 내가 알고 있는 수련법도 전수해 줄 테니까."

한성민은 할 말을 다하고 자리에서 일어섰다. 그리고 그의 말의 여운까지 새겨두려는 듯 아직 다소곳이 귀를 기울이고 있는 그들을 남겨두고 밖으로 나왔다. 그리고 마음이 번잡하면 늘 하던 버릇대로 뒷산으로 향했다.

산을 오르는 오솔길에 소복소복 쌓인 눈이 신발을 덮었으나 아무도 밟지 않는 길을 걸으니 마음이 새로워 성큼성큼 발을 내디뎠다. 그러나 숲을 하얗게 덮은 눈꽃을 바라보며 생각에 잠겼다.

사람이 하는 짓을 보면 하늘 마음을 안다고 했으니, 강철호를 둘러싸고 벌어지고 있는 일연의 사태가 비단 강철호 한 사람만의 일은 아니라는 생각이 들었다. 강철호처럼 수십 억 인간들이 지구상에서 업의 인연을 찾아가 그 한을 풀고자 한풀이 한마당이 펼쳐지고 있는 만큼 머지 않아서 무위한 하늘이 무위하게 그 한을 품었다가 무위하게 되돌려서 재앙을 내릴 것이라 확신했다. 거기에 참 신의 분노까지 더해서!

그리고 그 재앙은 인류를 총이란 무기를 만들어서 약소국의 백성들을 무자비하게 죽이고 재산을 강탈해간 종족, 그리고 타락한 종족들에게 먼저 내릴 것이다.

그 다음은 허구의 신을 조작해서 남의 조상의 제사를 빼앗고, 가정을 파괴하며, 신의 이름으로 돈을 긁어모으는 자들이 재앙에 휩싸일 게 불을 보듯 하였다.

그리고 권력을 찾아가 권력의 한을 풀고 있는 위정자, 물질에 제정신을 잃은 자, 포악한 자, 불효한 자… 헤아릴 수 없이 많은 그런 자들이 재앙의 불더미에 던져질 것이다.

한성민은 명상의 깊음 속에서 무언으로 전해오는 하늘의 소리를 들었기에 확신하고 있었다. 아니 지금 그런 조짐이 지구 곳곳에 나타나고 있다고 생각했다.

그것도 유럽에서부터 시작돼 점차 동양으로 확산될 것이니 그럴 날도 멀지 않았다는 생각이 들었다. 그러나 의로운 천문天門은 항시 열려 있으므로 의로운 사람은 하늘 기운이 보호해 살아남으리라!

그렇게 결론을 내린 그는 산 위에서 별처럼 반짝이는 불빛이 총총히 빛나는 집들을 바라보았다. 밤이 되면 벌이 찾아들고 낮이면 밖으로 나와 먹이를 찾다가 가지가지 일을 당하는 것처럼 거미줄 같이 엉기고 설킨 인연 속에서 내일을 모르고 살아가는 사람들이 측은해 마음이 아팠다.

"저 왔어요!"

그때 발자국소리도 듣지 못했는데 강서영의 목소리가 들려왔다. 그는 뜻밖이라 놀라움과 반가움에 빠른 걸음으로 다가가 그녀의 어깨를 한 팔로 감싸 안았다. 그리고 조심조심 서 있던 자리로 돌아와서는 미끄럽고 어두운 위험한 길을 왜 혼자 왔느냐며 나무랐다.

"눈이 하얗게 밝아서 길이 다 보이던 걸요. 미끄럽지도 않았고요. 어머, 눈꽃이 너무 너무 아름다워요!"

어둠을 작은 불빛처럼 밝히듯 하얀 치아를 들어내며 웃음으로 말한 그녀가 탄성을 자아냈다. 그리고 그의 허리를 한 팔로 둘러 안고는 잠시 행복해 하다가 걱정스럽게 말했다.

"우리 철호 어쩌면 좋아요?"

"좋은 일이 있으면 나쁜 일이 뒤따르고, 나쁜 일이 있으면 좋은 일이 뒤따르기 마련이니 너무 걱정하지 말고 지켜봅시다. 먹구름이 지나고 나면 태양이 떠오른다고 했으니."

"근데 참, 아까 철호한테 재앙이 미칠 거라 하셨는데 피할 방법은 없을까요?"

"글쎄… 이미 때가 늦은 것 같소. 여러 차례 주의를 주었는데도 워낙 운명 따위는 믿지 않는 사람이라 기어이 이리 되고 말았으니 어쩌겠소."

"그럼 어쩔 수 없겠군요. 하긴 사람은 다 그런 거 같아요. 무슨 일이든 잘 될 때는 운명이다 뭐다 믿지 않고 교만하다가, 재앙이 미치고 나서야 허둥거리며 신세를 한탄해요. 우리 철호같이!"

"철호 군이 지금은 급해서 자숙은 하지만 미구에 닥칠 재앙을 겪고 나서도 그 교만과 욕망을 버리지 않으면 더 큰 재앙에 휩싸일 텐데 걱정이오."

"네 에? 지금 벌을 받는 것은 이미 저지른 일이라 어쩔 수 없다 하더라도 앞으로도 그럴까요?"

강서영이 놀라고 의아해 하였다. 그러나 그는 아무 대답도 하지 않았다. 그저 수시로 충고해서 강철호가 더 이상 과분한 욕망에 광분하지 않도록 곁에서 설득하자는 말만 하고는 그만 내려가자 하였다. 그녀는 강철호가 걱정돼 더 묻고 싶었으나 대답해 줄 것 같지가 않아서 말없이 그의 뒤를 따랐다.

수련원으로 돌아온 그는 생각하는 바가 있어서 강철호를 찾았다. 그러나 강철호는 외출하고 없었다. 여러 갈래로 수소문해서 김갑숙을 만나려고 애를 쓰다가 끝내 못 만났다며 분기가 탱천해서 씩씩대며 밤이 늦어서야 돌아왔다.

사진을 찍은 범인이 길정숙이라 확신하고도 강철호가 굳이 김갑숙을 만나려고 한 것은 그의 충고 때문이었다. 김갑숙이 비록 그런 짓을 하지 않았다 하더라도 여자가 한을 품으면 온 유월에도 찬 서리가 내린다는 옛말이 있다고 하였다.

그리고 그 저주의 마음 때문에 나중에 무슨 짓이든 할 수도 있고, 또 남자의 앞길이 막힌다며 어떡하든 김갑숙과 화해하라 해서 종일 발품을 팔았었다. 그러나 김갑숙은 요리조리 핑계를 대더니 나중에는 지방에 급한 일이 있어서 간다며 끝끝내 만나주지 않았다.

"할 수 없다. 자네가 마음으로라도 계속해서 그 여자에게 용서를 구하고 화해를 해보게. 진심으로 그러다 보면 그 마음이 기어이 상대방의 마음에 전해지기 마련이니 그 여자도 시간이 지나면 자연히 마음을 풀겠지."

한성민은 남녀 간에 사랑이란 이름으로 성관계를 맺었다가 한쪽의 배신으로 헤어지면 그 한이 골수에 맺힐 수도 있겠구나 싶어 속으로 탄식했다. 그래서 진심이 아닌 사랑의 이면에 도사리고 있는 증오를 다시 한번 실감하였다.

"형님, 너무 심려하지 마십시오! 명숙이와 서둘러 결혼식을 올리면 그만 아닙니까? 결혼했는데 저들이 뭐라겠어요?"

강철호는 자신이 미혼이라서 여자들이 더 집착하는 것이라 결론을 내리고 결혼으로 위기를 돌파할 결심이었다. 그런 뒤에는 이명숙도 알고 있는 터라 그깟 사진 몇 장으로 협박한다 해도 겁날 것이 없다고 생각했다. 그리고 그녀들과의 성관계가 수련생들에게 알려진다 해도 사전에 입막음을 하거나 때에 따라서는 매수를 해서라도 소문이 나지 않도록 단속을 잘 하면 될 것이라 믿었다.

"철호야, 잘 생각했다. 이명숙 씨 집안에서는 물론 반대가 없겠지? 결혼준비는 내가 작은어머니와 의논해서 다 알아서 할 테니까 걱정하지 말고 너는 사범들한테도 이야기해서 사진이 밖으로 나돌지 않도록 뒤처리나 잘 하면 돼."

강서영은 결혼이 가장 좋은 방법이라 생각하고 적극적으로 찬성했다. 그도 고개를 끄덕였다. 하지만 내심으로는 불안이 말끔히 거두어지지가 않았다. 강철호에게 이미 악운이 닥쳤는데 결혼이 그 재앙을 피해갈 수 있는 한 방법일 수도 있으나 과연 운명이 바뀌어질지는 의문이었다. 그렇다고 강 건너 불 보듯이 가만히 있을 수는 없고 직접 나서서 김갑숙과 길정숙을 찾아가 마음을 풀어주고 싶었다.

금년 겨울 들어 유달리 춥고 눈이 많이 내려서 지구 땅 곳곳에 재앙이 속출했다. 지진과 해일로 수십만 명이 목숨을 잃고 수많은 가옥과 건물이 파괴되었다. 그곳에서는 먹을 것이 없는 사람들이 살인강도로 돌변하고, 엄청난 추위 때문에 괴이한 독감이 유행해 인류는 공포에 떨어야 했다.

몇 해 날씨가 따뜻하다고 해서 지구온난화 운운하면서 마치 지구가 곧 멸망이라도 할 것처럼 공포심을 심어주던 사이비한들의 목소리도 잦아들기는 하였다. 그러나 돈을 버는 데 귀재인 그들은 온난화가 아닌 독한 추위를 기가 막히게 이용하였다. 독감에 괴상한 이름의 병명을 들고 나와 미디어를 통해 인류를 공포 속에 몰아넣었다. 그리고 미리 준비하고 있던 약을 때맞추어 재빨리 내놓아 엄청난 돈을 벌어들였다.

한성민은 연초에 이미 금년에 엄청난 추위가 몰려와서 지구온난화라는 말이 사라지는 대신 춥고 습한 날씨로 인해 위장병과 폐에 관련된 질환이 유행할 것이라 내다봤었다.

그리고 지진은 물론 큰 바람과 폭우가 쏟아져 세계를 덮칠 것이라 예상했다. 그래서 온갖 질병이 유행할 테지만 그보다는 자연재해로 인한 인류의 목숨이 얼마나 사라질지가 걱정이었다.

거기다가 나라마다 폭풍처럼 밀어닥칠 경제불황으로 전운이 감돌지나 않을지도 근심스럽고, 더욱이 세계의 중심축이라 열강들의 이해관계가 얽힐 수밖에 없는 대한민국에 무슨 일이 일어날지 걱정이 태산같았다.

새해가 밝자 그의 고심은 더 커졌다.

세계를 지배해 인류를 노예로 만들어버릴 속셈으로 대를 이어서 돈과 권력을 이용해 전쟁을 획책하는 '그림자 정부'라 하는 사악한 음모자들이 드디어 그 발톱을 드러냈다고 생각했다.

지구상의 모든 나라가 채권국은 단 하나도 없고 모두 채무국이니 왜 그런가? 돈줄을 거머쥐고 배후에서 권력자들을 조종하는 그들 음모자들의 짓이 아니던가? 거기다가 지구 재앙까지 겹치니 인류가 어디에 발붙이고 편히 살까?

노자가 말했다.

"장차 욕심으로 천하를 취하려 하는 자, 나는 절대로 취할 수 없음을 안다. 천하는 신령한 그릇이라 그렇게 취할 수가 없다. 천하를 취하려고 온갖 짓을 한다 해도 결국은 실패하고 패배자가 되고 말 것이다."

그러므로 그는 믿었다.

재앙을 내려 사악한 무리들을 벌할 신의 분노가 그들 음모자들을 최후에 가서 용서하지 않을 것이라고.

그러나 그렇다 하더라도 그들을 멸할 시기까지 사람들의 고통은 어떠할까? 만약 음모자들이 채무국들에게 돈으로 압력을 가해 식량 수출을 끊어버린다면 쌀 생산이 모자라는 나라는 결국 저들의 노예가 되고 말 것이 아니던가?

식량은 원자탄보다 무서운 것, 개발이라는 명분으로 더는 땅을 훼손하지 말아야 할 텐데 생각할수록 나라가 위태로웠다.

자고로 농자천하지대본農者天下之大本이라 하였으니, 농사를 지을 땅을 소중히 생각해야 하는데, 선진국 내지 문명이란 이름으로 물건 만들어 돈벌이 하는 데만 급급해서는 안 되는 것이다.

천억만 금이 있다 한들 먹을 것이 없으면 한 톨의 밀알보다 못한 것, 지금 대한민국의 쌀 생산량이 과연 전 국민이 먹을 만 할까? 아니다. 수입으로 쌀이 남아도니 그럴 것이라 착각들을 할 뿐이라 생각했다.

그리 생각한 그는 수심이 더욱 깊었다. 권력과 힘을 이용한 위정자들과 종교를 앞세운 사이비한들이 농자農者의 손에서 호미를 놓게 하고, 역사를 왜곡하여 민족의 자존을 허물어 버리면서 제 이익에만 광분하므로 어리석은 국민들이 얼마나 고통을 당하게 될지 개탄스러웠다.

그리고 그들을 본받아 나라 구석구석에서 혼란을 야기하는 욕망의 혼들은 또 얼마나 많은 사람을 괴롭히고 국고를 좀먹을지 걱정이 이만저만이 아니었다.

그런 의미에서 강철호도 예외는 아니었다.

난잡한 성관계를 저지른 불의에 상응한 벌을 받는다 하더라도 나중에 더 큰 욕망의 화신으로 변하지는 않을지 심히 미심쩍었다.

거기다가 보화와 권력에 발광하면 사악하기 마련이라 강철호가 그런 요소를 다 가지고 있다는 생각이 들었다.

그러므로 지금은 화급한 김에 자숙하는 빛을 보이지만 나중에 무슨 짓을 할지 그것이 걱정이었다.

　그래서 우선 강철호를 위해줌으로써 은혜를 입은 마음 때문이라도 충고를 잘 들게 해서 바른 길을 가도록 끊임없이 계도할 생각이었다. 그러나 아무래도 이번 일이 별 탈 없이 무사하고 원만하게 넘어갈 것 같지가 않았다.

　강서영을 통해 미국에서 돌아온 길정숙을 직접 만나려고 했으나 냉담한 반응만 되돌아왔다. 그리고 김갑숙 역시 그를 존경하지만 강철호의 일로 만나고 싶지는 않다고 끝내 거절해서 장차 처남이 될 사람을 위해 아무것도 해줄 수 없어 안타까웠다.

　1월 중순, 강철호는 서둘러서 설 보름 전에 이명숙과의 결혼날짜를 잡고 예식장까지 예약을 마쳤다. 그런데 한성민은 이때 하필 여동생 선희가 감기를 심하게 앓고 몸져누웠다는 연락을 받았다. 소식을 들은 그는 마음이 급했다. 선희의 작은 아픔은 자신의 큰 고통보다 더 견디기 힘든 괴로움이라 천만 가지 어려움이 있어도 다 제쳐두고 고향으로 내려가기로 결정하였다.

　강서영은 이참에 시누이 될 사람을 만나보고 싶다며 더 서둘러댔다. 그녀는 요즘 들어 마치 신혼의 아낙처럼 잠시라도 그의 곁에서 떨어져 있지 않으려했다. 식사며 빨래며 무엇이나 그에게 불편 없이 다 해주어야 마음을 놓고 집으로 돌아가 편히 잠자리에 들 수 있었다.

　강철호는 마음으로 의지하던 두 사람이 수련원을 비우자 가족을 잃은 것처럼 허전하고 외로웠다. 수련생들을 지도라도 해주고 싶었지만 그것도 마음이 내키지 않았다. 생각 끝에 수석사범 전이용에게 맡기고 뒷짐을 진 채 이곳저곳을 기웃기웃하다가 이명숙을 불러냈다. 그간 결혼준비하고 사진 때문에 잔뜩 신경이 날카로웠는데 오랜만에 이명숙과 별장에나 가서 하루 푹 쉬었다가 돌아올 생각이었다.

이명숙은 두말없이 따라나섰다.

강철호는 수련원을 떠나기 전에 남녀 사범들을 모아놓고 자신이 돌아올 때까지 일체 바깥출입을 금하고 숙식도 수련원에서 하면서 혹시 사진이 나도는지 잘 감시하라고 신신당부했다. 그리고 전이용을 따로 불러서 자신을 대신해 관리를 잘 하도록 특별히 당부하기를 잊지 않았다. 늘 충성스러운 전이용은 강철호의 분신처럼 행동해왔다. 자신을 위해서는 불속이라도 뛰어들 듯 몸을 사리지 않는 사람이라 어디에 갈 때는 꼭 전이용을 불러 수련원 일을 맡겨왔던 터였다. 그런데 요가를 지도하는 여자사범 셋과 기공 선도수행명상을 지도하는 남자 사범 둘은 전이용을 탐탁지 않게 생각하고 있었다. 강철호가 아끼는 수석사범이라 외견상 전이용에게 복종하는 체는 해도 마음으로는 항상 그를 비웃었다. 강철호 앞에서는 온갖 비위를 다 맞추어서 굽실대며 아부를 잘하지만 강철호가 없으면 위엄을 부리며 거들먹거렸다. 게다가 수련생들 앞에서 제가 마치 큰 능력이 있는 도인처럼 행세를 해서 영 비위가 거슬려서 상종조차 꺼렸다.

특히 소진수는 전이용을 마치 전갈을 보듯 하였다. 강철호 앞에서 간교하게 아첨하는 것도 그렇고, 수련생들 중에서 돈깨나 있는 사람이면 특별히 친절하고 비굴하게 굽실대는 꼴이 비열하고 아니꼽살스러워서 보기조차 싫어했다.

거기다가 번들거리는 이마며 매부리코에다 가느다랗게 찢어진 눈이 교활하고 무서운 탐욕이 느껴져 어떨 때는 섬쩍지근하기도 하였다. 그래서 강철호에게 몇 차례 전이용을 경계하는 것이 좋겠다며 건의도 했으나 듣기는커녕 오히려 남을 헐뜯는다며 면박까지 주었다. 그만큼 전이용을 충직한 부하라 믿는 강철호가 여간 딱하지가 않았다. 그러나 부하직원인 주제에 어찌해볼 도리가 없어서 늘 마음만 불편했다.

"원장님, 여기 걱정은 마시고 편히 쉬시다가 오십시오."

이날 점심식사를 하고 나서 강철호는 좀 늦게 온 이명숙을 데리고 수련원을 나섰다. 전이용은 재빨리 그림자처럼 뒤를 따랐다. 그리고 운전석 문을 여닫아주고는 차가 서서히 떠나자 마치 조직의 보수에게 하듯 허리를 90도로 꺾어 절을 하였다. 소진수는 그 꼴에 배알이 뒤틀려 전이용의 뒤통수를 아니꼬운 눈초리로 째려보았다.

전이용은 충성심을 확인시키려는지 강철호의 차가 멀리 사라질 때까지 서서 바라보았다. 그런데 뒤돌아서는 전이용의 입가에 묘한 미소가 지어져 있었다. 수련원으로 올라가서는 소진수를 불러 원장님이 출타하시는데 잘 다녀오라 인사말도 하지 않았다며 근엄한 표정으로 나무라기도 하였다. 그러고는 하루 내내 열심히 일하는 척하다가 저녁 무렵에 소진수를 다시 불러 집안에 급한 일이 생겨서 다녀올 테니 자기 대신 단속을 잘 하라며 매우 진지하게 당부하였다.

한편 강철호는 별장으로 가는 길에 휴게소마다 차를 세웠다. 그리고 차도 마시며 사름시름 시간을 즐기며 저녁식사까지 마치고 나서 산속 별장에는 제법 어둠이 짙게 내린 밤에 도착했다.

잠긴 문을 열고 들어가 그동안 비워두어서 좀 지저분한 방을 쓸고 닦고 정리부터 하였다. 그리고 벽난로에 불을 지펴 이명숙과 나란히 앉아 이 이야기 저 이야기 오순도순 하다가 속이 출출해서 술이나 한 잔 할까 하고 냉장고 문을 열어보았다. 전에 먹다 남은 소주가 아직 여러 병 남아 있었다. 웬만큼 취할 정도로 마셔도 부족하지 않을 성 싶어서 흐뭇하기도 하였다. 하지만 우선 몇 잔만 마실 생각으로 소주 한 병과 안주로 쇠고기 캔 하나를 꺼냈다.

"저도 한 잔 주세요."

강철호는 한 잔인데도 뱃속을 짜릿하게 자극하는 술기운이 좋아서 두 잔을 거푸 마시자 곁에서 이명숙이 저도 마시겠다며 손을 내밀었다.

"술 잘 못 마시잖아. 취할 텐데."

"한 잔만 먹을 게요."

이명숙은 어리광을 부려서 겨우 반 잔을 맛보듯 하고는 쓰다며 오만상을 찌푸리며 술잔을 내려놓았다. 강철호는 그 모양이 귀여워

쓰긴 뭐가 쓰냐며 호기롭게 두 잔을 또 거푸 마셨다.

그러고 나니 소주 한 병이 금방 거덜이 나 또 한 병을 꺼냈다. 이번에는 이명숙도 더 마시고 싶다며 남은 반 잔을 마주 홀짝 비우고는 빈 잔을 내밀었다. 얼굴이 벌겋게 달아오른 모양이 제법 취한 것 같았다.

강철호는 소주 두 병을 비우자 취기가 완연했다. 더 마시고 싶었다. 취중에 길정숙, 김갑숙, 한문옥의 생각이 차례로 떠올랐다. 생각할수록 분노가 탱천해 홧김에 뭐한다고 소주를 글라스에 넘치게 부어서는 벌컥벌컥 물마시듯 들이켰다. 그럴수록 세 여자를 향한 분노와 증오심이 더 불같이 끓어올라 소주 세 병을 한꺼번에 꺼냈다. 그리고 이명숙이 보란 듯이 자랑스럽게 엄지손가락으로 병마개를 가볍게 따서는 그라스에 콸콸 부어 단숨에 쭉 들이켰다. 한마디로 제정신이 아니었다.

"그만 마시세요. 이러다가 너무 취하겠어요."

"야, 명숙아!"

강철호는 이미 만취상태였다. 혀가 꼬부라져 발음이 부정확하고 몸은 흔들거렸다. 이명숙은 이래서는 안 되겠다 싶어 술병을 치웠으나 막무가내였다. 가져온 세 병을 끝까지 우겨서 다 마시고는 아예 정신을 놓았는지 눈동자가 풀어졌다.

운명은 그래서 못 피하는 것일까? 밖의 짙은 어둠 속에서 여러 눈동자들이 살쾡이 눈빛처럼 번쩍이고 있었다. 강철호가 몸을 마음대로 가누지 못하는 모양을 확인한 눈동자들이 움직이기 시작하였다. 복면을 하고 몽둥이를 든 대여섯 명의 사내들이었다. 그들은 집 뒤 언덕을 향한 작은 창문 밑까지 소리 없이 접근해 집 안의 소리에 귀를 기울였다.

강철호은 아무런 기척도 느끼지 못한 채 꼬부라진 혀로 해롱거리며 말했다.

"명숙아! 우리 결혼하면 행복하게 해줄게. 그 죽일 년들 생각하면 미치겠다. 너 다 이해하지, 응? 우리 명숙아, 사랑해! 내 맘 알지?"

강철호는 제정신이 아니어서 그들의 기척을 전혀 눈치 채지 못하였다.

"알아요! 그 여자들 생각일랑 이제 다 잊으세요. 내가 있잖아요!"

이명숙은 그리 많이 취하지 않았다. 그러나 온통 마음을 쏟아 강철호를 달래느라 밖에 사내들의 은밀한 움직임을 기미조차 느끼지 못하였다.

"그 여자들한테 질투 안 나? 그리고 내가 안 미워?"

"사랑하는데 왜 미워요? 안 미워요! 당신을 너무 사랑하니까 질투심도 안 나요! 행복하기만 한 걸요!"

이명숙은 적당히 취한 눈을 그윽이 해서 속사포처럼 빠르게 말했다.

"사랑 좋아하네! 미친 년! 놈이 오늘 제삿날인 줄도 모르고 좆같이 씨부렁거리고 있네. 씨발!"

밖의 한 사내가 희죽거리더니 아니꼬움에 속이 니글대는 투로 욕설을 퍼붓고는 옆의 사내들에게 좀 더 기다리라는 신호를 보냈다.

"됐다. 그럼 됐다! 우리 명숙아! 그 씨발 년들은 이제 다 잊을게, 너만 사랑할 거야!"

강철호는 계속해서 횡설수설댔다. 그리고 빈 술병을 흔들어 보고는 비틀대며 일어나 냉장고 문을 또 열어 남은 소주 두 병을 마저 꺼내 마시고도 술을 더 찾았다.

"야, 명숙아! 우리 한성민 형님 말이야, 참 좋은 분이거든… 그런데 말야. 그 형님이 곧 우리 자형이 될 거거든… 하 참! 평생 시집 안 갈 줄 알았던 우리 누님이 형님한테 반했다 이거야! 그거 보면 세상 사람 모르겠어! 우리 누님이 명숙이 니가 보다시피 못 생긴 우리 형님한테 반한 거 보면 알다가도 모르겠어! 우리 누님 말이야. 비록 다리가 불편하지만 학벌이나 미모, 성품 정말 아까운 여자야! 판사, 변호사, 의사… 소위 사 자 붙은 총각들하고 심지어는 행세깨나 한다는 재벌, 관리 집안 자식들이 우리 누님 꼬드기려고 별별 수단을 다 썼거든. 그래도 눈 하나 깜빡 안 하던 누님이 글쎄 가난하고 못 생긴 우리 형님을 좋아하다니! 하여간 그래도 두 사람은 천사야 천사! 좋은 한쌍이지! 어, 취한다. 명숙아 우리 그만 자자!"

강철호는 뜬금없이 한성민과 강서영을 들먹였다. 그러는 사이 세 여자들을 향한 분노를 까맣게 잊은 것 같았다. 그리고 그만 자자며 일어나려다가 풀썩 엉덩방아를 찧고는 나무토막처럼 쓰러지고 말았다. 시간이 지나면서 이명숙도 상당한 취기로 몸을 비틀거렸다. 일어나 강철호를 부축해 일으켜 세우려했지만 육중한 몸을 어찌해 볼 수가 없었다. 할 수 없이 이불을 가져다 덮어주고는 그 옆에 좀 떨어져서 이불 한 자락을 반신만 덮고 취기어린 눈을 감았다.

그러고 자정이 지났다.

숨어든 괴사내들이 정신없이 나가떨어진 강철호를 다시 한번 확인한 뒤에야 마음을 놓았는지 조용히 드나드는 문 쪽으로 움직이기 시작했다. 그리고 한 사내가 마치 전문 도둑처럼 철사줄 하나를 열쇠구멍으로 집어넣더니 손쉽게 안으로 잠긴 문을 열어놓았다. 그리고 숨을 죽이고 뒤에 선 사내들을 향해 안으로 들어가란 신호를 보냈다.

괴사내들은 서로 고개를 끄덕이며 무언의 약속을 하더니 성큼성큼 집 안으로 들어섰다. 그들 중 한 사내는 몽둥이 대신 큰 주전자만한 묵직한 돌덩어리를 안고 있었다.

"이거 뭐 싸울 것도 없네! 싸움의 천재라더니 한 번 붙어보지도 못하겠는 걸! 야, 강철호! 일어나, 일어나 새끼야! 일어나야 나와 한판 붙지! 하, 이 새끼, 술을 얼마나 쳐 먹었는지 완전히 녹초가 됐구먼! 그리고 이년도 완전히 뻗었어!"

한 사내가 이불을 걷어내고 강철호의 옆구리를 발로 툭툭 걷어차며 조롱하다가 욕설을 퍼부었다. 그리고 이명숙도 가볍게 걷어차 일어나라 명령했다.

그 소리에 깜짝 놀란 이명숙이 얼핏 실눈을 살며시 떴다. 순간 복면을 한 사내들을 보고는 기겁을 하고 질끈 눈을 다시 감았다. 사내가 어깨를 툭툭 차는데도 술기운에 제정신을 못 차리는 체하고는 죽은 듯이 가만히 있었다.

"야, 너, 그리고 너! 이 집에 뭐 훔칠 거 있나 뒤져보고 가져갈 만한 거 있으면 모조리 쓸어가! 그리고 나머지는 물건을 흩어놔! 도둑이 든 것처럼 말이야!"

아까 문을 따고 먼저 들어온 사내가 이명숙이 마저 정신을 못 차리자 안심하고 지시를 내렸다. 그리고 돌을 든 사내를 향해 명령했다.

"야, 짓뭉개버려! 새끼 이년 저년 아무데나 좆대가리 못 놀리게!"

"알았소!"

돌을 든 사내가 짧게 대답했다.

그리고 비스듬히 쓰러진 강철호의 몸을 발끝으로 밀어 반듯하게 뉘고는 가랑이를 이쪽저쪽으로 벌려놓았다.

"정말 조져요?"

사내가 돌을 들고 서서 명령한 사내를 다시 한번 쳐다보았다. 너무 잔인하다 싶어 망설이는 눈치였다. 하지만 명령한 사내가 싸늘하게 말했다.

"새끼, 왜 겁나?"

"겁은요! 이 새끼 평생 좆을 못 쓸 걸 생각하니 좀 불쌍해서요."

"불쌍할 것 없어! 그대로 뒀다가는 애꿎은 계집들을 몇 명이나 더 울릴지 모르잖아."

"알았소. 그럼!"

사내는 그나마 가졌던 측은지심을 돌변시켰다. 쾌감을 맛보는 듯 웃음을 입가에 흘리며 돌덩이를 머리 위까지 번쩍 쳐들어 올렸다. 그리고 입을 앙다물고 잠깐 머뭇하다가 에이 씨발! 하고 한 소리 내지름과 동시에 강철호의 사타구니를 사정없이 내려치고 말았다.

"윽!"

짧은 단말마의 비명이었다. 반사적으로 낭심을 두 손으로 움켜쥔 강철호가 새우처럼 몸을 꼬부렸다. 워낙 취해서 아픔도 모르고 정신도 차려지지 않았다. 그러나 망가지는 성기를 본능적으로 감싸 잡아 보호와 방어태세를 동시에 취하였다.

제가 생각해도 너무했다 싶었는지 측은한 표정의 눈살을 찌푸린 사내가 돌덩이를 다시 집어 들었다. 하지만 또 한 번 공격을 가할 태세는 아니었다. 돌덩이를 가슴에 안아서는 밖으로 나가 개울물에 묻은 피를 깨끗이 씻어서 버려두었다.

한편 이명숙은 극심한 공포 속에서도 무슨 일이 일어났는지 다 알고 있었다. 사내가 돌덩이를 다시 드는 소리를 들을 때까지만 해도 이제 죽었구나 하고 몸이 뻣뻣이 굳고 심장이 멎을 듯 긴장하였다. 그러나 다행히 사내의 발자국 소리가 밖으로 멀어져 가서 바짝 조인 몸의 근육이 저절로 풀어졌다. 하지만 아직 다른 사내들이 떠나지 않아서 긴장의 끈을 놓지 않은 채 죽인 숨이 금방이라도 터져 나올 듯 힘들어도 모질게 참아냈다.

"야, 그만 가자! 이 새끼 병신 됐을 테니까 이만하면 됐어!"

돌덩이를 든 사내가 나가자 두목인 듯 지시만 내리던 사내가 짤막하게 명령했다. 순간 이명숙은 그 목소리가 어딘지 낯설지가 않다는 느낌을 받았다. 그렇다고 아는 체했다가는 현장을 목격한 증인으로서 목숨을 잃을 수도 있다는 생각에 꼼짝하지 않고 마음에

만 새겨두었다.

"이 년은요?"

여태 말이 없던 또 다른 사내의 낯선 목소리였다. 이명숙은 풀어졌던 공포와 긴장이 또 몰려와 온몸이 굳어지고 심장이 멎을 듯 오그라들었다. 본능적으로 방어태세를 취하려 해도 손발이 움직여지지가 않아서 죽음의 의식이 희미하게 밀려들었다.

그러나 신이 내려주는 듯 고마운 목소리가 들려왔다.

"이 년이야 무슨 죄가 있어? 아직 제정신이 아니니까 그냥 내버려 둬!"

좀 전에 들었던 귀에 익은 그 목소리였다. 어찌나 반갑던지 속으로 고맙다는 말이 절로 나왔다. 하마터면 목구멍에 가두어 놓았던 숨을 한꺼번에 토해낼 뻔했다. 하지만 숨을 오래 참은 탓에 얼굴에 핏발이 서고 죽을 것 같아서 손바닥으로 코를 틀어막고 소리 없이 조금씩 숨을 내 쉬었다.

이윽고 그들의 발자국 소리가 문 밖으로 사라졌다. 그녀는 그들이 혹 뒤돌아 들이닥칠지 몰라 한참을 더 죽은 듯이 숨을 죽이고 있었다. 그러고도 조심스러워서 살며시 눈을 떠 주위를 살펴보았다.

아무도 없었다. 멀리 떠나는지 발자국 소리도 들리지 않았다. 황급히 자리를 박차고 일어나 강철호를 끌어안았다.

"명숙아!"

강철호가 처절하게 일그러진 입을 겨우 열었다. 취기에 잃은 의식은 아직도 돌아오지 않는지 고통의 신음은 내지 않았다. 성기를 움켜쥔 두 손에 피가 질펀하게 흐르는데도 횡설수설 알아들을 수 없는 소리만 중얼대며 이를 부드득 부드득 갈아댔다. 피를 본 이명숙은 무서워서 부들부들 떨며 목이 매여서 아무 말도 못하였다.

그런데 어금니가 부숴지도록 뿌드득 뿌드득 갈아대던 강철호가 갑자기 찢어지게 눈을 번쩍 부릅떴다. 시체가 눈을 뜬 듯 흉악스러웠다. 순간 이명숙이 기겁을 하고 짧게 비명을 내지르며 황급히 뒤로 물러앉았다. 그리고 엉금엉금 기어가 가방에서 휴대폰을 꺼내 부들부들 떨리는 손으로 119 숫자를 찾아 눌렀다.

배신자는 충성으로 위장한다

한바탕 광란의 폭행에 제정신을 놓았던 강철호가 다행히 가까운 강릉 한 병원에서 급히 응급처치를 받았다. 그리고 곧장 병원차에 실려 서울 J종합병원으로 옮겨졌을 때는 다음 날 이른 아침이었다. J병원에서도 전문의가 출근 전이라 응급실에서 한참을 더 대기하다가 늦은 아침나절에야 수술실로 옮겨졌다.

강철호의 성기는 처참하게 짓뭉개져 있었다. 골반도 심하게 부서졌다. 의사는 강철호의 성기를 누더기 옷을 꿰매듯 기워 맞추어 놓았다. 그리고 골반을 바로잡아 틀어지지 않도록 쇠를 박고는, 기저귀처럼 석고 기브스로 고정시킨 뒤에야 병실로 옮겨졌다.

그런데 강철호가 수술을 받던 그 시간 수련원에서는 수련생들이

팔절지 크기의 전단지를 들고 삼삼오오 모여 뭔가를 심각하게 수군 대고 있었다. 뒤늦게 와서 처음 보는 사람들은 경악했다. 입을 벌려 말을 못하기도 하고, 어떤 사람은 개자식이라 욕설을 퍼붓기도 하였다. 그들이 들고 있는 전단지는 바로 강철호와 이명숙이 여러 체형을 바꾸어 가며 섹스에 몰입하던 장면을 촬영한 그 사진들의 복사본이었다.

"알고 보니 원장이란 놈, 개자식이었네! 이런 새끼를 하늘처럼 떠받들었다니 기가 막혀!"

"그러게 말입니다! 이런 추잡한 놈한테 배웠다니 우리가 완전히 속았어!"

한 남자가 강철호를 큰 소리로 욕하자 너도 나도 맞장구를 치며 욕하기 시작했다. 여자들은 변태다, 더럽다, 구역질난다며 오만상을 다 찌푸렸다. 그러나 그들은 하나같이 전단지에서 눈을 떼지 않았다. 겉으로는 욕을 퍼부으면서도 눈동자엔 호기심 어린 기묘한 빛을 띠었다.

"자 자, 여러분! 조용히 하고 내말 좀 들어보십시오!"

이때 소진수 사범이 전단지 한 장을 들고 큰 소리로 사람들을 불러 모았다. 하지만 몇몇을 제외하고는 제 자리에 선 채 멀거니 쳐다만 보았다. 그래서 더 분통이 터진 소진수가 목청을 높여서 다시 한 번 모여라 외쳤다.

그리고 말했다.

"이것은 우리 원장님을 음해하려고 누가 몰래 사진을 찍은 겁니다. 여러분들도 아시다시피 우리 원장님과 이명숙 씨는 며칠 있으면 결혼할 사이입니다. 결혼할 사람들인데 뭐가 문젭니까? 그리고 저는 알고 있습니다. 원장님은 성관계를 단순한 섹스놀음으로 생각하지 않고 수행의 하나로 성스럽게 생각하는 분입니다. 이런 분을 음해하려고 사진을 몰래 찍은 사람이 나쁩니까? 원장님이 나쁩니까?"

"결혼할 사람이라고요?"

소진수가 엄숙한 분노의 목소리를 높이자 한 여자가 목청을 높여 물었다.

"그렇습니다! 이달 중순에 결혼하실 겁니다. 예식장도 예약을 해두었고요! 그런데 이럴 수가 있습니까? 누군지 모르지만 아마 곧 밝혀지겠지만요. 하여튼 우리 원장님을 죽이려고 누군가 이 짓을 한 것이 틀림이 없습니다. 욕하는 여러분들의 심정은 이해합니다만 생각해 보십시오. 결혼할 분인데 어떻게 욕할 수가 있어요? 결혼한 여러분은 안 이럽니까?"

소진수는 그들 모두에게 두 눈을 부릅뜨고 항의하듯이 반문했다. 그러자 술렁이던 사람들이 하나같이 입을 다물었다. 그들 중에 나이가 좀 든 사람들은 수긍하는 듯 고개를 끄덕였다. 그러나 한 나이든 여자가 대뜸 거짓말하지 말라며 비꼬아 말했다.

"이 여자 말고 다른 세 여자와도 이런 짓을 했다는 소문을 들었어요! 그건 어떻게 해명할래요?"

"아닙니다! 그것도 모략입니다! 우리 원장님은 절대로 그럴 분이 아닙니다! 믿어주십시오! 제가 목숨을 걸고 맹세합니다!"

소진수는 가슴이 뜨끔했으나 즉시 단호하게 부정했다. 그러자 기다리기나 했다는 듯 젊은이 하나가 앞으로 썩 나서서 선동했다.

"아니 땐 굴뚝에 연기 나나? 하긴 나도 진작부터 그런 소문을 들었어! 그래도 긴가민가했는데 오늘 보니까 틀림이 없는 것 같아요. 여러분 안 그렇습니까?"

사람들은 다시 술렁이기 시작했다. 한 젊은이가 에이 더럽다며 수련원을 앞장서 성큼성큼 걸어 나갔다. 그러자 다른 사람들도 약속이나 한 듯이 도복을 챙겨 가방에 넣고는 하나 둘 그 젊은이 뒤를 따랐다. 잠시 후에는 그래도 눈치를 살피며 망설이던 몇몇 남녀들마저 등을 돌리고 나중에는 한 명도 남지 않았다.

텅 빈 수련장… 사범들은 허탈했다. 소진수가 사범들은 물론 사무실 여직원까지 불러 대처방안을 의논했다. 그러나 모두들 무엇을 어떻게 해야 할지 몰라 서로의 얼굴만 쳐다보았다. 그런데 이런 화급한 지경에 원장 대신 사태를 수습해야 할 수석 사범인 전이용이 보이지 않았다.

전이용은 이틀 전에 강철호가 이명숙을 데리고 별장으로 떠나고 나서 집에 잠시 다녀오겠다며 수련원을 나갔다가 하루가 지나서야 돌아왔다. 그리고 어제 숙소에서 하룻밤을 묵은 뒤 아침밥까지 먹고 잠깐 나갔다 오겠다며 외출하더니 여태 소식이 없었다.

"씨발! 이럴 때 수석 사범은 뭐하고 자빠졌어?"

안 그래도 전이용을 못마땅하게 여기고 있던 소진수가 성질을 내 욕설을 퍼붓고는, 모두들 우두커니 서서 있을 게 아니라 다들 병원에 가보라 지시했다. 그리고 자신은 남아서 전단지 한 장이라도 더 숨겨져 있는지 찾아보고 다 수거해서 불태워 없애겠다며 무언가 의지를 불태우는 표정을 지어보였다.

소진수는 전이용이 올 때까지 기다렸다가 병원에 갈 생각이었다. 딱히 무어라 집어서 확신할 수는 없지만 왠지 전이용이 미심쩍었다. 범인은 아니라 해도 최소한 연관이 있을 것 같은 예감을 설마 하고 떨쳐버리려 해도 자꾸만 고개가 갸웃거려지는 의심이 풀어지지가 않았다. 그래서 전이용이 비록 나이도 많고 수석 사범이기는 하지만 돌아오면 어디서 무얼 했는지 단단히 따져볼 각오였다. 그리고 범인이 누구였건 붙잡히기만 하면 요절을 내고 말리라 작심하고 전의를 불태웠다. 그런가 하면 강철호의 불의의 사고가 가슴 아파 눈물을 펑펑 쏟았다.

소진수는 본래 강원도 산간 오지에서 농사나 짓던 20대 후반의 순박한 청년이었다. 서울에 취직하러 왔다가 뜻대로 되지 않아서 뒤숭숭한 마음이나 잡을 생각으로 수련원을 찾아왔다가 강철호의 눈에 띄었다. 강철호는 마침 사범이 필요한 때라 사정을 알고는 개인적으로 별도로 지도해 비서 겸 사범으로 승격시켜 주었다. 그리고 적지 않은 월급까지 주어서 강철호는 세상에 다시없는 은인이자 우상이어서 분기가 이만저만이 아니었다.

"씨발! 개새끼! 어떤 새낀지 꼭 잡아서 죽여버리지 않으면 나는 사람도 아니다!"

소진수는 건물 아래서부터 계단, 쓰레기통 할 것 없이 샅샅이 뒤지다가 전단지 한 장을 찾아낼 때마다 연신 욕설을 퍼부어댔다. 그리고 다시 한번 되짚어서 단 한 장이라도 남았는지 종이쪽지 하나하나까지 다 뒤져본 뒤에야 안심하고 수거한 전단지를 모두 불태워 없앴다. 그리고 전이용의 연락을 기다릴 생각으로 사무실로 가는데 여직원이 바쁘게 걸어오며 다급히 소리쳤다.

"소 사범님, 수석 사범님 방금 연락이 왔어요!"

"연락이 와? 그래 지금 어디 있답니까?"

"사우나에 있대요. 지금 오시겠다는 말씀은 하셨는데 모르겠어요. 원장님 말씀도 드렸으니까 혹시 병원에 바로 가실지?"

"뭐 사우나? 씨발 놈! 이런 판국에 사우나에 가서 땀이나 빼고 자빠져 있었다니!"

소진수가 또 한 번 욕설을 퍼부었다. 그렇게 분기가 탱천해서 퍼부은 욕설도 성이 차지 않아서 더 지독한 쌍욕을 내뱉으려 하였다.

그런데 입에서 막 욕설이 터져 나오던 찰나였다.

뭔가 석연치 않은 의혹이 번개처럼 머리를 스쳐 열리던 입을 꽉 다물었다. 어제 밤늦게 잠들기 전에 수련장을 청소할 때까지만 해도 전단지가 단 한 장도 발견되지 않았다. 이상한 메모쪽지 하나도 없었다. 그런데 하필 전이용이 새벽같이 사우나에 가고 나서 전단지가 뿌려졌다?

그렇다면 전이용이 직접 그랬거나 아니면 누군가와 짜고 일찍 수련장 문을 열어주어서 전단지를 뿌리게 했을 수도 있지 않았을까? 전이용의 음험하고 탐욕스러운 몰골과 행동을 상상해 보면 틀림없이 범인이거나 범인과 밀접한 관계가 있다는 생각이 들었다. 여직원도 의심스러워 사무실로 가서 이리저리 표정을 살펴보며 지시를 겸해 슬쩍 떠보았다.

"혹시 전단지 한 장이라도 발견하거든 모두 불태우세요. 그리고 이상한 전화가 오면 즉시 나한테 알려주고요. 아 참! 한성민 선생님 전화번호 아세요? 원장님 누님도 함께 가셨는데 그분들한테도 급히 연락해 주세요. 한 선생님은 사람의 마음을 꿰뚫어 보시는 분이라서 그분이 오시기만 하면 범인을 쉽게 잡을 수 있어요"

하고는 여직원의 안색을 유심히 살폈다.

"어쩌죠? 그분들 전화는 원장님이 아시지 저는 잘 모르는데요?"

여직원의 얼굴에 아무런 변화가 엿보이지 않았다.

"그래요? 큰일 났네! 빨리 연락해드려야 할 텐데"

소진수는 정말 큰일 난 것처럼 허둥대며 여직원의 반응을 주시했다.

하지만 여직원의 표정은 전혀 동요가 없었다.

"소 사범님, 강서영 선생님 댁에 전화해볼까요?"

"아 참, 그러면 되겠네. 어서 전화해서 강 선생님 전화번호 알아보세요."

소진수는 자연스러운 여직원의 행동을 보고 더 의심하지 않기로 하였다. 하지만 왠지 전이용만은 의심이 거두어지지 않았다.

추위가 혹독했다.

영하 10도를 오르내려서 바깥출입도 힘들었다. 날씨가 그래서인지 한선희의 독감은 지독했다. 열이 40도 가깝게 오르기도 해서 정신을 놓을 때도 있었다. 요즘 한창 유행하는 신종독감이 분명했다. 그런데도 한성민은 그저 좀 독한 감기에 걸렸을 뿐이라며 병원에 데리고 갈 생각조차 하지 않았다. 아무렇지도 않게 생각하고 그저 사흘 동안 사지에 침을 놓고 척추 여러 뼈마디 중에서 위로부터 세 번째 자리에다가 뜸을 다섯 차례씩이나 떠주기만 하였다.

그런데 기적 같았다.

신통하게도 이틀 만에 열이 내리고 사흘째 되는 날에 거짓말같이 씻은 듯이 나았다.

"선희야, 너의 폐가 워낙 차서 이런 추위에 감기를 심하게 앓은 것이다. 앞으로는 음식 조절을 잘해야 한다. 차고 짠 음식은 피하고 항상 몸을 따뜻하게 해야 한다. 부모님도 모두 폐 때문에 돌아가셨으니까 잊어서는 안 된다."

나흘째 되는 날 선희가 거뜬하게 자리를 털고 일어나려 하자 그는 마지막으로 한 번 더 침을 놓고 뜸을 뜬 뒤에야 타이르듯 말해주었다.

"오빠, 명심할게, 근데 언니가 나 간호해 주느라 고생 많이 했어요."

"고생은요. 이제 다 나았으니까 다행이에요."

강서영은 처음 그의 고향집에 와서 아무도 돌봐주는 이 없이 홀로 끙끙 앓고 있는 선희가 가여워서 마음이 아파 눈시울을 적셨다. 그래서 밤낮없이 곁에 붙어 앉아 찬 물수건으로 이마의 열을 식혀

주고 미음을 쑤어 떠먹이는 등 세세한 것까지 다 돌봤다. 그러다 보니 단 며칠이기는 하지만 정이 들만큼 들어서 친자매처럼 여겨졌다.

"언니, 그나저나 우리 오빠하고 결혼하면 이런 산골에서 어떻게 살아요?"

"어떻게 살긴요? 밥하고 빨래하고 얼마나 좋아요?"

강서영은 정말 좋은 마음을 꾸밈없는 표정으로 대답했다.

선희는 기뻤다.

요즘 세상에 오지에서 농사지으며 살아도 좋다고 말할 아가씨는 단 한 명도 없을 텐데 사랑의 힘이 정말 무섭다는 생각이 들었다. 그러나 그녀의 마음을 한 번 더 떠볼 생각으로 일부러 한성민의 흠을 늘어놓았다.

"우리 오빠는 여자를 편하게 해줄 사람이 아니에요. 언니! 몰라서 그렇지 날마다 석굴 속에나 가있고, 거기다가 무뚝뚝하고… 그거 알아요? 남자 매너. 남자 매너라고는 빵점이에요. 빵점!"

"어머, 아가씨가 오빠를 그렇게 생각하시다니 뜻밖이네요? 나는 그렇게 생각하지 않는데? 나는요, 오빠의 뜻을 존중해요. 그리고 이곳에 처음 왔지만 전혀 낯설지가 않았어요. 오래 전부터 살았던 곳 같았어요."

강서영은 혹시나 하는 선희의 의구심을 단박에 깨뜨렸다. 자신보다 그녀가 오빠를 더 사랑하는 것 같아서 저어기 마음이 놓이고 무거운 짐을 하나 벗은 듯 홀가분했다.

"언니 고마워요. 우리 오빠 이제는 내가 걱정 안 해도 되겠네. 우리 오빠 참 복이 많아요. 언니 같이 예쁜 사람이 올케가 된다니 나도 복이 많고! 안 그래 오빠?"

"글쎄다!"

한성민은 무심한 표정으로 말하고는 놓은 침을 하나씩 뽑아들었다.

"거 봐요 언니! 우리 오빠가 이렇다니까요? 좀 살갑게 말하면 닭살이 돋나 봐요. 안 그래요, 언니?"

"아가씬 차암!"

강서영은 어리광스러운 선희가 정다워서 웃음으로 대답을 대신했다.

"선희야, 침 맞고 찬바람 쐬면 좋지가 않아. 편안하게 한 잠 푹 자는 것이 좋겠다. 나는 오랜만에 석굴에 다녀오마. 너무 오래 비워두어서 청소라도 해두고 오마."

한성민은 시누올케가 될 그녀들의 다정한 모습이 속으로는 흐뭇하면서도 무표정하게 일어섰다.

"나도 따라 갈래요."

강서영은 그가 혹시 떼어놓고 혼자 갈까봐 부리나케 일어섰다.

"언니! 추운데 외투 입고 가세요."

선희는 재빨리 그녀의 마음을 거들었다. 그리고 졸려서 자고 싶다며 하품하는 흉내를 내고는 눈을 감았다.

한성민이 섬돌을 딛고 마당에 내려서자 누렁이 진돗개가 앞발을 펄쩍펄쩍 들어 뛰어오르다가 먼저 대문을 나섰다. 석굴 쪽으로 발길을 돌리자 주인이 어디로 가는지 눈치를 채고 산을 향해 신명나게 저만치 내달렸다. 그리고 되돌아와서는 길잡이처럼 앞장서서 천천히 걷기도 하였다.

석굴 속은 오래 비워두었던 탓에 습기가 차고 그새 여기저기 거미줄이 쳐졌다. 바닥에 깔아둔 지푸라기도 썩어서 지저분하고 음침했다.

"너무 오래 비워두어서."

한성민은 흩어진 지푸라기를 한곳에 쓸어 모았다. 그리고 불을 붙여 예전에 쌓아둔 마른 장작 몇 개를 꺼내 활활 타오르는 불길 위에 올려놓았다. 그리고 장작에 불이 붙어 자욱이 피어오르던 연기가 사그라들기를 기다렸다가 그녀와 마주 앉았다.

"이런 곳에서 삼 년씩이나 수도하셨다니 놀라워요!"

강서영은 설마하니 석굴이 이처럼 척박할 줄은 몰랐다. 그리고 보통 의지와 담력으로는 단 하루도 배겨내기 어려울 텐데 그저 놀랍기만 하였다.

"삼 년이 아니라 삼십 년을 수도한들 무슨 소용이 있겠소. 아직 얻은 것이 없으니…!"

"아니에요! 제가 보기엔 선생님의 지식은 하도 넓어서 가늠이 안 되어요! 선희 아가씨 치료하시는 거 보고 의학까지 달통하신 것 같아서 얼마나 놀랐는데요."

"의학이나 과학까지 안다 해도 내게는 그저 평범한 삶의 도구라고밖에는 생각하지 않아요. 삶의 한 방편일 뿐 천하의 골짜기는 될 수 없소."

"네? 무슨 뜻인지…?"

"골짜기란 도의 근원을 말한 것이오. 그리고 물은 골짜기에서 흘러 만물을 길러주니 사람이 골짜기와 같이 되면 무위의 도를 펼쳐 천하에 덕을 베풀 수가 있지요. 그것이 진정한 앎이라 할 수 있소."

한성민은 침중하게 말한 뒤, 그녀가 혹 이해하지 못할까 설명을 덧붙이려고 하였다. 하지만 그녀가 즉시 응답해 열려던 입을 다물었다. 그리고 한때 암자에서 불경을 공부한 그녀의 철학의 깊이를 그제야 떠올렸다.

"지식보다 지혜, 지혜보다 무위의 도를 말씀하시는군요. 그런데 생각해 보니 천지의 도는 골짜기 물처럼 만물을 태어나게 하고 길러주는데, 정작 그 덕을 입은 인간은 덕을 입을 줄만 알았지 베풀 줄은 모르는 것 같아요."

"잘 이해하고 있었군요! 사람이 덕을 베풀지 못하는 것은 다 물질적 욕망 때문이 아니겠소. 본성, 즉 심체心體 그 자체는 본래 청정해서 보석처럼 저절로 덕의 빛을 발하는데, 물질인 마음이 물질의 인연을 찾아가서 집착하므로 그런 것이지요. 그리 되면 분별심과 차별심이 생기기 마련이어서 사랑과 증오, 기쁨과 슬픔, 행복과 불행, 거짓과 진실 등의 이분법으로 가늠하려 하므로 서로 간에 화합하지 못하고 싸우게 됩니다."

"쉽지 않은 일이에요. 저도 암자에 있으면서 노력을 많이 했는데 잘 안 됐어요."

"우리 민족의 위대한 사상가이신 최시형 선생께서는 나뭇가지가 꺾이면 저 나무가 얼마나 아플까? 아이가 나막신을 신고 내달리면 저 땅은 얼마나 아플까? 하고 가슴이 아프다는 말씀을 하셨지요. 선생처럼 만물을 측은지심으로 바라보는 그 마음이 도요 참 사랑입니다."

"……!!"

"측은지심이면 만물을 욕망의 도구로 이용하지 않을 테고, 소유에 집착하지 않겠지요. 도는 인간이 원하는 것을 주기도 하지만 반드시 빼앗습니다. 그래서 소유가 영원하지 않고 일시적임을 알고 마음을 닦아야 합니다."

"만물을 욕망의 도구로 이용해서는 안 된다는 말씀 뼈아픈 충고로 들려요. 저도 그렇지만 사람들이 다 그런 것 같아요. 특히 인간의 편의를 위해서 자연을 파괴하는 일이라든지, 그리고 자연으로 만든 도구를 서로 많이 가지려 하고, 부와 권력을 자신의 욕망의 도구로 이용하기 위해서 피터지게 싸우는 사람들… 인간의 욕심은 어디까지일까요? 말씀대로 천지의 도가 나중에 다 빼앗을 텐데 그것도 모르고!"

"도는 시궁창에서도 자생하고, 악이 범람하는 곳에서는 생명력이 더욱 강합니다. 욕심이 본심을 가려서 몽매하면 반드시 그 응보를 받기 마련이지요. 때가 되면 그들도 깨달을 날이 올 것이라 믿소만."

한성민은 어지러운 세상을 밝히려는 듯 불꽃이 사그라드는 나뭇가지를 뒤적여서 활활 타오르게 피워 올렸다. 그리고 잠시 후 불꽃이 꺼져갈 즈음 그만 하산하자 하였다.

"우리 철호가 걱정이에요. 제가 사촌이지만 형제라고는 저 하나 뿐이라서 그런지 어릴 적부터 저를 참 많이 따랐거든요. 그래서 저도 남달리 걔를 생각하는데 그 성질 때문에 걱정입니다. 무슨 일이든 한 번 맘먹으면 물불을 가리지 않는데다가 야망이 너무 커요. 그러면서도 도를 얻겠다며 그런 짓도 서슴없이 저지르니 말예요."

강서영이 한숨짓고 탄식했다.

"아 참! 수련원을 지키고 가만히 있으라 했는데 그러고 있는지 모르겠소! 내려가거든 바로 전화해 봅시다. 그동안 무슨 일은 없어야 할 텐데."

한성민은 그제야 강철호가 생각나 문득 불안했다. 꼭 무슨 일이 일어났을 것 같은 불길한 예감이 들어 서둘렀다.

"제가 전화할게요! 근데 저도 언젠가는 여기서 선생님이랑 같이 수행할 때가 있겠죠?"

강서영은 그새 강철호의 생각을 까맣게 잊어버리고 그와의 행복한 삶을 연상하였다.

"하하하… 서영 씨는 벌써 그 생각이오?"

한성민도 한순간 강철호의 생각을 떨쳐버리고 유쾌하게 웃었다. 그녀는 예전에 없던 그의 큰 웃음에 막힌 가슴이 한꺼번에 다 풀어지는 것 같았다.

"왜 웃으세요? 저는 그럼 안 되어요?"

"아니오, 아니오! 그런 것이 아니라…!"

"몰라요! 자꾸 웃으시니까 이상해요."

"그렇소? 그럼 안 웃지… 아무래도 내가 말꼬리를 잡힐 말을 한 것 같소. 이제 그만 내려갑시다. 선희가 깨어났을 게요."

"아 참! 아가씨 생각을 못했네! 어서 내려가세요!"

강서영이 말하고 밖으로 급히 먼저 나왔다. 동굴 입구를 지키고 있던 누렁이가 며칠 사이에 강서영과 정이 들었는지 벌떡 일어나 꼬리를 휘저어 반겼다가 하얀 눈에 선명하게 난 발자국을 따라 껑충껑충 내달렸다.

집에 돌아오니 선희는 자리에서 일어나 앉아 있었다. 아까까지 같이 있을 때는 몰랐는데 다시 본 선희의 얼굴이 많이 초췌하게 보였다. 며칠째 세수도 하지 않은데다 다듬지 않은 부스스한 머리카락이 안쓰러워서 얼른 다가가 자리에 눕히려 하였다.

"아가씨, 좀 더 누워요. 아직 몸이 좋은 것 같지 않아요."

"아니에요 언니, 다 나은 걸요. 나가서 세수도 좀 하고, 오늘은 내가 점심밥 지을게요. 며칠 저 간호하느라 피곤할 텐데 언니가 누워서 쉬어요."

"아가씨, 이래 봬도 요가로 단련된 몸이에요. 몰랐죠? 걱정 말고 누워요. 점심식사는 나한테 맡기고요."

강서영은 억지로 선희를 뉘어 이불을 덮어 주었다. 부엌에 가서는 이제 제법 낯이 익어서 능숙하게 쌀을 씻어냈다. 그리고 밥솥에 안치고는 경험 많은 아낙처럼 된장국을 끓이고 나물도 버무렸다.

한편 한성민은 여러 차례 수화기를 들었다 놓기를 반복하고 있었다. 서울 수련원에 거듭해서 전화를 하는데도 받는 이가 없었다.

점심시간이라 여직원이 밖에 나갔을 수도 있으나 그럴 때는 누군가 사무실을 대신 지키는데 아무래도 이상했다. 게다가 강철호의 휴대전화도 꺼져 있었다. 그 말을 들은 강서영이 강철호의 집으로 전화해 보았다. 역시 벨 소리만 한참을 길게 울릴 뿐 역시 아무도 받지 않았다.

그러다가 점심식사를 하고 난 뒤에야 다행히 여직원이 전화를 받았다. 그리고 수련원에서 벌어진 전단지 사건과 강철호의 사고소식을 듣고는 놀라움을 넘어 경악했다.

한성민은 수화기를 놓고 일련의 사건을 추측해볼 것도 없이 예상했던 두 여자 중 하나가 범인이라 직감했다. 다른 한 여자도 석연치가 않기는 마찬가지였다. 그리고 여러 사범들 중에서 누군가가 그녀들과 공모했을 것이라 단정했다.

별장에서 테러를 감행한 자들이 도둑이었다면 하필 강철호의 성기만 못 쓰게 했을 리가 없었다. 그리고 수련원에 복사한 사진을 아무도 모르게 가져다 놓기가 용이하지 않을 텐데 눈에 띄는 곳에 감쪽같이 뿌려놓은 것을 보면 내부 동조자가 없이는 불가능한 일이었다. 그리고 그 여자들이 그런 짓을 직접 감행할 수는 없었을 테니 누군가 거금으로 불량배와 내부 인물을 매수했을 것이라 짐작했다. 그리고 보니 재산이 많다는 김갑숙을 의심하지 않을 수 없었다.

"서영 씨, 나는 선희를 좀 더 치료해 준 뒤에 내일 모레쯤이나 올라갈 테니 힘들고 서운하겠지만 지금 즉시 서울엘 갔으면 좋겠소. 가거든 병원부터 들려서 철호 군의 상태를 알아본 뒤 급히 수련원에 가보세요. 그리고 사범들은 물론 여직원까지 행동 하나하나를 놓치지 말고 지켜보세요. 지금은 누구도 믿을 수가 없으니… 그리고 짬이 나는 대로 이명숙을 만나서 그때 정황을 자세히 물어보세요."

"보나마나 그 여자들, 특히 길정숙 씨 소행이 틀림이 없을 거예요!"

사색이 된 강서영이 아예 확신을 하고 분노를 표출했다.

"그럴 거요. 그리고 김갑숙도 믿어서는 안 됩니다. 내부 동조자도 분명히 있을 테니까 그들을 잘 살펴봐야 합니다. 여하튼 급하니 어서 가보세요."

한성민은 그녀를 혼자 보내는 것이 마음에 켕겼으나 보통 일이 아니라서 재촉했다. 선희도 아쉽기는 마찬가지였다. 자신 때문에 장차 올케가 될 사람을 혼자 보낸다 싶어, 걱정하지 말고 오빠도 함께 가라며 고집을 부렸다. 그러나 그는 듣는 둥 마는 둥 하고는 택시를 불렀다. 그리고 채 5분도 안 돼 택시가 집 앞에 도착해서 경적을 울리자 그녀는 혼자 가도 된다며 서운해 하는 선희를 뒤로 하고 황급히 집을 나섰다.

그렇게 그녀를 떠나보낸 그는 한동안 집안이 텅 빈 것처럼 허전해서 마당을 이리저리 왔다갔다 하였다. 그러다가 그녀가 걱정돼 수시로 전화를 해서 아쉬움을 달래다가 때맞춰 무난히 비행기를 타게 되었다는 연락을 받고서야 마음을 돌이켰다. 그리고 강철호를 떠올리며 저린 가슴으로 생각에 잠겼다.

전단지 사진사건도 문제지만 만에 하나 강철호가 성불구자가 될까봐 걱정이 더 컸다. 망가질 대로 망가져서 무슨 짓을 할지 모를 강철호의 복수심을 어떻게 제어해야 할지 암담했다. 천하를 다 준다 해도 제 몸만큼 값진 것이 없는데 그것도 인간의 원초적 본능의 도구인 성기를 상실한 만큼 그 절망과 원한이 골수에 사무쳐서 살인도 마다하지 않을 것 같았다.

더욱이 강철호의 팔자 구성은 남달랐다. 극단적이고 파괴적인 잔학성이 확연했다. 잠재된 천성은 아무리 감추려고 해도 언제든 나타기 마련이라 이 시기를 맞이해서 본색을 드러내 광분할 것이란 생각이 지워지지가 않았다. 그리고 그로 인해 필연적으로 입게 될 응보가 상상이 되지를 않았다. 그렇다고 나 몰라라 할 수도 없는 일, 어떡하든 강철호의 마음을 바로잡아 주어야 할 텐데 무엇을 어떻게 해야 할지 막막했다.

강서영은 오후 늦게 J병원에 도착했다. 병실엔 강철호의 손을 부여잡고 눈물만 쏟아내고 있는 작은어머니가 먼저 눈에 띄고 이명숙은 무표정하게 서 있었다. 소진수를 제외한 사범들은 침상에서 좀 떨어진 곳에 우두커니 서 있다가 그녀를 보자 고개를 숙여 맞이했다. 기브스를 한 채여서 상처의 깊이를 알 수는 없어도 극도의 불안감에 싸인 주변 사람들의 표정에서 얼마나 심각한지 짐작이 갔다. 그런데 정작 강철호는 아무렇지도 않은 듯 무표정하게 눈을 감고 있었다.

"서영아, 이 일을 어쩌면 좋니 응?"

강서영이 다가가자 두 손을 덥석 잡은 작은어머니가 눈물을 펑펑 쏟으며 하소연하였다.

"작은어머니 너무 심려하지 마세요. 철호가 워낙 건강해서 곧 괜찮아질 거예요."

강서영의 눈에도 그렁그렁 눈물이 맺혔다.

"누님!"

강철호가 그녀를 몹시 기다렸는지 번쩍 눈을 떠 금방 환해진 표정을 지었다.

"얘기 다 들었다. 많이 아프지?"

사촌이지만 남매의 정이 깊은 터라 그녀는 기어이 맺힌 눈물을 흘리며 울먹였다. 강철호는 감격스러웠으나 표정을 싸늘하게 돌변시켰다. 그리고 누굴 찾는 눈길로 주위를 빙 둘러보다가 실망스런 빛을 띠었다.

"누님, 위로의 말은 하지 마세요! 듣기 싫으니까. 그런데 형님은요?"

"아가씨가 아직 완쾌되지 않아서 부득이 내일 오실 거야."

"알았소!"

짧게 응답한 강철호가 그녀만 남겨두고 어머니까지 모두 밖으로 나가라 명령했다.

"누님, 형님은 무어라 말씀을 하세요?"

"너를 만나본 뒤에 곧바로 수련원으로 가서 여직원까지 모두 동태를 살펴보라 하셨어. 또 이명숙 씨를 만나서 그때 정황을 들어보라고도 하시던데?"

"그래요? 진작 형님 말씀을 들었어야 했는데 내가 어리석었어
요."

강철호가 회한이 느껴지는 빛을 잃은 눈동자로 힘없이 탄식했다.

그러나 곧바로 두 눈을 무섭게 부릅뜨며 이글이글 타는 듯 빛을 폭
사시켰다. 그녀는 순간 소름이 오싹 끼치는 살기가 느껴져 섬뜩했
으나 가만가만 다독이며 타일렀다.

"철호야, 전생의 업을 이승에서 받는 것은 피할 수 없는 운명의
업보라 생각하자. 범인은 반드시 잡힐 테니 법에 맡기고 너의 인생
을 어떻게 하면 슬기롭게 영위할지 그것만 생각했으면 좋겠다. 지
금은 분을 삭이기 힘들겠지만 세월이 지나면 몸과 마음의 상처가
차츰차츰 사라질 거야. 응? 철호야."

"누님, 알아들었어요. 그러니까 형님이 시키시는 대로 수련원에
가서 직원들이나 잘 살펴보세요. 누님 말마따나 장래 문제를 곰곰
이 생각해볼 테니."

강철호가 이글거리는 눈빛을 거두어 들여서 평정을 되찾은 듯도
하였다.

"그래 그리 하마, 내가 한 말 잘 생각해봐. 응?"

강서영은 달리 할 말이 없었다. 강철호도 그녀의 말을 더 들을 것
이 없다는 표정으로 좀 자고 싶다며 스르르 눈을 감았다.

병실을 나온 그녀는 복도에 모여 선 사범들에게 모두 수련원으

로 돌아가서 대기하라 이르고 이명숙만 따로 불렀다.

"명숙 씨, 우리 여기에 있을 게 아니라 나랑 수련원에 같이 가요. 거기서 조용히 할 얘기가 있어요."

"싫어요! 저는 이제 수련원엔 절대로 안 갈 거예요!"

뜻밖에 이명숙은 쌀쌀맞게 거절했다. 아직도 그때의 충격에서 벗어나지 못하고 있어서일까? 그녀는 고개가 갸웃해졌으나 하긴 그럴 만도 하다 싶어 고개만 끄덕여 수긍했다.

"언니, 창피해서 어떻게 수련원에 또 가겠어요? 전단지를 봤어요. 병원에도 오래 있고 싶지도 않고요. 아니 다시는 오고 싶지 않아요!"

매몰차게 느껴지는 말이었다. 그녀는 어이가 없었다. 아무리 그렇기로서니 결혼을 약속한 사람이 병원에 누웠는데 다시 오지 않겠다니 슬그머니 화가 치밀었다. 그러나 이명숙의 지금 심정을 생각해서 이러니저러니 말하기도 그렇고 해서 근처 찻집에라도 가자하였다. 이명숙은 그 말마저 거절할 수 없었는지 순순히 따라나섰다.

"미안해요. 우리 철호 때문에 속이 얼마나 상했겠어요? 내가 이렇게 대신 사과할게요."

강서영은 일부러 찻집 구석자리에 찾아가 앉자마자 이명숙의 마음부터 풀어주려 하였다.

"창피해서 얼굴을 못 들겠어요! 이젠 정말 병원에도 안 올 거예요!"

이명숙은 여전히 쌀쌀맞았다.

"이해해요. 명숙 씨 마음. 하지만 우리 철호를 생각해서라도 병원엔 와야지요. 우리 동생 마음이 오죽하겠어요? 명숙 씨라도 곁에 있어야 맘이 편할 거예요."

"싫어요!"

"네? 결혼식이 얼마 남지 않은 사인데 어떻게? 하긴 우리 철호가 몸이 저러니 지금 당장은 어렵겠지만 상처가 아물면 결혼은 해야 하잖아요?"

강서영은 부아가 치솟아 좀 언성을 높였다. 이명숙의 입장에서 달리 생각해보면 그럴 만도 하다는 생각이 들지 않는 것은 아니었다. 사고 당시나 섹스장면을 찍은 사진을 보고 받았을 충격은 충분히 이해할 수는 있었다. 그리고 하필 성기를 못 쓰게 될지도 모르니 그 마음이 어떠랴 싶었다.

하지만 결혼날짜까지 잡은 사이이고, 서로 살을 섞어서 부부나 마찬가진데 문병마저 오지 않겠다니 상식으로 납득이 가지 않았다. 한마디로 헤어지겠다는 뜻이 분명해서 화를 참기가 힘들었다. 그러나 지금은 어떡하든 얼러서 마음을 돌리도록 해야 하겠다 싶어 꾹꾹 눌러 참고 좋은 얼굴로 말했다.

"명숙 씨, 지금 심정은 이해해요. 그럼 잠시 집에서 마음이 안정되거든 그때 오세요. 그럼 그렇게 믿고 기다릴 게요. 근데, 명숙 씨, 한 가지 알고 싶은 게 있어요. 우리 철호가 테러를 당할 때 곁에 있었으니까 기억나는 대로 이야기해 줬으면 해요."

"그때는 저도 너무 취해서 아무것도 몰라요!"

이명숙은 여전히 쌀쌀맞은 어투를 바꾸지 않았다.

"아니, 명숙 씨!"

강서영은 참다못해 발끈했다. 하지만 이내 목소리를 낮추었다. 언성을 높여 싸웠다가는 이도저도 안 되겠다 싶어 한참을 달랬다. 그리고 경찰에 신고하면 참고인으로 불려가서 어차피 다 말해야 할 텐에 그러지 말고 생각나는 대로 다 말해 주는 게 좋다며 은근히 겁도 주었다.

　경찰 말이 나오자 이명숙은 그제야 어쩔 수 없다는 듯 털어놓기 시작했다.

　"무섭고 창피해서 아무 말도 하고 싶지 않지만 말씀드릴 게요. 그날 원장님은 정신을 잃을 정도로 많이 취해 쓰러져 있었어요. 세 여자에 대한 분노가 컸던가 봐요. 저도 취했고요. 그럴 때 네댓 명쯤 되는 범인들이 어떻게 문을 땄는지 열고 들어왔어요. 모두 복면을 해서 얼굴은 몰라요! 근데 그 중에서 누군가 명령하니까 한 사람이 다짜고짜 큰 돌로 원장님의 거기를 내리쳤어요. 그리고 도둑이 든 것처럼 물건을 흩어놓고는 모두 나갔어요. 그때는 저도 죽일까 봐 너무 무서웠어요. 다행히 취해서 정신이 없는 척하고 있어서 무사했지 아님 저를 죽였을 거예요!"

　이명숙이 그때를 상상하며 말하다가 당장 눈앞에서 그런 일이 벌어지기나 하는 듯 사색이 돼 더는 말하려 하지 않았다. 그러다가 그녀가 대답을 더 들으려는 눈빛을 거두지 않고 빤히 쳐다보고 있자 마지못한 듯 간단하지만 비교적 자세하게 설명하기 시작했다.

　"이제 와서 말이지만 범인들이 주고받는 말은 다 들었어요. 도둑이 아니라 일부러 원장님을 테러하기 위해서 계획적으로 범행한 것이 틀림없어요. 그리고 범행을 명령한 사람의 목소리는 뚜렷하게 기억하고 있어요. 어디선가 들어본 음성이었어요. 확실하지는 않지만 원장님 주변 사람인 것만은 분명해요. 잘 생각해 보세요. 원장님 측근 중에 누가 목소리가 낮으면서 음성이 탁한지. 바로 그 사람이에요."

"어머 그래요?"

강서영은 기겁을 하고 놀랐다. 범인의 탁한 목소리가 강철호의 주변 사람이 틀림없다는 이명숙의 말을 듣는 순간 사범들의 얼굴이 한꺼번에 떠올랐다. 그리고 마치 누구라고 지명하듯 유독 한 사람의 얼굴에 마음의 시선이 저절로 비추어졌다.

"설마?"

하지만 이내 고개를 내저었다. 그자는 목숨도 마다하지 않을 것처럼 충성을 바치는 강철호의 측근 중의 측근이라 할 전이용이었다.

"네, 언니 틀림이 없을 거예요! 짐작이 가시죠? 그 사람이 누군지!"

이명숙은 누구라고 콕 집어서 말하지 않았지만 그가 전이용일 거라 짐작하게 하였다.

"고마워요. 그 정도 이야기만으로도 큰 도움이 되었어요."

강서영은 그만 하면 사건 해결에 별 문제가 없을 듯해서 남은 찻잔을 홀짝 비우고 바쁘게 일어섰다. 더 물어볼 것도 없이 전이용이 범인이라 판단했다. 하지만 심증만 있을 뿐 증거가 없어서 섣불리 속단하기도 어려웠다.

수련원에 도착한 그녀는 여직원으로부터 전단지사건을 자세히 들었다. 역시 사태를 수습하기 위해 가장 심혈을 기울인 사람이 소진수였다. 그러고 보니 소진수는 성질머리가 곱지 않은 강철호를 두려워하지 않고 입바른 소리도 거침없이 해대는 성미였다. 그러면서도 강철호의 명령엔 물불을 가리지 않았다.

"소진수 사범만은 의심하지 말아야지!"

강서영은 속으로 결론을 내리고 소진수를 조용히 불렀다.

"소 사범님은 어떻게 생각해요?"

"뭐가 뭔지 저도 잘 모르겠습니다."

"아니 그런 뜻이 아니고, 원장을 어떻게 생각하는지 물어본 거예요. 다 원장을 나쁜 놈이라 욕하잖아요. 물론 내가 생각해도 그런걸요! 많은 여자들한테 원한을 사서 이런 일이 벌어졌으니까 벌을 받아도 마땅하다는 생각이 들지 않아요?"

강서영은 범인에 대해 묻지 않고 전혀 엉뚱한 질문을 하고는 좀 화난 표정으로 소진수의 안색을 살폈다. 혹 소진수가 덩달아서 강철호를 욕이라도 할라치면 즉시 믿음을 거두어 들이고 또 다른 범인의 한 사람으로 의심할 심산이었다.

"예? 누님마저 그렇게 생각하세요?"

고분고분하던 소진수가 갑자기 얼굴을 붉혔다. 여차하면 잡아먹을 듯 노려보는 눈초리도 매서웠다. 다른 사람이 그렇게 말을 했다면 그냥 두지 않았을 것이오 하고 소리치는 격정의 소리를 느낄 수 있는 눈빛이었다. 좀 지나서는 섭섭한 마음이 없지가 않은 듯 표정이 시무룩했다. 그제야 그녀는 화사한 표정에 미소까지 머금어서 믿음을 보이고 잠시 뜸을 들였다가 말했다.

"소 사범님 미안해요. 소 사범님의 마음을 잠시 떠본 것뿐이에요. 알다시피 지금은 모든 사람을 의심해야 할 워낙 중차대한 문제라서. 아무튼 이해하세요. 소 사범님만은 믿음이 가서 의논해 보려고 이리로 오시라 한 거예요."

"죄송합니다. 누님, 그것도 모르고 화를 내서 정말 죄송합니다."

소진수는 단순한 만큼 급한 제 성미가 부끄러웠던지 머리를 연신 긁적이다가 무슨 생각에서인지 어색한 웃음을 띠었다. 자신을 믿어주어서 고맙다는 뜻을 그런 식으로 표현하는 것 같았다

"소 사범님은 어떻게 생각하세요? 이번 일을? 누가 그랬는지 혹 집히는 사람이 있으면 말씀해 주세요."

강서영은 마음에 집히는 인물을 숨기고 소진수의 의중을 떠보았다.

"원장님을 파멸시키려고 작정하고 어떤 놈이 저지른 게 틀림이 없습니다. 그런데 말입니다. 누님이 물으시니까 하는 말인데요. 솔직히 의심 가는 놈이 있거든요."

소진수가 확신이라도 하고 있는 듯 즉시 대답했다. 누군가 집히는 자가 있어서 하는 말이 틀림이 없었다. 그렇지 않고서야 그렇게 자신 있게 단정 지어 말할 수는 없을 것 같아서 자신이 의심하는 자와 동일인인지 긴장해서 다급히 되물었다.

"그래요? 의심 가는 사람이 있어요? 누구예요?"

"별장 일은 잘 모르겠지만 전단지 뿌린 놈은 그놈이 틀림이 없다는 심증이 갑니다. 그리고 별장 일도 혹시 그놈이 저지른 게 아닌가

싶기도 하고요!"

소진수는 거의 확신에 차서 대답했다. 목소리가 어찌나 크던지 먼 발치에서도 누군가 들을 것 같았다.

"소 사범님 누가 듣겠어요. 소리를 좀 낮추세요. 그래 누군 것 같아요?"

"전이용이요! 수석 사범 전이용! 그 새끼, 원장님이 별장에 가셨을 때도 집에 볼일이 있다며 자리를 비웠고, 전단지 돌던 날도 사우나에 가 있었거든요?"

"어머, 그래요? 어떻게 그 사람이!"

강서영은 짐짓 놀라는 체했다. 의심하고 있던 자를 망설임 없이 지목한 말을 듣고 보니 확신해도 좋을 듯했다.

"예! 그 새끼 평소에 하는 짓거리 보면 틀림이 없어요! 그래서 뒤를 캐보려고 하는데 누님은 어떻게 생각하세요?"

"그렇게 하세요. 내부에 동조자가 있다면 나도 그 사람이 제일 의심이 가는군요. 하지만 조심해서 눈치 채이지 않도록 하세요. 나는 나대로 알아볼 테니까."

강서영은 두말없이 그리 하라 하였다. 소진수가 전이용을 극히 싫어하는 눈치는 진작부터 알고는 있었다. 전이용이 아부를 잘 하고 부유한 사람들한테 비굴하리만치 굽실대는 꼴을 눈꼴사나워 한 말일 수도 있었다. 그러나 전이용이 그런 인물이기 때문에 소진수가 충분히 의심 할만도 했다. 자고로 지근거리에서 충성을 다하는 가장 가까운 사람이 배신하는 예는 허다했다. 범인의 목소리가 낮설지 않은 낮고 탁하다는 이명숙의 말을 종합해보면 거의 확실해 보였다.

한성민은 선희가 건강을 완전히 회복할 때까지 사흘을 더 머물렀다. 그간 몸이 쇠약해져 보약을 몇 첩 지어 달여 먹였다. 그리고 강서영과의 신혼생활을 생각해서 벽지도 새로 바르고 집안 곳곳을 말끔하게 손질도 하였다. 그러고 나서 서울에 가려는데 또 선희를 혼자 덜렁 남겨두고 집을 나서자니 미안하기도 하고 마음이 켕겨서 얼른 발걸음이 떨어지지 않았다. 다행히 결혼하면 귀향을 결심한 터라 그때를 기약하고 무거운 마음을 추슬렀다.

그리고 급한 마음에 비행기로 김포공항에 도착하자마자 택시를 타고 J병원으로 직행했다.

"형님, 그나저나 제가 앞으로 대여섯 달은 입원하고 있어야 할 것 같은데 어쩌지요? 수련원을 저대로 비워둘 수는 없고!"

강철호는 그를 보자마자 딴 이야기보다 수련원 걱정부터 하였다.

한성민은 아닌 게 아니라 그 문제를 생각하지 않을 수 없어서 한 가지 방안을 염두에 두고는 있었다. 강철호가 몸이 망가진 상태에서 사업까지 거덜이 나면 미쳐 날뛸 것 같아서 어떡하든 수련원을 정상화시켜 놓고 싶었다. 그러나 남의 사업장을 맘대로 하기도 꺼림칙해서 망설이다가 한 생각이 떠올랐다.

"이러면 어떨까? 우선 수련원 이름을 바꿔서 새 간판을 걸고 사범들한테 맡겨보는 것이? 그리고 나는 뒤에서 사범들을 지도해 주면 어떨까 하는데 자네 생각은 어떤가?"

"아닙니다. 형님! 그냥 수련원 문을 닫아버리죠 뭐!"

뜻밖이었다.

그리도 수련원에 집착하던 사람이 사고를 당했다고 해서 그동안 쌓아놓은 일터마저 포기하려 하다니 이해할 수 없었다. 하지만 자기 사업을 맘대로 하겠다는 데야 굳이 설득할 것도 없다 싶어 넌지시 뜻만 전달했다.

"자네 뜻대로 하게. 이참에 인생행로를 다시 한번 생각해 보는 것도 좋겠지. 하지만 수련원 폐쇄 문제는 성급히 생각하지 말고 시간을 두고 연구해보자."

"염려마세요 형님! 생각해 둔 바가 있으니까!"

강철호는 정말 대수롭지 않은 듯이 말했다. 그러나 눈빛이 비수같이 날카롭게 번뜩였다가 사라졌다. 사업보다 더 불타는 복수심을 여지없이 내보인 눈빛이었다. 그것도 법의 심판에 맡기는 것이 아니라 직접 응징하려는 잔인성의 표출이라 할 수 있었다.

"자네, 이번 사건을 신고했어?"

"아닙니다. 못하게 했어요. 신고해 봤자 신문 방송에서 떠들어댈 테고, 그럼 망신만 당하잖아요. 그리고 모두 복면한 놈들인데다 자취도 남기지 않아서 어떻게 잡겠어요? 하지만 형님, 생각할 필요도 없이 그년들 아니고 누구겠어요? 그년들이 깡패새끼들 고용했겠지요."

강철호는 범인의 정체가 섹스수행 상대였던 세 여자 중 하나일 것이라 판단하고 있었다.

"그 여자들이라고 심증만 있지 증거가 없지 않은가? 그러니 속단하지 말고 차라리 소리 소문 없이 비밀리에 수사를 의뢰해 보는 건 어떨까?"

"글쎄요? 다 소용없는 짓입니다. 그년들 중에서 어떤 년이 해결사를 고용해서 흔적도 남기지 않았는데 어떻게 찾습니까? 전단지도 그래요. 귀신같이 몰래 갖다놓고 내뺐는데 누군지 알겠어요?"

"그럼 어쩔 셈인가?"

"저에게 다 생각이 있습니다. 연놈들이 저의 손바닥을 벗어날 수야 없지요. 형님은 저를 믿으시고 가만히 계십시오. 수련원 건물은 저의 것이니까 어디 가시지 마시고 그냥 계셔만 주셔도 의지가 되고 큰 힘이 됩니다. 어디 믿을 사람이 있어야죠. 이명숙도 끝났습니다!"

말하는 투로 보아 복수심이 불타고 있었다. 이대로 두었다가는 더 큰 일을 저지를 게 뻔했다. 달랜다고 말을 들을 사람도 아니고 그렇다고 모른 체하고 지나칠 수도 없고 마음에 담아 두라는 뜻에서 충고를 겸해 조용히 타일렀다.

"자네가 그 사람들을 응징한다면 일시적으로 속이야 시원하겠지. 그러나 그 대가는 더 크고 화가 급속히 들이닥칠 걸세. 자네를 이렇게 한 이들을 인위적인 것보다 측은지심으로 천지의 도에 맡겨두는 것이 어떻겠나? 하늘은 반드시 재앙을 내릴 테니까."

"그때가 언제입니까? 죽어서요? 보십시오. 천하에 악당들이 호의호식하고 잘만 먹고 잘 살지 않습니까? 그런 말씀 마세요! 저는 저를 잘 압니다. 그런 악당은 될 수 없지만 응징할 정의감은 누구보다 못지않으니까요."

"이 사람아, 자네가 어찌 자네 자신을 안다고 하는가? 자신을 아는 사람은 밝은 지혜가 있다네. 밝은 지혜가 있으면 타인을 탓하지 않을 뿐더러 과오는 자신을 탓하고, 공은 타인에게 돌리는 법이다."

"형님의 말씀은 성인이나 하는 소립니다. 저는 그렇게 생각하지 않습니다."

"자네의 그런 마음이 문제야, 인류가 다 자네같이 생각한다면 이 세상은 어떻게 되겠나? 왜 이런 말이 있지 않은가?"

"어떤 말인데요?"

"천하에 물보다 부드럽고 약한 것은 없지만, 견고하고 강한 것을 이기는 것이 물이다. 약한 것이 강한 것을 이기고, 부드러운 것이 굳센 것을 이긴다. 하는 말이 절대로 틀리지 않다네."

"허허 형님도 참!"

"이 사람아, 섣불리 들을 말이 아닐세. 가장 부드러운 물이 바위를 이기고, 원만한 것이 뾰족함을 이긴다네. 강한 것은 결코 부드러움을 이기지 못하니 제발 마음을 부드럽게 해주게!"

"좋은 말씀이기는 하지만 형님이 언젠가 이런 말씀 하셨지요. 사람은 태어남을 찾아가서 태어나고, 병을 찾아가서 병을 얻으며, 죽음을 찾아가서 죽음을 맞이한다고. 그게 사람 사는 거 아닙니까? 분함이 있으면 분함을 찾아가서 분을 풀고, 불의가 있으면 불의를 찾아가서 불의를 쳐부수는 게 인간답지 않습니까?"

"이 사람아, 자네가 말하는 것 자체가 이미 불의야! 불의를 쳐부

순다는 명분이야 정의에 있겠지만 극단적인 정의는 잔인하기 마련이어서 결국은 극단적인 불의를 초래하게 된다네."

"불의를 쳐부수는데 불의인들 어떻습니까? 나무를 쪼개는 데는 도끼가 있어야 하고, 호랑이 잡는 데는 총이 있어야 합니다. 그냥 두면 도끼와 총이 왜 필요하겠습니까? 그냥 내버려 두면 나무는 재목이 될 수 없고 호랑이는 천하를 누비며 사람을 해치겠지요."

"사람의 욕망을 도끼나 총에 비유하지 말게. 욕망의 쓰임새는 결국 자신을 망치고 마니까."

"하지만 형님, 가만히 있으면 범처럼 사람을 죽이고 병신을 만드는 게 이 세상의 번연한 이치가 아닙니까? 그러니 그냥 있어서는 안 되지요!"

"남이 그런다고 다 그러면 이 세상은 어떻게 되겠나? 생지옥이 따로 없지."

"하여간 모르겠습니다. 저는 저의 마음이 옳다 하고 시키는 대로 할 겁니다. 하지만 오늘 형님이 하신 말씀은 꼭 기억할 게요."

강철호는 말꼬투리를 잡아 끝까지 물고 늘어지려다가 당할 수 없을 것 같아서 고개를 설레설레 내저으며 이쯤 하고 그치려 하였다. 그도 역시 입을 다물었다. 아무리 설득해도 강철호가 듣고 새길 말은 아예 귀를 틀어막은 것 같아 부질없는 시간 낭비였다.

그러나 그는 예전에 모든 것을 빼앗아간 자들을 향한 극단적인 분노의 불길을 강철호로부터 다시 보는 것 같아서 마음이 아팠다. 그때 자신은 분노를 행동으로 옮기지 못하고 도의 길을 걸으면서

다 삭이고 잊을 수 있었다. 그러나 강철호는 행동으로 악행을 찾아가서 악행을 저지르려 하니 장차 밀어닥칠 응보의 재앙을 어떻게 막아주어야 할지 앞이 보이지 않았다.

날씨도 추운데다 텅 빈 수련원이 썰렁하고 삭막했다.

어쩌다 한 두어 명 수련생들이 와서 명상한다고 앉아 있기는 하지만 그들도 분위기를 타서 오래 있지 못하고 가방을 챙겨 떠났다.

그런데 요즘 들어 외출이 잦은 수석 사범 전이용은 오늘도 모습이 보이지 않았다. 다른 사범들은 할 일이 없어서 이곳저곳을 기웃거리다가 숙소에 틀어박혀 할 일 없이 시간만 때우고 있었다. 그러나 소진수 만은 뒷짐을 지고 빈 수련장을 왔다 갔다 하면서 무언가를 골똘히 생각에 잠겼다.

"소진수 사범은 전이용 씨를 범인의 한 사람으로 확신하나 봐요. 누군가로부터 돈을 받은 행동책일 거란 말을 하더군요."

강서영은 한성민이 수련원으로 돌아오자 그간의 일을 다 이야기하였다.

"가능한 일이오. 가장 무서운 적은 항상 가장 가까운데 있으니까."

"정말 믿어지지가 않아요. 전이용은 수련원을 낼 때부터 철호와 동고동락했는데. 그리고 철호가 얼마나 믿고 아꼈는데 그런 짓을 하다니 믿어지지가 않아요."

"욕심은 가깝고 먼 곳을 따지지 않소. 견물생심이라 가까울수록 탐욕이 더 심하겠지요. 그리고 천한 인간일수록 총애를 받으면 그

총애를 믿고 함부로 날뛰기 십상이지요. 총애를 욕됨이라 생각하고 두렵고 겁을 내 근신해서 행동해야 하고, 신분이 높을수록 근심도 크기 마련이니까 신분을 제 몸과 같이 귀하게 생각해야 하는데 대개는 그렇지 못하니 말이오."

한성민이 탄식하고 소진수를 은밀하게 불렀다. 그리고 사람됨을 관찰해 보고는 전이용이 외출할 때 뒤를 밟아보라 지시했다. 그는 강철호가 퇴원해서 길정숙이나 김갑숙에게 위해를 가해 죄를 짓기 전에 어떡하든 범인을 찾아내 법의 심판에 맡길 생각이었다. 그리만 해두면 복수심의 대상이 벌을 받고 있는데다 세월이 약이라고 지내다 보면 자연히 안정을 되찾을 듯싶었다.

"하긴 로마의 절대 권력자인 줄리어스 시저나 박정희 전 대통령도 가장 가까운 사람한테 해를 입었네요. 그리고 이기붕이라는 사람은 이승만 전 대통령의 총애만 믿고 권력을 휘두르다가 대통령도 자신도 나라까지 다 망쳤고요! 권력자들도 마찬가지예요. 자기 신분을 귀하게 생각하고 귀하게 행동해야 하는데 남용해서 천하게 하니까 나중에 자신뿐 아니라 나라도 거덜내요!"

"맞는 말이오. 그나저나 철호 군이 수련원 문을 닫겠다고 하니 말렸으면 좋겠소. 퇴원해서 할 일이 있으면 거기에 열중해서 다른 생각을 잊을 수도 있지 않겠소. 그러니 서영 씨가 당분간 수련원을 운영해 보겠다며 만류하는 것이 좋을 것 같소. 내가 좀 돕고 수련생들을 다시 모으는 데 힘쓰면 당장은 옛날만 못해도 곧 재기할 수 있을 거요."

"알겠어요. 꼭 그렇게 하도록 해볼게요. 철호가 퇴원하기 전에 수련원도 부흥시키고, 사건도 해결되었으면 좋겠어요."

"그리될 수 있을 테니 너무 염려하지 말고 우리 지금 나가서 수련장이나 한 바퀴 둘러봅시다."

한성민은 처음 서울에 왔을 때 수련장을 한 번 둘러본 이래 거의 가보지 않았다. 자신과는 무관한 일이라 강철호가 강권하다시피 해도 굳이 마다했다. 그러나 이번은 사정이 달라서 수련장 내를 두루 살펴보기로 하였다.

그런데 그녀와 수련장 안에 들어서자 아까부터 장 내에서 무언가를 골똘히 생각하고 있던 소진수가 달려와 꾸벅 인사했다. 그리고 편지봉투 하나를 그녀의 손에 슬쩍 쥐어주며 아무도 없는 데서 읽어보시라고 하고는 곧장 밖으로 사라졌다.

편지 내용은 이랬다.

'그동안 전이용의 동태를 살펴본 결과 누군가로부터 매수당해 일을 저지른 게 분명하다. 하지만 증거가 없어서 안타깝다. 할 수 없이 증거를 잡기 위해서 전이용을 미행할 생각인데 아무도 눈치채지 못하게 사무실에 사표를 내고 수련원을 떠나 있겠다. 그리고 반드시 증거를 잡아서 다시 돌아오겠다' 하고 끝말에다가 자신의 현재 심정을 감탄사를 연이어 셋씩이나 꾹꾹 눌러 굵게 써서 결심의 일단을 표시했다.

"소 사범이 아주 영리한 사람이군!"

"그러게요. 그럼 내일 아침에 일찍 사범들 보는 앞에서 월급하고 퇴직금 형식으로 돈을 좀 줄까요?"

"좋은 생각이오. 경비가 꽤 필요할 테니 넉넉하게 주었으면 좋겠소."

한성민은 생각보다 사건이 빨리 해결될 것 같은 예감이 들었다. 지금껏 전이용을 별 관심 없이 보았으나 그녀로부터 말을 듣고 난 뒤 상을 찬찬히 살펴보니 아닌 게 아니라 직감할 수 있었다. 이야기할 때 사람을 똑바로 쳐다보지 못하고 눈길을 두리번거렸다. 그런 행동은 죄지은 자의 불안한 심리 작용이라 판단했다. 게다가 습관적으로 예리하게 옆으로 째려보는 눈길은 남을 해칠 수 있는 음흉함을 드러내고, 가느다란 눈은 잔인하고 교활함이며, 매부리코는 욕심이 얼마나 큰지를 짐작케 했다.

그래서 그는 소진수의 편지를 읽고 의외로 빨리 범인을 잡을 수 있을 것이라 확신하고, 배후자를 추측해 보고는 깜짝 놀랐다.

강철호에게 원한을 가진 세 여자 중에서 가장 부유한 김갑숙의 얼굴이 먼저 떠올랐다. 한 사람의 일생을 망칠 정도로 잔인한 범행을 저지를 그런 여인은 분명히 아니었다. 하지만 치정에 얽힌 원한이라 이성이 마비되었을 것이다. 질투심에다가 분한 생각에 제정신이 아니었을 테니 거금으로 탐욕스러운 전이용을 어렵지 않게 매수했음이 분명했다.

한성민은 참으로 놀랍고 개탄스러웠다. 김갑숙은 세 여자 중에서 가장 온순하고 순진해서 용의선상에 올리기가 미안했다. 하지만 천길 물속은 알아도 한 치도 안 되는 사람의 마음은 모른다더니 피상적인 용모와 언행만 의식한 얄은 속이 부끄러웠다. 언제나 명상하여 바르게 보고 바르게 느껴서 바르게 생각하고 바르게 판단하려했던 생활습관이 이번만은 그러지 못한 것이 못내 안타깝기도 하였다. 그래서 조용히 방으로 들어가 명상으로 마음을 가다듬어 자신을 관찰하였다. 그리고 다시는 과오를 범하지 않으리라 다짐하고 이번 사건을 화두로 집중해 보았다.

과연 그랬다.

명상에 오래 들지 않았는데도 즉시 한 생각에 의식이 머물고, 머문 의식이 스크린처럼 사건의 전개과정을 단 한 장면으로 나타냈다. 그리고 그 장면을 보는 순간 소스라치게 놀라 감았던 눈을 뜨고 말았다.

다 보고 다 알았다.

그러나 그 모든 것이 강철호와 전이용, 그리고 그녀들의 전생에 얽히고 얽힌 업을 풀어낸 광란의 한마당이었다. 그렇게 확인한 그는 나오는 탄식을 삼키고 문을 열어 강서영을 찾았다.

"그냥 듣고 내색은 하지 말아요. 철호 군이 당한 이번 일련의 사태는 과거전생의 업보가 시행된 것이니 어쩔 수 없는 일이었소. 범인은 전이용이 틀림이 없소! 그리고 배후자는 김갑숙이고, 그리고, 그리고 또 있소! 길정숙이 이번 범행의 시발점이라 할 수 있소. 조만간에 사건이 다 해결될 테니까 초조해하지 말고 조용히 때만 기다리고 수련원 재건에만 힘쓰는 것이 좋겠소."

혹한이 좀 풀려서 나다니기 좋을 만큼 쾌청한 날씨였다,

소진수는 수련원 맞은편 건물 2층 커피숍 창가에 앉아 있었다. 벙거지 모자를 깊숙이 눌러쓰고 검은색 안경까지 썼다. 그처럼 누군지 몰라보게 얼굴을 가린 채 수련원 문을 뚫어져라 주시하다가 이윽고는 문을 나서는 전이용을 발견하고 재빨리 밖으로 나왔다.

그리고 아래층 커피숍 입구에 서서 길을 건너는 전이용을 지켜보는데, 전이용은 소진수를 알아보지 못하고 길을 건너 택시를 잡아탔다.

"저 택시를 놓치지 말고 따라가 주세요!"

소진수는 하루 일당을 주기로 하고 미리 대기시켜 놓은 택시 뒷좌석에 올라 의자에 깊숙이 몸을 묻었다.

"염려놓으십시오. 사장님!"

자신만만하게 말한 운전기사가 즉시 차를 급발진시켜 곧바로 앞차 꽁무니까지 바싹 따라붙었다.

전이용은 복잡한 시내를 벗어나 북악산 하이웨이 쪽으로 가고 있었다. 메마른 숲이 우거진 능선을 휘감아 오르는 꼬불꼬불한 길을 한참을 돌고 돌았다.

이윽고 전이용이 탄 택시가 멈춘 곳은 산꼭대기에 오롯이 자리잡은 팔각정 그 아래 주차장이었다. 죄 지은 자의 습관인 듯 택시에서 내린 전이용은 사방을 두리번거리다가 뒤따라 온 택시를 힐끗 한 번 쳐다보았다. 차창이 햇빛에 반시돼 탑승객이 눈에 띄지 않았던지 잠깐 주시하다가 별 의심이 들지 않았던지 돌아서 팔각정 아래 커피숍으로 태연히 걸어갔다.

소진수는 한껏 몸을 웅크려서 긴장해 있다가 전이용이 마음 놓고 커피숍으로 들어가는 뒷모습을 보고서야 마음을 놓았다. 그리고 조심스럽게 차 문을 열고 나와 빠른 걸음으로 화장실부터 찾아들어가 거울 앞에 서서 뭔가를 주머니에서 꺼냈다.

콧수염이었다.

제법 덥수룩한 수염을 코끝 밑에 입술선을 따라 가지런히, 그리고 꼭꼭 눌러 붙이고는 벙거지를 코끝까지 눌러 썼다. 그리고 거울에 비친 얼굴모습을 여기저기 자세히 뜯어보며 살펴보았다. 영 딴판인 자신의 모습이 좀 이상도 해서 싱긋 한 번 웃었다가 화장실을 나와 느린 걸음으로 커피숍 안으로 들어갔다.

그리고 놀라서 하마터면 소리를 지를 뻔했다. 창가에 일렬로 쭉 놓인 탁자 중간쯤에 김갑숙이 정면으로 앉아 있었다. 게다가 그녀 앞에 앉은 떡 벌어진 어깨에다 목이 짧은 사내의 뒷모습은 앞을 볼 것도 없이 틀림없는 전이용이었다.

소진수의 속이 부글부글 끓어올랐다. 하지만 티를 낼 수 없는 터라 애써 참고 마침 비어 있는 전이용 바로 뒤 테이블까지 태연히 가서 등을 맞대고 돌아앉았다. 그리고 안주머니에서 녹음기를 꺼내 소리 없이 스위치를 눌러놓았다.

"김 여사님, 죄송합니다. 또 이런 말씀 드리게 돼서. 저야 만족하지만 글쎄 그놈들이 자꾸만 돈을 더 달라니 전들 어쩌겠습니까? 더안 주면 감옥 갈 각오하고 폭로하겠답니다."

전이용이 김갑숙의 미모를 침이 마르도록 먼저 추켜세운 다음 잠깐 뜸을 들였다가 드디어는 본색을 드러냈다.

"약속한 돈 전 사범님한테 다 드렸잖아요?"

김갑숙이 대들듯 언성을 높였다. 하수인들에게 줄 돈의 일부를 네가 가로챘지 않았느냐 하는 어투였다.

"여사님! 이래 봬도 저는 약속 하나는 목숨 걸고 지킵니다! 의리가 없으면 남자가 아니지요! 강철호는 말이죠. 의리라고는 눈곱만큼도 없거든요! 솔직히 수련원을 누가 성공시켰습니까? 제가 다 했어요! 그런데 그 새끼는 의리도 없이 월급도 쥐꼬리만큼 주고 사람을 하인 취급하듯이 하잖아요. 의리 없는 거야 여사님한테 하는 거 보면 알지 않습니까? 그래서 여사님의 부탁을 거절하지 않았습니다. 억울하고 분한 여사님을 차마 볼 수가 없어서 제가 나섰던 겁니다. 감옥 갈 각오까지 하고 말이죠. 아시겠어요?"

전이용의 마지막 언성은 협박이 다분했다.

듣고 있던 소진수가 하마터면 침을 퉤! 하고 뱉을 뻔했다. 말하는 꼬락서니가 추잡해서 구역질이 날 정도로 가증스러웠다. 하지만 김갑숙은 아무 말도 하지 못했다. 어이가 없는데다가 협박까지 듣자니 심사가 복잡한 것 같았다.

"도대체 얼마나 더 달라는 거예요?"

한참을 말이 없던 김갑숙이 마지못해 힘없이 말했다.

"일억!"

전이용은 주저 없이 짧게 대답했다.

"일억이요? 아니 약속한 일억 원 다 주었는데 또 일억을요?"

김갑숙이 놀란 소리를 반사적으로 내질렀다.

"예! 강철호 그 자식 그거 완전히 못 쓰게 했으니까 들통 나면 십 년 넘게 살아야 됩니다. 그런 거 생각하면 일억도 적지요. 잠잠해질 때까지 당분간 해외라도 가서 숨어 있어야 하지 않겠어요? 강철호의 신세를 조져놓았으니까 솔직히 나도 겁납니다. 후회도 되고!"

"누가 그렇게까지 하라고 그랬어요? 그냥 혼만 좀 내주라 했잖아요? 그런데 사람을 그 모양으로 만들어 놓다니!"

"그럼 어쩝니까? 기왕 저질렀는데. 붙잡히면 다 여사님이 시켜서 한 일이라 할 테니까. 알아서 하십시오! 돈이 아까우시면 저도 모르겠습니다. 맘대로 하세요!"

전이용이 아예 노골적으로 협박하고는 일어설 듯 엉덩이를 들었다.

"앉으세요! 왜 그러세요."

김갑숙이 다급히 만류했다. 그러나 화를 못 참아 내지른 명령이나 다름없었다. 그런데도 전이용은 못 이긴 채 주저앉아 한숨을 푹 푹 내쉬다가 말했다.

"사모님, 화나셨어요? 마음 푸세요. 전들 이러고 싶어서 이럽니까? 다 그 자식들 때문이지요."

"좋아요! 일억을 주고 전 사범님한테도 좀 더 생각해 줄게요. 잠 잠해질 때까지 외국에 가 있으세요!"

김갑숙이 또 명령조로 말했다.

"예, 예! 그래만 주신다면 제가 다 책임을 지겠습니다. 사모님, 염려놓으세요!"

전이용이 어느새 태도를 돌변해 살살 댔다.

"그런데 말예요. 누가 사진을 찍고 전단지를 뿌렸어요? 길정숙 그년이 맞지요?"

김갑숙이 봉투 하나를 건네주며 모자라는 돈은 내일 주겠다 하고는 마치 당연한 것을 한 번 더 확인하려는 듯 갑자기 질문을 던졌다.

"전단지라니요? 나는 잘 모릅니다!"

전이용이 냉큼 봉투를 받아 주머니에 찔러 넣다가 별 변명 없이 우물우물 부인했다. 어딘지 석연치가 않아 보였다. 갑자기 묻는 말에 엉겁결에 부인부터 하고 보는 죄지은 자의 전형처럼 느껴졌다. 저도 모르게 드러내고 만 전이용의 거짓을 알아차린 김갑숙이 코웃음으로 냉소했다. 그리고 확신에 찬 표정으로 속사포처럼 말을 쏟아냈다.

"웃기지 마세요! 길정숙 그년이 전 사범님 시켜서 사진을 찍게 하고 한문옥이하고 나한테 보냈잖아요! 그리고 전단지 만들어 뿌린 것도 그년이 전 사범님한테 시켰고! 아님 누가 그랬겠어요?"

마치 다 알고 있으니까 속일 생각을 말라는 뜻을 옥박지르는 말투로 분명하게 전달했다. 그리고 나자 속이 시원하기는커녕 뼈저린 후회감이 밀려들고 무섭고 두려워서 내가 미친년이지! 사진보고 눈이 뒤집힌 내가 미친년이지! 이제 나는 어쩌면 좋아! 하고 가슴을 치며 울부짖었다.

전이용은 주변 사람들이 들을까 봐 전전긍긍했다. 얼른 일어나 김갑숙 곁으로 자리를 옮겨 앉았다. 그리고 "사모님 진정하세요. 그리고 마음을 단단히 잡수세요. 반반한 여자만 보면 수단방법을 안 가리고 갖고 노는 그런 놈은 그래도 쌉니다. 순진한 사모님 같은 분이 또 당하면 어떡합니까? 그놈한테 당하는 여자가 다시는 없도록 하늘을 대신해서 벌을 내린 것이라 생각하십시오. 그리고 증거를 잡을 수 없도록 뒤처리를 잘 했으니까 걱정하지 마세요. 제가 다 알아서 할 테니까 마음 푹 놓으시고요." 하며 김갑숙을 설득하고 달래느라 열심히 정신을 쏟았다.

한편 여태 귀를 기울이고 있던 소진수가 그쯤해서 슬그머니 자리에서 일어섰다. 그들의 대화를 한 마디도 빼놓지 않고 다 녹음을 한 터라 지금부터는 자신을 알아보건 말건 아랑곳하지 않고 성큼성큼 계산대로 걸어갔다.

"씹 새끼, 너도 이제 인생 종쳤다!"

찻값을 치르고 밖으로 나온 소진수가 벌레 씹은 얼굴로 침을 탁 뱉어냈다. 전이용의 비굴한 꼬락서니가 니글니글 메스껍고 더러워서 침을 두 번이나 더 뱉고서야 대기하고 있던 택시에 올랐다. 그리고 즉시 휴대전화를 꺼내들었다.

강철호의 테러사건은 순식간에 해결되었다. 소진수가 녹음해 온 내용을 다 들어본 한성민은 우선 강철호의 아버지와 어머니부터 만나서 일체 밖으로 소문이 나지 않게 조용히 처리하기로 결정했다. 그리고 다행히 강철호의 아버지가 아는 형사가 있어서 그를 통해 전이용을 전격 체포했다. 전이용은 묵비권을 행사하며 끝까지 버티다가 녹음테이프를 들이밀자 꼼짝없이 사실대로 자백했다.

형사는 전이용의 진술을 근거로 테러를 사주한 김갑숙을 먼저 연행해 오고 전이용이 고용한 깡패들을 일거에 잡아들였다. 그리고 길정숙은 비교적 죄가 가벼워서 소환장을 보내 진술을 들었다. 길정숙 역시 전이용을 이용해 강철호와 이명숙의 섹스장면을 촬영하게 한 다음, 김갑숙과 한문옥에게 사진을 보내놓고 다시 사진을 복사한 전단지를 전이용을 시켜서 수련원에 가져다 놓게 했다고 순순히 자백했다.

강서영은 분개했다. 그러나 달리 생각해 보면 강철호에게 농락당한 심정이 오죽했으랴 싶기도 해서 측은한 마음에 수감돼 있는 그녀들을 면회했다.

김갑숙은 그녀를 보자마자 자신을 용서하지 말라며 통곡했다. 강철호를 너무나 사랑해서 사진을 보고 그만 눈이 뒤집혀서 복수심에 이성을 잃었다며 울부짖었다. 하지만 강철호를 혼만 내주라고만 했지 그렇게 끔찍하게 사람의 몸을 망쳐놓을지는 몰랐다며 전이용이 나쁜 놈이라며 악을 쓰고 저주를 퍼부었다.

길정숙도 범행의 동기는 김갑숙과 비슷했으나 다른 면이 있었다. 그녀는 이렇게 말했다. 강철호가 김갑숙과 한문옥까지 농락하는 것은 그런대로 참을 수 있었다. 그러나 또 이명숙과 놀아난다는 사실을 알고는 질투심도 질투심이지만 같은 여자로서 이 여자 저 여자를 농락하는 그를 도저히 용서할 수가 없었다 하였다. 그리고 어떡하든 수련원을 망하게 해서 강철호를 파멸시킬 각오로 전이용을 끌어들였는데, 전이용이 평소에 얻어먹기를 좋아하고 아부를 잘 해서 쉽게 이용할 수 있었다고 했다.

완전범죄로 미궁에 빠질 뻔했던 사건이 소진수의 기지로 의외로 간단히 해결된 뒤, 나중에 병원에 누워 있는 강철호에게 사실을 알렸다. 강철호는 길길이 뛰며 소리소리 질러댔다. 자기가 직접 응징하도록 내버려 두라고 했는데 왜 자기 허락도 없이 사건을 해결했느냐며 불같이 화를 내며 따지고 덤벼들었다. 그러다가 제풀에 지쳐서 입을 꾹 다물더니 차츰 안정을 찾은 듯 평온한 모습을 보였다. 그러나 핏기가 도는 두 눈에서 뿜어져 나오는 살기는 사라지지 않았다.

포식자들의 음흉한 그림자

"문 밖에 나서지 않아도 천하를 알고, 창문 밖을 살피지 않아도 천하의 도를 볼 수 있다. 창밖을 살피려고 멀리 나가서 두루 살피면 오히려 앎이 적다. 뛰어난 사람은 움직이지 않고 다 알며, 보지 않고도 사물을 다 알고 무위로 이룬다."

한성민은 노자의 기록을 상기하며 텅 빈 수련원을 둘러보았다. 폭풍이 지나간 자리처럼 황량하고 적막해서 인간사의 무상함이 절로 느껴졌다. 강철호를 둘러싸고 벌어진 일련의 사태가 인간이면서 정글의 먹이사슬들이 한바탕 소동을 벌인 것처럼 한심해서 처량한 생각도 들었다. 인간이면서 짐승들처럼 어찌 그리 조잡하고 흉측한 짓들을 했을까. 그런 인간들의 내면에 도대체 무엇이 도사리고 있을까. 그런 저런 생각에 잠기든 그는 수련장 한가운데 가부좌를 틀고 앉았다. 그리고 평범한 사람들이 질투심은 왜 일으키며, 한갓 질투심 때문에 범죄를 두려워하지 않은 까닭이 무엇인지 거기에다가 화두를 두고 사유했다.

"질투는 왜 일어나는 것일까?"

생각해보니 그것은 이기적 소유욕이 원인이었다. 소유하고 싶은 것을 타인에게 빼앗길 위기에 처하면 그 불안감에 질투심이 일어나고, 그것이 매우 소중한 것이라면 빼앗겼을 때 자기를 합리화시켜서 이성을 잃고 범죄도 두려워하지 않는 것이 인간이었다.

소유욕이 강렬하면 할수록 내부에 욕망의 에너지가 철철 넘치게 생성되고, 소유의 대상이 빼앗길 위기에 처하면 욕망의 에너지가 분노의 에너지로 돌변해 시기와 질투가 맹렬하게 타오르므로 이성이 마비되기 마련이다.

그럴 때는 측은지심과 덕을 베푸는 에너지가 고갈돼 악마의 기운이 육신에 파고들어 자신도 모르게 악마의 심성으로 변한다. 마치 물이 가득한 솥에 불을 때면 땔수록 수증기가 증발돼 물이 고갈되듯이, 시기와 질투의 분노에 의해 본성은 사라지고 악마가 자신을 지배한다. 악마는 천상이나 땅에 따로 존재하지 않는 인간 자신의 마음이며, 그 마음은 생명의 원기를 말려서 육신을 추하게 늙고 병들어 죽게 한다.

"그러면 어찌해야 만 가지 악의 근원인 소유욕을 줄일 수 있는 가?"

한성민은 더 깊은 사유 속으로 몰입해 들어갔다. 육신의 감각이 사라지고, 의식이 한 곳에 집중될 때 돋보기로부터 빛을 받은 종이가 타들어갔듯 불길처럼 일어나는 의식마저 사라졌다. 그리고 오래지 않아서 만물을 생출시킴과 동시에 우주적 번뇌를 생출生出시킨 지극히 고요한 정점에 이르렀다.

거기엔 텅 비어 아무것도 없었다. 늙음도 없고 병듦도 없고 죽음도 없는 황홀한 빛만이 은은할 뿐이었다. 이에 잠시 의식을 다시 일깨워서 생각에 잠겼다.

"소유욕에 종속돼 그 에너지가 분출하면 육신과 운명을 함께 망가뜨림이 틀림이 없다. 우주에서 모래알보다 작은 인간의 몸에 어찌 그리도 채우고 채워도 채워지지 않는 허기진 욕망의 그릇이 있을까? 이는 모두 업의 발광이니 겨자씨보다 작으면서도 우주를 다 품을 수 있는 무한의 그릇이라 할 만한 마음의 작용이다."

"그러면 어찌해야 하는가? 어찌해야 업을 멸해 욕망의 그릇을 깨뜨릴 수 있는가?"

"그것은 어렵지가 않다. 아니 어렵다! 물질적 욕망의 그릇인 몸, 그리고 그 몸을 자극해 욕망의 불꽃을 타 올리는 오관五觀·보고 듣고 냄새 맡고 맛보고 감각되는 것. 눈 코 귀 혀 피부촉감의 유혹에 현혹되지 말 것이며, 만약 오관이 유혹하면 즉시 알아차려서 바르게 보고 바르게 느껴서 바르게 생각하고 바르게 판단하여 바르게 행해야 하니 어려운 것이다.”

"그러나 나는 보통의 마음을 뛰어넘을 수 있다!"

한성민은 자문자답하다가 그와 같이 다짐했다.

그리고 일깨운 생각의 의식을 지워내고 다시 의식 없는 무한의 경계 속으로 들어가기로 하였다.

사물을 봄으로 탐욕을 발현시키는 간·담을 염하여 눈으로 보이는 경계를 없애고, 냄새를 맡음으로 온갖 애욕을 탐하게 하는 비·위를 염하여 향내를 없애고, 맛을 봄으로 탐식케 하는 심장·소장을 염하여 혀의 감각을 없애고, 감촉시켜서 육체를 괴롭히는 폐·대장을 염하여 피부감각을 없애고, 소리를 들음으로 온갖 유혹에 빠져들게 하는 신장·방광을 염하여 귀의 울림을 막았다.

그리고 다시 간·담을 염해 덕의 에너지를 생성시키고, 심장·소장을 염해 신을 향한 예의 에너지를 생성시키고, 비·위를 염해 신뢰와 믿음의 에너지를 생성시키고, 폐·대장을 염해 의로운 에너지를 생성시키고, 신장·방광을 염해 슬기로운 지혜의 에너지를 생성시킨 다음, 그 의식 일체를 한 의식으로 안은 채 무한의 정적 속에다가 풀어놓았다.

그러자 의식할 수 없는 의식 속에 무한의 우주가 황금빛으로 황홀하게 펼쳐졌다.

그런데 그 순간은 아주 짧았다.

황금빛 자리에 갑자기 검은 구름처럼 어둠이 폭풍처럼 밀려왔다.

놀라움에 하마터면 소리를 지르고 눈을 뜰 뻔했다. 그러나 바로 이 순간이 마군의 침범이라 생각하고 의식을 더욱 집중했다.

그러자 암흑이 차츰 거두어지더니 여명처럼 밝지도 않은 희끄무레한 빛으로 변했다. 그리고 연이어 검은 그림자들 여럿이 어디로부터인지 알 수 없는 곳으로부터 하나씩 모습을 드러내기 시작했다.

모습들이 숯덩이처럼 검은 것에 싸여 있어서 얼굴을 짐작할 수는 없어도 어둠의 자식들이란 느낌이 들었다. 그 느낌이 이런 바 무념무상에서 천하를 다 보고 다 아는 높은 정신계에 다다랐음을 의미하는 것일까?

속속 모여든 검은 그림자는 모두 12명이었다.

그들이 다 모이자 넓은 바다 가운데 한 작은 섬이 홀연히 나타나더니 연이어 고풍스러운 한 거대한 건물이 안개 속의 성곽처럼 희미하게 그려졌다.

그리고 그 건물의 비밀스러운 방이라 여겨지는 곳에 12명의 검은 그림자들이 원탁에 빙 둘러앉은 모습이 보일 듯 말듯한데 느낌은 확실하게 의식 속에 들어왔다.

"아, 악마의 화신들! 정녕 저들의 준동이 시작되었는가?"

한성민은 의식과 무의식의 경계에서 신음했다. 그리고 인당印堂에 집중을 강화해 검은 그림자들을 주시했다.

그리고 청각에 집중해 그들의 소리를 들을 수는 없지만 강력한 일심一心의 힘으로 끌어들여 그 느낌을 뇌 속에 저장하기 시작했다.

전파처럼 전해와 뇌 속에 새겨지는 그 느낌의 소리는 이랬다.

"수백 년, 조상의 유지를 대를 이어 어김없이 수행해 온 계획을 드디어 우리 대에 완성할 때에 이르렀다. 그대들은 각자 맡은 바 임무가 어느 정도 진행되었는지 말하시오!"

수장이라 느껴지는 키가 크고 뚱뚱한 몸집의 검은 그림자가 근엄하게 명령했다. 그러자 그 옆에 성의라 여겨지는 옷으로 몸을 휘감은 늙은 사내가 일어섰다.

"지상의 제왕이시여!"

그 느낌에 그는 깜짝 놀랐다. 한순간 무의식에서 의식의 경계로 넘어와 검은 그림자들의 모습을 놓치고 말았다.

가슴이 떨리고 모골이 송연했다. 하지만 즉시 마음을 가다듬어 용맹하게 집중을 거듭해 다시 의식의 경계선을 넘어섰다. 그러자 아까 그 성의를 입은 검은 그림자의 말이 계속해서 전해왔다.

"모든 나라에 세운 회당이 우리의 청廳에 바치는 달러가 해마다 수십조 원. 그 회당 부동산도 우리의 소유입니다."

"그것은 당연한 것이고!"

수장이 좀 짜증스럽고 신경질적으로 말했다. 아는 사실을 왜 생색을 내느냐는 투였다. 이에 성의를 입은 자의 음성이 떨려나왔다.

"제왕이시여, 말씀을 더 들어주소서. 달러와 부동산이 급증했습니다."

"알았소! 계속하시오!"

수장의 음성이 조금 누그러져 다음 보고를 명령했다.

"그들 회당의 종들은 충실하게 우리의 신의 이름으로 명령을 잘 수행합니다. 그리고 그들은 우리가 뜻한 바대로 민중을 우리의 신 앞에 노예로 충분히 세뇌하고 훈련시켰으므로 이제는 신의 이름으로 명령만 내리시면 불구덩이에도 뛰어들 것입니다."

　"그러면 되었소. 다음은 그대의 경제 준비상황을 보고하시오."

　수장인 그림자가 이번에는 그 성의를 입은 그자 바로 옆에 앉은 그림자에게 명령했다.

　"제왕이시여! 저에게 맡겨진 임무, 즉 모든 국가를 채무국으로 전락시키는 일에 대해 자, 보십시오. 지구상에 채권 국가는 단 한 곳도 없지 않습니까? 우리의 위대한 선조께서 계획하셨던 공산 이데올로기로 아직도 국민을 핍박하는 국가는 우리의 자본을 쓰지 않았습니다. 하지만 그들 백성들은 굶주림으로 죽어가고 있어서 머잖아 자멸할 것이므로 우리의 임무는 완성될 것입니다."

　"본래 계획을 지금 집행해도 차질이 없겠소?"

　수장이 다시 질문했다.

　"제왕이시여! 염려하지 마십시오. 모든 종족들로 하여금 미디어를 통해 금전만능과 사치, 퇴폐, 향락에 빠지도록 정신을 퇴폐시켰습니다. 그리고 과학과 산업개발이란 명분으로 모든 땅을 잠식하게 했습니다. 어느 나라 국민이건 굶길 수 있습니다. 농작물을 충분히 생산하는 나라도 그들이 우리에게 진 채무금을 회수하면 식량 수출을 언제든 막을 수 있습니다."

　"잘 했소. 식량으로 굶어 죽어가는 나라는 즉시 우리의 노예가 될 것이오. 첨단의 무기, 첨단의 산업, 수천억만 달러, 산더미 같은 황금, 천만 년을 쓰고도 남을 석유 가스… 그것들은 그들의 삶과는 아무 관계가 없지. 식량 없이 어찌 그들이 살아남겠는가? 그들이 노예를 자청하지 않을 수 없도록 철저히 준비를 해두시오."

"이미 준비를 마쳤습니다."

"오, 그대는 임무를 잘 완수했소. 나중에 권력과 부는 그대의 것이오!"

"그럼 다음 임무자가 말하시오."

이번에는 수장이 좀 멀리 앉은 그림자에게 눈길을 옮겨 정치 진행상황을 간단명료하게 보고하라 명령했다.

"제왕이시여! 권력자들은 이미 우리들의 하수인이나 다름없습니다. 그들은 우리가 경제를 파탄시킬 것을 두려워합니다. 그러므로 그들을 언제든 옭아맬 수 있습니다. 그리고 그들을 이용해 예전에 우리의 선조들이 그랬듯이 전쟁으로 자멸을 유도할 수도 있습니다. 거부하는 자 지난 날의 피살자들처럼 천만 명, 아니 그 이상이라도 우리의 요원들에게 그 목숨을 내놓아야 할 것입니다."

"그대도 임무를 잘 완수했소. 권력과 부가 그대에게 주어질 것이오."

수장이 전 자와 마찬가지로 칭찬하자 정치임무 수행자가 읍소해 감사하고는 점잖게 제 자리에 앉았다.

"과학을 담당한 그대의 준비상황은?"

수장은 맞은편 사내를 향해 물었다.

"제왕이시여! 준비는 다 되었습니다. 하지만 아직 한 가지 남은 일이 있으니 조금만 기다려 주십시오.”

“아직도 무엇이 남았는가? 자초지종을 말하시오!”

“제왕이시여! 우리가 띄워놓은 위성의 강력한 힘으로 인류의 그 모든 비밀이 숨겨져 있는 컴퓨터를 언제든 정지시킬 준비는 다 됐습니다. 특히 은행의 돈은 일 개인의 예금까지 위성을 조정해 우리의 계좌로 입금시킬 수 있는 기술까지 완성됐습니다. 그리고 지구 위 상공의 오존층을 걷어내 어느 나라건 사람과 식물을 말라죽일 수 있는 준비도 끝냈습니다. 그렇지만 휴대폰으로 인간의 뇌파를 조종해 꼭두각시처럼 부릴 수 있는 위성 개발은 지금 진행중에 있습니다.”

수장의 물음에 정중하게 보고한 과학임무 수행자가 허리 굽혀 크게 꾸벅 절하고는 제 자리에 앉았다.

“각자 준비를 잘 한 것 같으니 모두들 수고했소. 오늘 질문하지 않은 슈퍼파워그룹들은 휴대폰을 조종할 수 있는 위성이 완성된 뒤에 보고를 받겠소. 그때까지 그대들의 임무가 차질이 없도록 하시오. 나는 수백 년간 선조들이 계획해 온 유지를 우리들의 대에서 실천에 옮기기를 원하오. 그날을 슈퍼데이라 선포할 것이오!”

수장이 마지막 말을 남기고 일어섰다.

한성민은 그들이 소름끼치게 잔인해 몸이 부르르 떨리는 것을 느꼈다. 그리고 무섭고도 슬퍼서 즉시 눈을 뜨려 했다.

그때였다. 아득히 먼 하늘 저 끝 꼭대기라 여겨지는 곳으로부터 한 줄기 서광이 쏟아져 다시 의식을 집중했다.

찬란한 서광은 희끄무레한 빛을 쏜살같이 뚫고 들어갔다. 그리고 뜨거운 불꽃으로 옷가지를 활활 태워 그 잔재를 허공에 날려 보내 듯 검은 그림자들을 순식간에 태워 없앴다.

그들은 한 줌의 재도 남지 않았다. 그리고 새로운 별천別天의 세계가 펼쳐져 보이다가 감격을 느낄 즈음 잠깐 사이에 사라졌다.

"아, 하늘의 제왕이시여! 드디어 악마의 화신들을 멸하고 빛의 자손을 구원해 주실 의지를 보여 주셨습니까?"

한성민은 비로소 의식계로 마음을 돌이켰다. 그리고 감격에 겨운 울먹임으로 눈을 떴다. 무서움도 슬픔도 씻은 듯이 사라졌다. 하늘 동네에 발을 딛고 선 듯 환희의 눈물이 뜨겁게 볼을 타고 내렸다. 그리고 입가에 머금은 미소가 타고 내린 눈물과 미묘한 조화를 이뤄 보는 이로 하여금 이유도 없이 가슴을 울렁이게 하였다.

"선생님…!"

강서영의 떨리는 목소리였다. 그의 모습이 보이지 않아서 두리번거리다가 혹시나 하고 수련장 문을 열었다가 흠칫했다. 고요히 앉은 그의 모습이 석고상처럼 초연해서 숨을 죽였다. 그리고 발자국 소리가 날까봐 뒤꿈치를 세워 가만가만 다가가 지켜보았다.

그런데 명상의 깊음 속에서 천년 고뇌를 다 잊은 듯 주검 같은 얼굴에 어느 순간 인당이 찌푸려지고 분노의 빛을 발산해 깜짝 놀랐다. 혹시 강철호의 일 때문일까? 아니면 어지러운 세속의 군상들을 보아서일까? 하고 생각하는데 문득 그의 눈이 촉촉이 젖어들어 덩달아 눈물이 맺혔다. 그러나 그는 눈물을 머금은 채 미소를 짓고 있었다.

"서영 씨가 와 있었군! 언제부터?"

눈을 뜬 그의 표정은 더 환했다.

"아까부터요. 한참 됐어요! 누가 방해할까 봐 지키고 있었어요!"

"이리로 와서 앉아요."

한성민은 가부좌인 채 손짓으로 불러 그녀를 마주 앉게 하였다.

"혹시 제가 명상에 방해되지는 않았는지요?"

"아니오, 기미조차 느끼지 못했소."

"저는 처음에는 놀랐어요! 그리고 나중에는 무언지 알 수는 없지만 감동했고요. 두려움과 슬픔이 섞인 표정에 놀라고, 흘리신 눈물이 슬프고, 하지만 마지막에 미소 짓는 모습에서 무언가를 깨달으신 것 같아서 기뻤고요!"

"그랬었소? 실은 내가 오랜 기간 걱정해 오던 일이 있었는데, 그 일이 미구에 닥칠 것 같아서 두려워하고 슬퍼했었소. 그러나 마음이 놓여서 나도 모르게 눈물이 나고 미소가 떠올랐던 모양이오."

"어머, 그래요? 무슨 일이신데요?"

"아니오! 아직은 천기를 누설할 때가 아닌 것 같소. 때가 되면 말해줄 테니 섭섭해하지 않았으면 좋겠소."

한성민은 그녀의 궁금증을 풀어주지 않았다. 그녀도 그의 뜻을 존중해 의혹만 가슴에 묻어두기로 하였다. 그는 의식과 무의식계의 경계를 넘나들며 보고 들었던 검은 그림자들의 음모를 아직은 마음에 담아두고 발설하지 않은 데는 그만한 이유가 있었다. 삼매에 들 때쯤에는 어김없이 수행자의 정신을 혼란에 빠뜨리는 마군의 방해현상을 여러 차례 경험했기에 만에 하나 그럴 가능성을 배재할 수 없었기 때문이었다.

그래서 앞으로 그들 검은 그림자들이 누구인지 끊임없이 질문해 명확한 답을 얻을 때까지 기다릴 생각이었다. 또 천하의 정세와 검은 그림자들과의 관계를 확인도 해야 했다. 그리고 무엇보다도 혼자만이 판단하고 혼자만이 구원의 길을 찾을 수는 없는 일이라 민중을 일깨워야 할 막중한 책임감도 느껴져서 신중하게 대처할 필요가 있었다.

"아이 참! 또 비가 오네!"

강서영은 그가 더는 말이 없자 좀 머쓱해하던 차였다. 갑자기 후드득 후드득 들려오는 빗방울 소리에 깜짝 놀란 시늉으로 분위기를 바꾸어 놓았다.

"곧 큰 추위가 올 테니 감기 조심해요."

"금년 겨울은 비도 잦고 눈은 또 왜 이렇게 많이 와요? 눈 많이 오면 다음 해에 풍년이 든다는데 우리나라 경제가 좋아질 모양이에요."

"다 옛날 농경시대 때나 하는 말이오. 눈이 많으면 보리가 잘 되고 비가 알맞게 와서 천수답이 마르지 않기 때문에 그런 말을 한 것이지 오늘날 경제에는 해가 됩니다."

"그럼 금년에 눈비가 많이 오는 거 별 의미가 없겠네요?"

"아니오! 큰 의미가 있소! 작금의 많은 눈비는 지구에 큰 재앙이 내릴 조짐이라 할 수 있어요. 지진, 해일, 질병… 모르긴 해도 그런 재앙이 급격히 불어 닥칠 것 같소."

한성민은 그전부터 예측해 오던 기상이 틀리기를 기대하면서 금년 한 해 기후변화를 다시 한번 곰곰이 따져보았다. 그러나 곧 실망했다. 지구 곳곳을 거덜낼 큰 바람, 큰 물, 큰 불의 재앙을 피할 수가 없을 것 같았다. 거기다가 경제사냥꾼들이 그 틈을 타서 기묘한 수법으로 더 많은 돈을 긁어모아 가난한 사람들이 입을 피해를 생각하니 한숨이 절로 나왔다.

"왜 그런 재앙이 계속될까요? 작년에도 그랬는데…"

"물론 옛날에도 이런 재앙이 없었던 것은 아니지만, 지금과는 판이하게 달라요. 지금은 인간의 이기심과 욕망이 만들어 낸 소위 문명이란 것 때문에 더 큰 피해가 예상됩니다. 하늘은 무위하기 때문에 인간의 이기심과 욕망, 그리고 증오와 원한 등등의 기운을 되돌려 주기 마련이오. 거기다가 인간의 분탕질을 더는 볼 수 없는 신명계의 분노까지 겹쳤으니 어찌 재앙을 피할 수 있겠소!"

"그럼 어쩌지요? 악한 사람들이야 당연히 벌을 받아서 그렇다 쳐도 애꿎은 선민善民들이야 무슨 죄가 있겠어요? 억울하잖아요."

"나도 그것이 걱정이오. 우리의 예언서 격암유록에서 십승지十勝地에 드는 자만이 살아남고 신의 이름으로 협박하는 자, 어둠의 자식들은 다 죽으리라 하였소. 열 집에서 한 집만 살아남는다 했으니 그 처참함을 생각하면 끔찍한 일이오."

"십승지가 무슨 뜻이에요?"

"십은 완성을 의미하니 사람의 본성이고, 승은 타오르는 것이니 본성에 회귀함을 뜻합니다. 즉 본래 하늘 마음인 인간의 본성을 지키는 자는 살아남는다는 뜻이지요. 어찌 되었건 본심에 드는 것이 인간이 할 바이건만 어디 그렇소? 너도나도 권력과 재물에 혈안이 되어 있으니 누구를 탓하겠소? 재앙을 불러들이는 자가 그들 자신이니 말이오!"

한성민은 탄식을 금치 못하고 한탄을 했다.

그런 중에 느닷없이 비바람소리가 창문을 세차게 때려서 분위기마저 음산했다. 마치 밀어닥칠 재앙의 신호인 듯도 하고, 불을 밝힌 수련장을 겹겹이 둘러싼 어둠은 마군의 눈동자처럼 음흉했다. 이심전심인지 그녀 역시 창문을 경계로 극명하게 갈라진 어둠과 밝음. 빛은 어둠을 헤집어 밝히려 하고, 어둠은 빛을 덮치려고 호시탐탐 노리는 마군 같은 느낌이어서 괜스레 기분이 산란했다.

"어둠과 빛이 선악의 대결 같아요!"

"무엇을 말이오?"

"방안의 불빛과 창밖의 음울한 어둠 말예요. 꼭 서로 싸우는 선악의 대결 같은 생각이 들어서요"

"나와 비슷한 생각을 하고 있었군! 하지만 달리 생각해 보면, 빛이 어둠을 드러내고, 어둠이 빛을 드러내니 인간의 마음 같기도 하지요."

"마음이 어떻게?"

"잘 생각해 봐요. 사람은 결점을 숨기려 하지만 사실은 드러나고, 좋은 것을 드러내려 하지만 그 실은 결점을 드러내는 것이오."

"무슨 뜻인지 이해가 안 가요. 누구나 결점은 기를 쓰고 숨기잖아요? 그리고 좋은 것은 자랑 못해 안달이고요?"

강서영은 문득 자신의 짧은 한쪽 다리를 생각하며 반문했다. 어릴 때부터 열등의식에 사로잡혀 마음 고생이 여간 심하지가 않았다. 사실 그 때문에 여러 남성들의 청혼을 거절했던 이유 중의 하나이기도 했다. 한결같이 자신의 결점까지 사랑한다는 사람들도 없지가 않았으나 믿지 않았다. 훌륭한 학벌과 부잣집 외동딸, 그리고 미모를 탐해서 거짓을 숨기고 진심인 양 온갖 감언을 다 동원해 유혹하는 음흉한 속셈을 읽을 수 있었다.

"얼른 생각하면 그럴 것이오. 그러나 예를 들어서 자신이 못 생겼다고 생각하는 사람은 애써 진하게 화장하고 단장을 잘 합니다. 그것이 못생김을 드러내는 것이 아니겠소? 그러나 잘 생긴 사람은 굳이 화장하고 단장에 마음을 쓰지 않습니다. 또 좋은 것을 자꾸 드러내려는 사람은 상대적으로 나쁜 것이 있기 때문에 그것을 가리기 위해서지요. 마치 악한 자가 착한 척하고 위장하는 것처럼 말이오. 그러니 결점을 스스로 드러내는 것이라 할 수 있어요."

"정말 그러네요?"

강서영은 깜짝 놀랐다. 늘 다리를 의식하고 본능적으로 숨기려 했던 자신의 콤플렉스가 부끄러웠다. 그리고 그가 자신의 열등의식을 해소시켜 주려고 빛과 그림자를 빗대어 해준 말이라는 것도 알았다.

"사람은 모름지기 흠이라고 생각하는 것을 두려워하지 말아야 합니다. 당당하게 내보여야지요. 그리고 좋은 것이라 생각하는 것은 도리어 드러내지 않아야 합니다. 예로부터 있는 것을 자랑하면 도둑이 노리기 마련이고, 없는 것을 있는 척하면 경망되고 낭비하기 십상이니까."

"맞아요! 결점을 자꾸 숨기면 더 드러나요! 오히려 결점을 당당하게 내보이니까 사랑을 받더군요. 어느 못생긴 코미디언이 그랬었죠. 스스로 못나서 미안하다고."

"나도 그 사람 말을 들어서 알고 있소."

"말씀대로 결점이나 잘못을 숨기려는 자는 더 드러나더군요. 특히 정치인들 말예요. 제 잘못을 감추려다가 나중에 들통이 나서 망신당하고. 그리고 많이 알고 많이 있다고 자랑하는 거 참 꼴불견이에요. 어느 철학가가 그랬었죠. 모르면서도 아는 척, 없으면서도 있는 척하는 거 정말 불쌍하기도 하고요!"

"그래서 노자가 지자불언知者不言 언자불지言者不知이라 했소. 아는 자는 말하지 않고, 말하는 자는 알지 못한다고. 이 말을 달리 해석하면 흠이 없는 사람은 흠을 말하지 않고, 흠이 있는 사람이 흠을 말하는 것이라고."

"옳은 말씀이에요."

"노자는 또 이런 말도 했지요. 스스로 드러내지 않아서 밝고, 스스로 잘났다 하지 않아서 드러나며, 스스로 교만하지 않아서 공덕이 있고, 스스로를 자랑하지 않아서 존중받는다 하고 말이오."

"요즘 그런 사람이 과연 있을까요? 다 제 잘났다고 떠들어대야 알아주는 세상인 걸요"

"아무튼 척하고 자신을 나타내는 사람은 추할뿐만 아니라 제 신세를 망치는 것이지요. 지식이 많다고 자랑하고 겸양하지 않는 자, 속이 빈 것을 허장성세로 감추는 것이니 당장은 득을 보는 듯해도 나중에 탄로나서 손해를 입을 것이고, 정말 지식이 깊은 사람은 말이 없어서 처음은 손해 보는 듯해도 나중에 자연히 드러나 이익을 보기 마련이오."

"요새 상품이 그런 것 같아요. 포장을 잘 하면 가짜를 진짜로 여기고, 포장이 허술하면 진짜를 가짜로 여겨요!"

"마찬가지로 성전이 장엄하면 사이비를 성인이라 칭송하고, 성전이 초라하면 성인을 사이비라 욕합니다. 또한 사기꾼은 사기꾼임을 숨기기 위해 정의를 부르짖고, 정의로운 자는 정의로움 그 자체이기 때문에 정의를 말하지 않소."

"하지만 사람들은 정의를 부르짖는 사람을 정의롭다고 생각해요."

"다 겉만 보고 하는 소리지요. 아무튼 그런 이치로 사랑을 모르는 자가 사랑을 노래처럼 달콤하게 말하고, 사랑을 진실로 아는 자는 사랑을 말하지 않고 행동으로 진심을 표합니다. 그러므로 항상 눈, 귀, 코, 입, 감촉 등 오감五感의 피상적인 판단을 경계해야 합니다. 늘 깨어있어서 바르게 보고, 바르게 느끼고, 바르게 생각하여, 바르게 판단하고, 바르게 말하고, 바르게 행동하는 지혜를 잊지 말아야 합니다."

"그 말씀 듣고 나니 한없이 기쁘고 용기가 납니다. 실은 저도 소아마비 때문에 열등의식에 시달렸어요. 말은 안 했지만 선생님한테도 그랬어요. 그래서 늘 불안했고요."

"아니 나한테! 나한테 어찌 그런 마음을 갖는단 말이오? 자신에게 있는 육신의 흠을 수치스럽게 생각하는 사람은 타인의 흠을 비난하는 사람이오. 앞으로는 절대로 그런 생각을 하지 말고 당당하게 내보여요! 도는 시궁창이라 해서 버리지 않으며 장미라 해서 특별히 사랑하지 않소. 모름지기 도의 길을 가고자 하는 내가 어찌 그런 차별심을 가지겠소?"

"그 말씀 기쁩니다!"

강서영은 얼마나 듣고 싶었던 말인지 가슴이 벅차도록 감동스럽고 눈물겹게 고마웠다. 듣기 좋으라고 하는 소리와는 차원이 달랐다. 이제는 옥죄어 온 열등의식에서 해방돼 자유롭게 삶을 영위할 수 있는 자신감이 있었다. 그리고 사랑의 힘이 실감돼 행복했다.

"그러면 되었소. 그나저나 철민 군이 걱정이오."

"왜요? 사건도 다 해결되었는데? 아, 그렇군요! 다친 곳이 이상이 없어야 할 텐데?"

"그렇소! 상처가 문제요. 그런 일은 없어야 하겠지만 만에 하나 불구라도 된다면 마음의 상처가 더 치명적일 수 있소. 절망이 극도의 증오와 분노로 변할 테니 말이오. 성격으로 보아 능히 그럴 수

있소. 그러면 누구한테나 적개심을 가지기 마련이니 그것이 걱정이
오.”

“스스로 잘못해서 그런 것인데 왜 남한테 적개심을 가져요? 자숙
해야지요.”

“하지만 인간의 원초적인 본능의 욕망은 세 가지가 있소.”

“원초적 본능이라니요?”

“그렇소. 인간에게는 아니 모든 생명이 있는 것들은 원초적 본능
이란 것이 있소. 첫째는 식욕이고, 둘째는 수면욕이고, 셋째는 성욕
입니다.”

“성욕이 그리 중한가요?”

“당연하지요. 인간은 우주적 섹스로부터 탄생했으니까 성욕은
당연한 본능이라 할 수 있어요. 하여튼 육신을 가진 만물은 이 세
가지 욕망을 충족시킴으로써 존재합니다. 식욕은 육신이 물질이니
물질인 음식으로 육신을 지탱하기 위한 에너지를 공급받아야 하고,
수면욕은 낮에 소비한 천지의 에너지를 밤에 잠듦에서 받아야 하
며, 성욕은 천지만물이 도로부터 나온 음양 화합성의 산물이므로
그 성품을 내림받은 자로서 마땅히 행해서 자식을 낳아야 할 도리
이기 때문이지요. 그러기에 한갓 미물도 자식을 위해 목숨을 바칩
니다. 그뿐 아니라 성욕은 육신의 동물적 본능이라서 이성을 마비
시키기 마련이오.”

“세 가지 욕망 중 어느 하나도 잃어서는 안 되겠군요!”

“맞소! 식욕과 수면욕은 생명과 직결돼 있어서 부족하면 도둑 강
도 살인을 마다하지 않을 것이며 잃으면 죽음이오. 성욕을 채울 수

없으면 성폭행범이 되기도 하고, 광적이거나 삶의 의미를 잃고 절망하기도 하는 등 정상적인 생활을 못할 수 있어요."

"아, 이제 이해가 갑니다. 여러 가지 욕망이 불붙는 철호의 성품으로 봐서 성적으로 불구가 되면 광분할 가능성이 높아서, 온전한 몸의 불특정 다수인을 향한 증오심에 이성을 잃을 수도 있겠군요. 그러고 보니 퇴원한 후의 철호가 걱정스러워요."

"내가 고심하는 것도 바로 그 때문이오."

"어쩌지요?"

"글쎄요…!"

한성민은 아직 마땅한 대답을 할 만한 생각이 떠오르지 않아서 안타까웠다. 그리고 강철호의 광분하는 모습이 상상돼 눈살을 찌푸리며 처연해 하였다. 수백 년 전에 인간을 노예화할 계획을 세운 악마의 후예들이 때를 기다리고 있는 모습과 닮아서 몸서리가 쳐졌다.

악마의 후예들은 대를 이어 조상의 유지를 충실히 수행해왔다. 그런 그들이 마각을 드러낼 때 아무것도 알지 못하는 민중이 당할 참혹한 고통을 누가 있어 구원해줄까? 세상을 지배해 온 악의 무리들을 보다 못한 신이 쭉정이 태우듯 불살라 없애고 지구를 정화시킬 것이라 믿고 싶었다.

그러나 설사 그런 날이 온다 해도 큰불이 나면 애꿎은 것들이 해를 입듯 선민善民이 당할 재앙이 걱정스러웠다. 하지만 그럴 수도 있다는 사실을 널리 알려서 그날을 대비하게 하고 싶지만 여러 무리들이 필시 이렇게 말할 것이다.

"설마 하니?"

하고 의심하는 무리.

"말도 안 되는 미친 소리!"

하고 단 번에 부정하는 무리.

"사이비한이다!"

"정신병자다!"

하고 손가락질하고 욕할 게 불을 보듯 뻔했다.

그러니 대비하지 않아서 재앙을 입건 말건 지켜보는 수밖에 달리 도리가 없었다. 그들에게 닥칠 재앙도 먼 후일의 일이기도 하고, 천지를 주관하는 도라는 것은 거대한 태풍보다 강대해서 막을 수도 없으니 말이다.

게다가 천성이 냉혹하기가 얼음보다 차서 도에다가 인정을 구했다가는 큰코다치기 십상이다. 그러므로 미리 준비하지 않았다가 휩쓸어가는 태풍에 속수무책으로 당하듯 도로부터 재앙을 입는 것도 제각기 타고난 운명일 터, 차라리 하늘의 뜻에 맡겨 두는 게 순리일 듯싶었다.

그러나 강철호만은 애꿎게 해를 입거나 악행을 저지르지 못하게 해서 인자하지 않은不仁 도의 재앙에서 벗어나게 해주고 싶었다. 그러기 위해서는 악마의 후예들과 닮아질 것 같은 강철호의 들끓는 욕망과 불타는 복수심을 어떡하든 잠재워야 하겠기에 고심이 깊었다.

증오도 욕망도

삶의 끝에 서면

한 바탕 꿈인 것을

불길에 뛰어들어

제 몸을 태워 죽는

불나비같이

왜들

광분하는지!

만족할 줄 알면 부유하고

뜻을 강하게 행하면

제 자리를 잃지 않아서

죽음 없이 영원하리라.

제왕을 꿈꾸는 정글의 무법자

그 춥던 겨울을 나기가 그리도 힘들더니 봄, 여름은 쏜살같았다. 하기는 다 떠나고 몇 사람 남지 않은 수련원을 재건하느라 한성민은 세월 가는 줄을 몰랐다. 초보 수련생들을 모집하는 한편 떠났던 사람들을 일일이 설득해서 다시 불러 모으고 새로운 수련법을 가르치다 보니 가을이 눈 깜짝할 사이에 더위를 털어내고 성큼 다가왔다.

그동안 한성민과 강서영이 심혈을 기울인 덕에 예전만은 못해도 강철호의 수련원을 웬만큼은 회복시켜 놓았다. 그는 눈코 뜰 새 없이 바쁜 중에도 틈틈이 그녀를 데리고 고향에 내려가서 여동생 선희와 하루 이틀 지내다가 돌아왔다. 선희도 건강한 몸으로 수련원을 몇 차례 다녀가기도 하였다. 그런데 그는 곧 돌아올 강철호에게 수련원을 인계하고 겨울이 오기 전에 그녀와 결혼식을 올릴 생각이어서 이래저래 더 바빴다.

투병중인 강철호는 무려 아홉 달 동안 여러 차례 수술 끝에 성기가 웬만큼 복원돼 그런대로 제 모습을 찾았다. 그러나 고환이 심하게 부서져서 발기는 쉽지가 않았다. 다행히 시간이 오래 지나면 정상이 될 수 있다는 의사의 진단이 있어서 절망적이지는 않았다.

그러나 강철호는 믿지 않았다. 입원해 있는 동안 사람이 변해도 이만저만 변한 게 아니었다. 심사가 뒤틀릴 대로 뒤틀려서 무엇이건 부정하고 증오하였다. 치료해 준 의사마저 욕했다. 자신의 의술을 주변에 자랑하려는 얄팍하고 상투적인 말놀음이나 하는 새끼라 폭언을 퍼붓고 퇴원했다.

그리고 곧장 본가에 가서 며칠을 지냈다. 그 며칠 동안 여러 군데 전화를 해서 누군가의 인상착의를 확인도 하고 무언가를 골똘히 생각한 뒤에야 수련원으로 돌아왔다.

그런데 예전에 강철호는 개량한복을 고집스럽게 입고 다녔는데, 이번에는 청색 와이셔츠에다가 붉은 넥타이까지 맨 말끔한 양복차림을 하였다. 그렇게 감성적인 옷차림으로 자신을 변화시킨 강철호의 모습은 예전보다 점잖고 신사의 풍모를 느끼게 해주었다. 훤칠한 키에 떡 벌어진 어깨하며, 다시 한번 돌아보고 싶을 만큼 잘생긴 얼굴도 한층 돋보였다.

"어서 오게. 이리 건강한 모습을 보니 반갑네."

한성민은 강철호가 온다는 전갈을 받고 엘리베이터 입구까지 나가서 따뜻한 미소로 맞이했다.

"형님!"

강철호는 며칠 전에도 문병온 그와 많은 대화를 나누었는데도 퇴원하고 수련원에서 만난 느낌이 새롭고 감개가 무량해서 말을 잇지 못했다.

"양복이 멋있다. 야, 참 잘 어울린다."

강서영은 건강하고 말쑥한 강철호의 모습을 양복에 빗대어 칭찬하며 반겼다.

"그래요? 누님이 그리 봐주니까 기분이 좋네요."

강철호는 좀 쑥스러웠던지 머리를 쓱쓱 긁적이며 유쾌하게 말했다. 그리고 잠시 후 사범들을 뒤딸려서 수련장 안을 한 바퀴 돌아보았다. 예전과 다름없이 수련생들의 온기가 훈훈하게 느껴져 흐뭇한 기분으로 잠시 서서 바라보았다.

그러다가 문득 잊은 것이 생각난 듯 급한 몸짓으로 곧바로 뒤돌아섰다. 그리고 사범들 중에 소진수만 혼자 쓰던 자기 방으로 데리고 들어갔다. 소진수가 자리에 앉자 강철호의 눈동자가 갑자기 매섭게 빛났다. 그리고 누가 엿듣는지 문 쪽에 귀를 기울여 살펴보다가 긴장한 낯빛으로 나직하게 말했다.

"진수야!"

"네, 원장님!"

"그동안 수고했다. 앞으로 전적으로 너만 믿는다. 나와 생사고락을 같이 할 수 있겠어?"

"물론입니다!"

소진수도 긴장해서 다부지게 대답했다.

"전이용 그 새끼가 데리고 온 깡패들 두목놈이 누군지 알아냈어! 나이트클럽 사장인데, 잡아들인 놈들은 피라미들이고 나를 테러한 실질적인 배후는 그 새끼야! 전이용과 그놈이 친하거든, 그래서 집에서 몇 군데 전화해서 알아봤더니 역시 그놈이었어! 그놈이 김갑숙이 준 돈도 제일 많이 쳐 먹었을 거야!"

"어쩌시게요?"

"손 좀 봐줘야지!"

"그럼요, 당연히 그러셔야지요. 그런 새끼는 반 죽여 놓아야 해요!"

"쉿! 조용히 말해! 형님이나 누님이 들으면 안 되니까 앞으로도 입조심하고!"

"네, 좀 흥분돼서 그만… 조심할 게요."

"그리고 또 한 가지 할 게 있다. 형님과 누님이 없을 때 그리고 누구도 눈치채지 못하게 좋은 금고 하나만 사서 비밀리에 내 방에 가져다 놔. 아무도 모르게 조금씩 벽을 뚫고 그 안에 금고를 넣어둬 그리고 책장으로 가려놔. 알겠어?"

"네, 네, 또 시키실 일은요?"

소진수는 왜 금고를 비밀리에 가져다 놓으라는지 묻지도 않았다. 그저 강철호의 명령에 무조건 복종한다는 태도였다.

"그 정도면 됐어. 근데 말이야, 가장 중요한 것은 너의 의리다. 나와 의리가 절대로 변하지 않을 것이라 믿는다."

"그 점만은 염려하지 마십시오!"

소진수는 우직한 사내라 의리를 지키라 마라 할 것도 없었다. 강철호가 시키는 일이라면 불구덩이라도 뛰어들 각오가 돼 있었다. 건달들 모양으로 손가락을 잘라서 맹세를 한다든지 하는 따위의 잔인하고 우스꽝스러운 짓거리는 애시당초에 필요가 없는 인물이었다. 강철호가 입원해 있는 동안에 여러 경로를 통해서 소진수의 활약상을 들었던 터라 그런 성품을 확신하고 있었다. 그래서 병원에 누워 있던 내내 계획했던 일을 소진수를 앞세워 실행에 옮길 생각이었다.

"그럼 됐다. 나는 형님한테 갈 테니까 어서 나가 봐."

강철호는 짧지만 분명한 대답과 결연한 태도를 보인 소진수를 신뢰했다. 믿음이 확실한 이상 긴 이야기가 필요 없었다. 병원에서 구상했던 계획은 실행 직전에 그때그때 말해주기로 하고 곧바로 일어서 그를 찾아갔다.

"형님, 저 왔습니다."

방안에는 강서영이 무뚝뚝 말이 없는 그의 앞에 다소곳이 앉아 있었다. 기척이 없는 방안이 적막은 해도 행복한 빛이 완연한 그녀의 얼굴에서 말이 없어도 오고가는 두 사람의 사랑의 감정을 짐작할 수 있었다.

"형님, 국수 언제 주십니까? 우리 누님 너무 오래 두시면 안 됩니다. 보시다시피 천하절색이라서 누가 채가면 어쩌려고요?"

강철호는 누이 곁에 앉자마자 짐짓 진지한 표정으로 말을 걸었다.

"얘는 별소릴 다 하네!"

강서영이 작은 주먹으로 강철호의 머리를 때릴 듯 들었다 놓는데 입가에 지은 잔잔한 미소에 행복한 속마음이 내비쳤다.

"왜요? 아, 그리고 보니 형님과 누님이 같은 날 국수를 주시겠네요?"

강철호가 능청스럽게 말하고 한참을 껄껄 웃었다.

그런데 한성민은 전혀 웃을 생각을 하지 않았다. 오히려 강철호의 눈을 묵묵히 바라만 보았다. 별달리 어린 빛이 없어서 얼핏 무심해 보이는 눈동자였다. 그러나 눈길을 마주치면 무언지 알 수 없는 생각이 은근하게 맺혀있는 빛을 감지할 수 있었다.

진심을 담은 농담은 누구나 잘 아는 터여서 웃음으로 응해주기 마련이다. 그런데도 농담을 웃음이 없이 받아들이는 그의 속내가 무얼까? 그녀는 좀 궁금하기는 해도 그가 워낙 말이 없는 사람이라 그렇거니 하였다.

그러나 강철호는 달랐다.

도둑이 제발 저리면 딴청을 부린다더니 그의 눈을 똑바로 바라보지 못하고 얼른 외면하였다. 그는 강철호의 그런 행동을 놓치지 않았다. 사실 강철호의 농이 어린 진담을 처음에는 있는 그대로 받아들여서 내심은 기분이 좋았다. 그런데 평소에 농담을 잘 모르고 이리저리 굴리거나 빗대어 말하는 법이 없이 단도직입적으로 할 말만 하는 사내라 농담하는 표정이 어딘지 어색해 보였다. 오랜 습관은 마치 카르마처럼 마음에 달라붙어 있어서 좀체 떼어낼 수 없을 뿐더러 새는 물처럼 자연스럽게 입으로 흘러나오기 마련이다. 그러기에 강철호가 계속해서 농담을 해대자 늘 우려하던 심상찮은 일을 꾸미고 있는 게 아닌가 하고 의심의 눈으로 바라보았다.

　아니나 다를까?
　강철호는 그의 눈길을 똑바로 보지 못하고 슬쩍 피했다.
　비밀이 있으면 그것을 감추려고 전혀 하지 않던 언행을 억지로 지어내 하기 마련이다. 특히 큰일을 도모하는 범인凡人들이야 초조해하는 표정과 행동을 보면 금방 알 수 있다. 그러나 강철호처럼 야심이 크면 뒷북치는 소리를 하거나 얼토당토 않는 언행으로 위장한다. 그리 생각한 그는 일단은 맞장구를 쳐주기로 하였다.
　"내 국수는 확실한데 서영 씨 국수는 모르겠군. 그런데 이보게, 국수가 없으면 어디에 가서든 국수를 먹어야 할 텐데?"

　한성민의 눈빛이 의미가 심장해서 처음 말은 농담이 분명하지만 농담같이 들리지 않고 다음 말은 듣기에 따라서 전혀 딴판이었다.

제 발 저린 도둑이면 지금 네가 하고 싶은 걸 수단방법 안 가리고 하려는 거겠지? 하고 받아들일 수 있는 말이기도 하였다.

그래서인지 강철호는 어디가 찔린 듯 뜨끔한 낯빛이 찰나 간에 스치고 지나갔다. 하지만 이내 껄껄 웃음을 터뜨리며 엉뚱한 말로 허세를 부렸다.

"형님이나 누님이나 이 중매쟁이 잊어서는 안 됩니다. 농담이고요. 두 분 저한테도 기회를 좀 주십시오. 결혼비용은 제가 다 대고 싶습니다."

"얘는 우리 걱정은 하지 말고 수련원 일이나 열심히 해! 사람들 모으느라고 선생님이 얼마나 고생하셨다고."

강서영은 뜻을 모르고 눈을 흘겼다. 그는 듣는 둥 마는 둥 하고 찻잔을 들어 몇 모금 마셨다. 강철호는 더 농담할 분위기가 아니라서 머쓱해하다가 어색한 표정으로 찻잔을 들었다.

"철호 군!"

"예, 형님!"

"근심이 있으면 몸이 천해지는데, 몸이 천해지면 우환을 불러들인다네. 근심은 그릇된 생각과 욕망에서 생기고, 생각과 욕망이 들끓으면 몸이 천해지는 것이지. 그래서 그릇된 생각과 욕망을 버리면 몸이 귀하게 되어서 터럭만큼의 악함도 없어지기 마련이라 천하가 뒤집어져도 우환이 없다네. 무슨 뜻인지 알겠지?"

한성민은 마지막 말에 힘을 주어 언성을 약간 높였다.

강철호는 속으로 찔끔했다. 그리고 자신의 속을 다 들여다보고 훈계하는 듯해서 그가 처음으로 무섭게 느껴졌다. 그러나 시치미를 뚝 떼고 무슨 뜻인지 모르겠다며 고개를 설레설레 내저었다.

"자네 왜 내 눈을 피하지? 상대방의 눈을 피한다는 것은 그 마음에 음심이 있다는 증거라 하더군!"

"에이 형님도… 제가 언제 형님 눈을 피했어요? 죄 지은 것도 없는데 그리고 음심은 무슨… 저 그런 거 없어요!"

"이런 말이 있다. 믿을만한 말은 꾸밈이 없고, 꾸민 말은 믿음이 없다. 올바른 자는 변명하지 않고, 변명하는 자는 올바르지 못하다 하였지."

"에이 형님도 참! 저 성격 아시잖아요? 구질구질하게 꾸며서 하는 말 싫어한다는 거!"

"잘 알지, 솔직한 감정 표현이 자네의 장점이라 할 수 있지. 그래도 오늘은 왠지 자네가 옛말을 생각나게 하는군."

"무슨 말인데요?"

"역적은 충성스럽게 보이려고 아부를 잘 하고, 음모를 꾸미는 사람은 그것을 감추기 위해 변죽을 울린다더군. 자네가 전에 없이 농담하고 웃기에 물어본 것이네. 사심이 없다니 믿겠다만, 만에 하나 전의 사건을 염두에 두고 있다면 깨끗이 잊는 게 좋아! 아까도 말했지만 몸을 천하게 해서 우환을 불러들이는 것이니까."

한성민은 강철호의 말을 믿지 않으면서도 좋게 말했다.

강철호는 그가 자신을 염려해서 하는 말이라 믿고 싶었다. 하기는 귀신이라도 비밀한 남의 속을 어찌 알겠는가? 하고 마음을 놓기로 하였다. 그러나 그의 만만찮은 능력을 가볍게 보았다가는 필경 일을 망칠 수 있을 것 같아서 긴장은 하였다.

"앞으로 무슨 일이건 형님과 의논하겠습니다. 형님은 판단 능력이 뛰어나시니까 잘못되지 않도록 이끌어 주십시오."

"자네는 총명한 사람이니까 굳이 나한테 물어볼 게 있겠나. 다만 이 말만은 해주고 싶군."

"예, 말씀해주십시오."

"명예와 죽음, 자신과 금은보화 어느 것을 따를 것인가? 그리고 얻는 것과 잃는 것 어느 것이 괴로운가? 애착이 심하면 크게 잃는다네. 그러므로 그칠 줄 알면 위태롭지가 않아서 오래 보존할 수 있다네."

"좋은 말씀입니다."

"한 가지만 더 말해줄 게 있네. 명심해 두게. 지나친 의義와 선善은 불의不義하고 악惡이 된다네. 즉 의와 선을 내세워 불의와 악을 증오하는 것을 의롭고 착하다 하지만, 증오하는 그 자체가 이미 불의요 악일세! 그러므로 우환을 자초하는 것이니까 명심하고 명심해주면 자네한테 더 바랄 게 없겠네. 그리고 자네가 나한테 의논할 것도 없고."

"예, 형님! 명심하겠습니다. 그럼 오늘은 시간도 늦었으니까 형님한테 그만 배우고 나가보겠습니다. 누님은 더 계실 거예요?"

"응, 좀 더 있다가, 너는 어디 갈 건데? 집에 갈 거야?"

"그래야지요! 어머니가 빨리 오라 하셨거든요. 늦었어요! 그럼 형님 편히 쉬세요."

강철호는 또 무슨 소리를 들을까 봐서 엉덩이부터 들었다. 방을 나가는데 그의 눈초리가 뒤통수를 노려보는 것 같아서 뒤가 당겨 서둘러 나갔다.

"철호가 좀 이상한 것 같네요. 무슨 일이 있는 걸까요?"

왠지 모르게 강철호의 언행을 줄곧 불안하게 느꼈던 그녀가 궁금했던 대답을 그에게 들으려 하였다.

"서영 씨!"

"네?"

"나는 철호 군의 운명을 짐작하고 있소."

"전에도 한 번 말씀하신 적이 있었어요. 또 무슨 일이 있을까요?"

"내가 오늘 심각해진 것은 철호 군이 무슨 일을 저지를 것 같은 예감이 들어서였소. 불행한 운명이 기다리고 있는 것도 모르고 말이오. 모든 인간이 다 그렇소만 어리석게도 불나비처럼 불행을 찾아가서 제 몸을 망치지요."

한성민은 젊은 시절 음양오행을 독학한 적이 있었다. 그리고 여러 학문을 섭렵하면서 나름의 독창적인 학문으로 승화시킬 만큼 명리에 능했다. 그러나 그는 집착하지 않고 깨끗이 버렸다. 오직 도의 세계만을 추구함으로써 하늘의 뜻이 어떠하든 광풍에도 끄떡없는 바위처럼 초연히 자신을 지키려 하였다. 그런 만큼 주변 사람들한테도 그리 하기를 간절하게 바라고 원해서 늘 일깨워 주려는 마음을 품고 있었다.

　그런데 강철호의 올곧지 못한 행동을 목격하고 어느 날 명리의 시각으로 운명을 가늠해보았다. 깜짝 놀랐다. 내면에 잠재된 무서운 야망과 욕망, 그리고 포악한 성품을 발견했다. 때가 되면 악마와 같은 본색을 드러내 많은 사람을 해칠 것이라 판단했다. 그리고 저승도 아니고 내세도 아니고 현세에 그 응보가 폭풍처럼 몰아져 비참하게 생을 마감할 것 같은 생각이 들었다.

　하지만 그는 일체 내색하지 않았다. 자칫하면 오해를 살만한 남의 인생의 일이라 대놓고 말하기가 어려웠다. 그저 속에만 담아두고 스스로 운명을 극복할 수 있도록 충고하는 데만 마음을 썼다.

　그러나 강철호는 귀담아 들을 생각을 하지 않았다. 위험하다고 한사코 만류해도 물가에 가는 아이처럼 기어이 제 운명의 길을 가려하고, 그런 걸 번연히 알면서도 붙들지 못하는 자신의 한계가 안타까웠다. 그리고 나중에 때에 이르러 업의 시행에 속절없이 매몰되고 말 처참한 모습을 생각하면 불쌍해서 가슴이 아리었다.

　그런데 정녕 하늘의 뜻은 정해져 있는 것일까?

　때에 이르러 강철호를 심판할 업의 시행자가 바로 한성민 자신이었다. 하지만 그는 마지막 순간까지 그 사실만은 까맣게 몰랐다. 후일의 일이기는 하지만 인과란 그렇게 얽히고설켜서 나타나는 필연이 아닌가 싶다. 하여간 이때까지 그는 강철호의 앞날을 걱정하는 마음뿐 아무것도 생각나지 않았다.

　"철호가 양복을 말쑥하게 차려입고 전에 없이 우스갯소리도 하는 걸로 봐서는 상처를 깨끗이 잊고 새로운 인생을 시작할 것이라 믿었는데 그게 아닌 모양이지요?"

"내가 보기에는 본심을 숨기려고 위장하는 것 같소."

"하지만 범인들이 잡혀서 모두 감옥에 갔는데 무슨 일을 하겠어요?"

"그렇지가 않소. 얼마 전에 뉴스를 들었소만, 자신의 가난을 남의 탓이라 생각하고 차를 몰아서 닥치는 대로 사람을 치어죽인 자가 있었지요. 요는 철호 군도 그럴 수도 있는 반항적이고 격정적인 성품의 소유자란 점이오. 더구나 성행위능력이 없다는 불공평한 피해의식 때문에 극단적일 수가 있어요. 거기다가 항상 자신이 하는 일은 다 정당하다고 합리화하는 사람이니 말이오."

"얘가 몰상식하지는 않은데 설마 그렇게까지 하겠어요?"

"모르는 소리요! 섹스수련만 해도 그렇소. 동의를 구했다고 불의가 아니라고 자기합리화 했잖소? 그래서 화를 당한 것이고. 또 하나 더 큰 충격이 있을 것이오. 이명숙 말이오. 그 여자가 먼저 결혼을 파기했다는 사실을 받아들이기 힘들었을 게요. 세 여자와의 관계를 다 알고 결혼을 약속했으면서도 성불능이라 지레짐작하고 냉담하게 돌아섰으니 충격도 충격이지만 분노가 얼마나 컸겠소? 그 때문에라도 사람을 불신하고 증오할 수도 있지 않겠소."

"성기가 결혼에 그리 중요할까요?"

강서영은 이명숙의 말이 나오자 화가 났다. 그날 병원 근처 찻집에서 다시는 철호를 문병조차 하지 않겠다 하더니 정말 그랬다. 여러 차례 만나자고 연락을 해도 이미 끝난 일이라며 냉담하게 거절

해서 가증스럽기도 하고 사람이 어떻게 그럴 수 있는지 개탄스러
웠다.

"만물은 음양의 산물이라 살아 숨쉬는 것은 성에서 벗어나기 어
렵소."

"성보다 더 중요한 것이 사랑이잖아요? 사랑해서 결혼하기로 해
놓고 막말로 섹스를 못할 것이 두려워 결혼을 파기한다는 것이 말
이나 돼요?"

"육체의 욕망을 사랑이라 착각한 것이지요. 그래서 성불능일 것
이라 지레 짐작하고 매몰차게 돌아섰을 게요. 어쩔 수 없는 중생의
본 모습이오."

"아무튼 곰곰이 생각해 보니까 우리 철호가 정말 무슨 일을 저지
를 것 같은 생각이 들어요. 그나저나 그 애 마음을 바로잡아 줄 사
람은 선생님뿐인데 어쩌지요?"

강서영은 그의 말을 듣다 보니 불안했다. 아무리 친형제가 아닌
사촌이라 해도 어릴 적부터 정이 들어왔던 터라 강 건너 불 보듯 나
몰라라 할 수도 없고 걱정이었다. 그 역시 처남이 될 사람의 장래를
짐작하면서도 모른 체하고 있을 수는 없어서 답답했다.

"글쎄… 사람이 워낙 고집이 세나서… 그렇다고 저대로 둘 수는
없고!"

한성민은 아까부터 생각한 바가 있었으나 차마 말을 꺼내기가
쉽지가 않아서 망설이고 있던 참이었다. 그런 중에 마침 강철호의
마음을 바로 잡아줄 사람은 자신밖에 없다고 하자 어렵사리 용기

를 내 넌지시 물었다.

"서영 씨! 우리 결혼을 잠시 뒤로 미루는 것이 어떻겠소? 내년 봄
에 식을 올리기로 하고 그동안 철호 군을 도와주었으면 하는데."

강서영은 깜짝 놀랐다. 그의 마음을 이해 못하는 건 아니지만 결
혼식 날짜까지 미루자고 말할 줄은 미처 상상도 못했다. 서운한 마
음에 눈물이 왈칵 나올 것 같아서 얼굴을 돌려 겨우 참았다가 나직
이 말했다.

"철호가 그렇게 심각해요? 식을 올리고 잠시 서울에 머물다가 시
골에 가셔도 될 텐데… 저희 부모님께도 결혼 후에 시골에 갈 것이
라고 말씀드렸더니 우리와 몇 달 서울에서 함께 지내고 싶으신가
봐요."

"알겠소! 그렇게 합시다. 철호 군이 이제부터는 남도 아니고 처남
이 될 사람이라 하도 딱하고 걱정돼서 한 말이었으니까 너무 섭섭
해 하지 말아요."

한성민은 그녀가 완강하게 반대하지는 않았지만 심적으로 상당
히 당황하고 충격을 받은 것 같아서 미안했다. 그래서 즉시 자신의
생각을 거두어 들였다.

강서영은 그제야 마음이 놓여 붉어진 눈시울을 화사하게 폈다.
자신의 마음을 금방 헤아려 준 그가 고마웠다. 그는 기뻐하는 그녀
의 모습이 보기가 좋아서 고집을 세우지 않은 걸 천만다행으로 여
겼다. 그 대신 결혼까지 미루려했던 강철호를 위한 노력을 한층 더
기울여서 불미스러운 일이 일어나지 않도록 열일을 제치고서라도

최선을 다할 생각이었다.

　한성민이 마음을 바꾸어서 예정대로 혼인을 할 생각을 굳히고
나자 온통 강철호의 생각으로 고심했다. 마치 전쟁이라도 일어날
듯 괜스레 초조해서 바로 강철호를 찾았다. 그러나 외출해서 언제
돌아올지 모른다는 말을 듣고 다음 날 아침에 출근해서 인사차 들
른 강철호를 불러 앉혔다. 그리고 전에 없이 근엄한 표정으로 인간
의 마음에다 초점을 맞추고 훈계의 일성을 꺼냈다.
　"철호 군, 사람의 마음엔 선악이 한 묶음으로 동시에 존재하고
있다네. 악은 미움, 증오, 욕망과 같은 세속성이고, 선은 측은지심으
로 용서와 이해로서 덕을 베푸는 것이지."
　"형님, 인간은 다 그렇잖아요? 선도 있고 악도 있고."
　강철호는 또 고리타분한 소리를 듣는다 싶어 퉁명스럽게 반응
했다.
　"물론 그렇다. 하지만 대개 사람들은 세속적이어서 물질을 보거
나 어떤 일에 직면하면 의식意識과 사고가 악해지지. 그러면 즉시
선한 의식이 악의 발동을 저지하려 하는데 이것이 본래 자신의 본
모습이라네. 하지만 선해지면 손해 볼 것이라 착각한 악이 결국 선
을 눌러 선행을 방해하기 마련인데 사람이 다 그 때문에 악해지는
것일세."
　"그러니까 사람이 아니라 인간이지요. 누가 그러대요. 사람이면
다 사람이냐, 사람이 사람이라야 사람이다 하고요. 저는 인간과 사
람은 같은 뜻인 줄 알았어요. 그런데 인간은 그야말로 속물이고 사

람은 순수하고 착한 뜻이라 하더군요."

강철호가 인간의 양면성을 말하는 그의 속내를 눈치채고 제법 아는 체했다. 그는 뜻밖이다 싶었으나 해줄 말을 멈추지 않았다.

"사람과 인간… 그래 그렇게 달리 말할 수밖에 없는 이유가 있다."

"이유요? 심리적인 것인가요?"

"그렇지! 이익을 두고 마음 속에서 선악이 다투는데, 악이 이기면 악은 이익이 되지만 선이 손해를 보는 것 같고, 선이 이기면 선은 이익이 되지만 악이 손해를 보는 것처럼 생각하기 때문이다."

"그 참 어렵네요?"

"즉 서로 손해를 보지 않으려고 갈등하는 것이 중생심인 것이다. 그러나 선만을 고집하면 상대적인 악을 미워하고 증오하기 마련이다. 미움과 증오가 악인 줄 알지 못한다. 악만을 고집하면 상대적인 선을 역시 미워하고 증오하기 마련이니 악인의 전형이다."

"그럼 이쪽도 아니고 저쪽도 아니면 어찌 해야 합니까?"

"그러므로 중도를 지켜야 한다. 어느 한쪽으로만 치우치면 반드시 차별적 이분법으로 갈라져 '나와 너'라는 극단적 갈등이 조장돼 이윽고는 다투고 원한을 갖게 된다. 그리고 원한은 반드시 또 다른 원한을 낳아 기어이 해를 입기 마련이니 중용이 바로 불변의 철리哲理라 할 수 있다."

"세상은 어차피 이분법으로 갈라질 수밖에 없잖아요? 다 저만 옳다고 하지 않는 사람이 없으니 말예요."

"그래서 하는 말이다. 옳다고 생각하는 그 생각이 깊어지면 극단적으로 변하고, 극단적이면 즉시 악으로 돌변한다."

"그런가요?"

강철호는 반문하려다 말고 입을 꾹 다물었다. 자신의 계획이 극단적인 것일까? 그래서 그것이 악이 되므로 그가 지금 훈계하고 있는 것일까? 생각이 복잡했다. 하지만 입원해 있을 때부터 굳힌 생각을 꺾을 마음은 추호도 없었다.

한성민은 말없는 강철호의 속내를 짐작했다. 본래 극단적이어서 선악이 극명하게 대립하는 심리적 갈등에 잘 빠져드는 성품이었다. 그러나 항상 욕망에 이익이 되는 쪽을 택하는 것이 문제였다. 그 대가가 무서운 재앙으로 되돌아 와 폭풍처럼 불어 닥칠 텐데 그것을 생각하지 않으니 어찌 해야 할까? 훈계만으로 안 될 듯해서 안타까웠다.

아닌 게 아니라 강철호는 그의 진심어린 훈육을 끝까지 고분고분 듣는 척은 했다. 그래야 그의 의심의 눈초리로부터 자유로울 수 있을 것 같아서 심각한 표정만은 끝까지 풀지 않았다. 그렇다고 그의 말을 완전히 거부하는 것만은 아니었다.

도력이나 학문의 깊이 어느 모로도 그를 이길 자신이 없었다. 그래서 제 뜻이 옳다고 반박하기도 어려웠다. 구구절절이 옳은 말을 스쳐가는 바람소리처럼 흘려보내기는 했으나 듣는 자세만은 꾸지람을 듣는 아이처럼 공손했다. 그러나 마음이 훈계를 듣지 않았다. 굳어진 생각만 발광하고 있어서 드디어는 불나비처럼 불을 향해 첫 날개짓을 하고 말았다.

"억센 힘으로 사는 자 제명에 죽지 못한다."

하고 그가 간절히 설득했는데도 기어이 자신이 세운 계획을 바꿀 의사가 전혀 없었다.

며칠 날씨가 따뜻하다 싶더니 늦은 밤부터 눈이 내렸다. 싸라기 같은 눈이 새벽까지 그치질 않다가 동이 트기 전에 꽃잎 같은 함박눈이 쏟아져 금방 발목까지 차올랐다. 아침 해가 높이 솟을 즈음에는 하늘이 맑게 개였다. 그러나 오후가 되자 또 잔뜩 찌푸리더니 쏟아지는 눈이 하늘을 자욱이 가렸다. 얼마나 많이 내리는지 앞이 보이지 않았다. 산은 숲이 보이지 않고 너른 벌판이 논밭인지 길인지 분간하기 어려웠다.

그런 곳 큰길 가에 아까부터 운동복 차림의 한 젊은 사내가 눈을 하얗게 뒤집어 쓴 채 장승처럼 버티고 서있었다. 눈만 보이게 모자를 깊숙이 눌러 쓴데다 마스크로 입과 코를 가려서 얼굴도 분간하기 어려웠다.

사내는 그리 멀지 않은 하얀 눈길과 맞닿은 산 밑에 5층쯤 돼 보이는 한 건물을 뚫어져라 응시하고 있었다. 내리는 눈발이 무수해서 하나뿐인 건물이 잘 보이지 않는데도 뭔가가 나타나기를 기다리는 눈치였다.

사내가 그러고 서 있은 지 몇십 분쯤 지났다. 사내는 그때까지 허수아비처럼 꼼짝도 않고 가만히 서 있기만 하였다. 눈발도 사내가 측은했던지 세상을 덮어버릴 것 같던 위세를 누그러 뜨려서 슬금슬금 잦아들기 시작했다. 하늘도 빠르게 구름을 밀어내고 햇빛이 조금씩 드러나자 산 밑의 건물이 H모텔이란 큼직한 간판을 붙이고 선명하게 나타났다.

사내는 그때를 기다렸던 것 같았다. 때맞추어 검은 승용차 한 대가 그 건물 주차장에서 움직이기 시작했다. 그리고 느릿느릿 정문을 빠져나와 사내가 버티고 서있는 길 쪽으로 차머리를 돌렸다.

사내는 그제야 몸을 움직여 길 한가운데로 성큼 발길을 옮겼다. 그리고 적진을 노려보는 장군처럼 두 다리를 약간 벌려서 떡 하니 버티어 서더니 양손을 옆구리에 척하니 걸쳤다. 그런데 사내는 검은 승용차가 가까이 다가오는데도 나를 들이박고 가보란 듯이 꼼짝을 하지 않았다. 10여 미터 앞까지 차를 몰고 온 운전자가 요란하게 클랙슨을 누르는데도 미동도 하지 않는 사내의 품새가 아무래도 심상치가 않았다.

운전자도 그렇게 느꼈는지 곁에 앉은 여인을 한 번 쳐다 보고는 신경질적으로 클랙슨을 눌렀다. 그래도 사내가 꼼짝하지 않자 너 죽어보란 듯이 사내를 향해 돌진했다.

그러나 사내는 차 앞 범퍼가 무릎에 닿을 듯 하는 데도 요지부동이었다. 만만찮은 성질의 운전자도 혼비백산했다. 급히 브레이크를 밟아 차를 멈추자마자 십년감수했다는 듯 운전대에 이마를 갖다 댔다. 그리고 차를 뒤로 물려서 세워놓기 바쁘게 문을 박차고 나왔다. 옆에 앉은 여인은 내리지 않고 문만 살짝 열고 사내를 이상한 눈초리로 바라보았다.

"야, 이 새끼야, 뒈지려고 환장했어?"

차에서 내린 운전자가 욕설부터 퍼부면서 들소처럼 달려왔다. 50대 초로 보이는 운전자의 체구가 여간 아니었다. 어깨가 딱 벌어지고 몸매가 단단한 품새가 운동깨나 해서 상당한 힘과 한주먹 하는 사람임을 금방 알 수 있었다. 그러나 사내는 운전자가 바로 앞까지 달려드는데도 움직임도 없고 말 한 마디 하지 않았다.

"야, 이 새끼야! 너 죽을래?"

운전자의 분통 터지는 욕설은 행동 다음이었다. 버티고 선 사내의 가슴을 완강한 두 손으로 왈칵 밀어제낌과 거의 동시에 터져 나왔다.

사내는 힘을 못 당했는지 휘청하고 두어 걸음 뒤로 물러났다.

그러나 뜻밖이었다.

사내는 또 때려보란 듯이 도로 운전자 바로 턱밑까지 바싹 다가섰다.

"어라, 이 새끼 보게? 별 놈 다 보겠네!"

운전자가 어이가 없어했다. 그리고 꼴 같잖다는 표정을 짓더니 이 씹 새끼! 하고 소리침과 동시에 사내의 멱살을 낚아채 사정없이 땅바닥에 메다꽂으려 하였다 .

그런데 웬일?

아까와는 달리 사내의 몸이 태산처럼 꿈쩍도 하지 않았다.

"하, 이 새끼, 제법이네?"

운전자가 자존심이 상당히 상한 것 같았다.

"별 웃기는 놈 다 보겠네? 그 자식 혼 좀 내줘요!"

여인이 믿는 구석이 있었던지 차에서 내려 소리쳤다.

"이 새끼, 도대체 너 뭐하는 놈이야? 응? 감히 내가 누군 줄 알고 이 새끼야!"

여인의 부추김에 운전자의 태도가 더 과격해졌다. 이제는 더 말할 것도 없이 사내의 턱을 향해 번개같이 주먹을 날렸다.

그러나 결과는 반대였다.

주먹이 사내의 턱에 닿기도 전이었다. 실로 눈 깜짝할 사이에 되래 제 턱을 강타당하고 나무토막처럼 나가떨어지고 말았다.

그러나 운전자의 맷집도 보통이 아니었다.

"개 새끼!"

곧바로 몸을 일으킨 운전자가 너 이제 죽었다! 하고 괴성을 내지르며 멧돼지처럼 덮쳐들었다. 그러나 사내의 상대가 아니란 걸 자각하는 데는 단 몇 초의 순간이 지나지 않았다. 사내의 옷깃 한 번 스치기는커녕 번개 같은 발길에 목덜미를 걷어차이고 어떻게 날아왔는지도 모를 사이에 내 뻗은 전광석화 같은 주먹에 피를 왈칵 쏟으며 자빠졌다. 더욱이 사내는 인정사정이 없었다.

발길로 무자비하게 운전자의 입을 내리찍어 치아가 입 밖으로 튀어나왔다. 그런데도 사내의 발길질은 멈추지 않았다. 처음에는 재미난 구경거리처럼 지켜보던 여인이 비명조차 못 지르고 부들부들 떨기 시작했다. 그리고 뒷걸음질쳐 차 안으로 들어가 숨으려 하였다.

그런데 사내는 여인마저 그냥 두지 않았다. 단 걸음에 달려가 머리채를 휘어잡아 무지막지하게 차 밖으로 끌어내 내동댕이쳤다. 게다가 운전자에게 한 것처럼 발길로 허벅지를 여러 차례 내리찍어 여자가 나자빠진 뒤에야 돌아섰다.

이때 두 대의 승용차가 모텔로 들어가고, 또 나오는 승용차도 한대 있었다. 그러나 아무도 차를 세워 싸움을 말리려 하지 않았다. 차창을 살짝 열어 쓰러진 두 남녀를 무심히 바라보고 다시 사내를 힐끗 쳐다보다가 기겁을 했는지 줄행랑을 치듯 사라져갔다.

사내는 그들을 아랑곳하지 않았다. 마치 조종 받는 로봇처럼 쓰러진 운전자 곁으로 뚜벅뚜벅 걸어갔다. 사내의 발길이 멈춘 곳은 반 아름이나 될 만한 묵직한 돌덩이 앞이었다. 사내는 잠깐 우두커니 서 있다가 가죽장갑을 끼고는 허리를 굽혀 돌을 잡아 숨을 한 번 크게 들이쉬었다가 가볍게 들어 안았다. 그리고 아직도 제대로 몸을 가누지 못하고 웅크리고 있는 운전자의 몸을 한 발로 반듯하게 뒤집어 놓더니 안은 돌덩이를 머리까지 번쩍 들어 올렸다가 사정없이 사타구니를 내리쳤다.

운전자는 꺽! 하고 짧게 비명을 내지르며 양 손으로 성기를 움켜잡고 새우처럼 옆으로 몸을 웅크렸다. 기절했는지 신음조차 내지 못하였다.

그 모양이 과거 강철호가 테러를 당할 때의 모습과 흡사했다.

사내는 만족해 하였다.

마침 함박눈이 또 쏟아져 자취를 지울 필요도 없었지만 지문이라도 묻었을까 봐서 돌덩이를 눈으로 쓱쓱 문질러 씻어냈다. 그리고 모자를 깊이 눌러 써서 머리카락이 떨어졌을 리는 없고 혹시나 해서 자신의 멱살을 잡은 운전자의 손바닥도 눈을 한 움큼 집어 씻어내고서야 일어섰다.

사내는 두 손을 툭툭 털고 아무 일도 없었던 듯 운전자와 여인을 그대로 남겨두고 모텔을 향해 유유히 걸어갔다. 모텔 입구에 도착하자 검은색 지프 한 대가 기다렸다는 듯이 다가왔다. 사내는 재빠르게 문을 열고 운전석 옆자리에 훌쩍 올랐다. 그리고 운동복을 벗어 비닐봉지에 쑤셔 넣고 두툼한 개량한복으로 갈아입었다. 모자와 마스크도 벗었다.

"가자 진수야!"

사내는 강철호였다.

"원장님, 그 자식 원장님을 테러한 놈들 두목 맞지요? 전이용과 공모한 나이트클럽 사장인지 뭔지 하는 놈?"

소진수가 신이 나서 물었다.

"그래, 깡패들을 많이 거느리고 나쁜 짓은 독으로 하는 악질 중의 악질이야! 나이트클럽에 오는 유부녀들 꼬드겨서 등쳐먹고, 하수인으로 돈 버는 새끼지! 그렇게 돈 벌어서 호텔까지 인수한 놈이니까 죽여버릴 걸 참았다. 그냥 좆만 못쓰게 했어! 새끼 아마 죽을 때까지 좆대가리 못 놀릴 거야."

"잘 하셨어요! 그런 새끼는 그래도 싸요! 그럼 그 새끼 이제부터는 유부녀들 등 못 쳐 먹겠네요! 자지가 그리 됐으니 천벌을 받아도 싸지요. 하여간 복수도 하고 속이 다 후련합니다."

소진수가 고소해 하며 허연 치아를 드러내며 희죽거렸다. 그리고 신이 난 듯 엑셀레이터를 힘껏 밟아 아직 자빠져 버둥대는 사내와 여인을 창밖으로 힐끔 곁눈질하며 쏜살같이 달렸다.

수련원으로 돌아온 강철호는 표정 하나 변하지 않았다. 그만한 일을 저질렀으면 뒷일이 두려워서라도 불안한 구석을 내보일 만도 한데 태연자약했다. 안색은 득의만만하고 눈빛은 더 큰 먹이를 노리는 범처럼 싸늘하고 매서웠다.

그러나 한성민 앞에서는 늘 다르게 행동했다. 점잖고 선량한 표정이어서 일견 자기 직분에 충실한 소시민처럼 수더분해보였다. 그날 사고를 저지르고 나서는 더 친절하고 겸손하게 수련생들을 지도하였다.

나이트클럽 사장 테러사건이 크게 보도되었어도 침착했다. 경찰이 범인을 추적중이라고 뉴스를 통해 들었는데도 겁내지 않았다.

범행장소가 외딴 지역인데다가 얼굴을 보이거나 목소리조차도 내지 않았다. 그리고 단서가 될 만한 그 어떤 흔적도 남기지 않았으므로 누군지 알 리가 없을 것이라 확신해서였다. 하지만 한성민만은 눈치를 채지나 않을까 염려가 돼서 오늘은 일부러 시간을 내서 그를 찾아갔다. 그리고 특별한 가르침까지 청해 심중을 떠보았다.

"형님, 한 말씀 해주시지요."
"무슨 말을?"

"저에게 좋은 말씀이면 뭐든요. 그런데 형님, 오늘은 어째 누님이 안 보입니다."

"응, 집에 볼 일이 있다며 나갔네."

"하긴 요즘 누님이 혼수준비 때문에 정신이 없을 겁니다."

"혼수는 무슨… 이 사람아, 우리에겐 그런 거 아무것도 필요치가 않아. 결혼식도 서영 씨 집에서 물 한 그릇 떠놓고 하면 족하다네."

"어이구 형님, 그럼 말씀 마세요. 누님이야 형님 말씀대로 하겠지만 우리 큰아버지, 큰어머니가 어림도 없을 걸요. 하나뿐인 딸을 어떻게 키웠는데요."

"그래? 하지만 내가 이미 두 어른을 만나서 그런 뜻을 전했네. 사실 나도 걱정했지만 두 분도 허락하셨고."

"정말이요? 그 참! 하여간 형님은 못 말리는 분이라니까!"

"혼인은 음양합덕으로 천지의 도를 실현하는 것이니 정한 물 한 그릇이면 그 의미를 다하는 것이지. 그 외는 체면치레에 지나지 않아."

"하여간 형님은 알아주어야 해요. 나 참! 원시시대에 사는 사람도 아니고… 근데 형님은 역시 대단해요. 우리 누님도 보통이 아닌데 어떻게 하셨기에 형님 말씀이면 무조건 순종하세요? 사랑하면 다 그런 건가?"

강철호는 이쯤에서 그가 아무런 눈치도 못 채고 있음을 확신했다. 나뭇가지에 바람만 스쳐도 놓치지 않고 생각하는 사람이라 적당히 위장했다가는 여지없이 간파당할 게 뻔해서 속을 냉담하게 숨긴 덕에 이제는 안심해도 좋을 것 같았다.

아닌 게 아니라 그는 표정에 아무런 변화 없이 평소와 다름없는 낌새로 자연스럽게 말을 계속했다.

"자네가 처음 계획했던 대로 착실하게 마음수련을 해보면 자연히 알게 된다네. 어떤가? 몸도 그만하면 좋아졌고 이참에 수련을 시작해 보는 것이? 이제야 말이다만, 내가 사주를 좀 볼 줄 아는데 지나간 일은 그렇다 치더라도 금년 음력 12월이 좋지가 않아. 매사에 주의하고 수련만 열심히 하면 별 탈이 없을 걸세."

"형님이 그거 볼 줄 아는 거, 저도 다 알아요. 명심하지요. 음력 12월만 잘 넘기면 되지요?"

강철호는 사주라는 걸 믿은 적도 없고 믿지도 않았다. 오직 힘의 논리만이 이 세상에 존재할 뿐 운명 따윈 패배자의 자기합리화로 위안을 삼으려는 체념의 소리라 생각했다. 그렇지만 듣지 않은 것만 못해서 좀 마음이 켕기기는 했다. 하지만 그런 기색을 내보이기가 싫어서 되레 엉뚱한 질문으로 분위기를 바꾸려 하였다.

"형님, 만약에 도가 행해지면 어떤 세상이 될까요?"

"그 질문 참 좋군! 어려운 것이 아니네. 도는 무위한 것이니 우선 다툴 일이 없어지겠지. 다툴 일이 없으므로 엄한 법이 필요 없고 무기와 군대가 필요 없을 테지. 그리고 탐욕이 없으니 사람마다 괴로움도 없을 테고."

"그야말로 지상천국이네요? 하지만 완전 무정부상태가 되겠는 걸요?"

"궁극에 가서는 그럴 수도 있겠지만 무위자연설은 그런 뜻이 아니라네. 사람이 모여 살다보면 어차피 질서가 필요하지 않겠나. 그래서 조직은 있어야 하겠지. 다만 조직 속에서 탐욕을 버리고 오직 자기 위치에서 자신의 일에만 충실하는 것이 무위자연의 참뜻이라 할 수 있다."

"누님한테 들었어요. 형님이 그리 말씀을 하셨다고."

"위아래 할 것 없이 대통령은 대통령답게, 기업인은 기업인답게, 정치인은 정치인답게, 샐러리맨은 샐러리맨답게, 청소부는 청소부답게, 그리고 부모는 부모답게, 자식은 자식답게, 그 위치에서 맞게 처신하면서 만족하게 일하고 생각하며 콧노래를 부르면서 생활하면 그것이 바로 무위자연이며 도를 즐기는 사람이다."

"그러면 오죽이나 좋겠습니까? 그런데 보시다시피 세상은 난장판 아닙니까? 나쁜 놈들 때문에 거미줄처럼 수도 없이 많은 온갖 법망을 쳐놓았지만 다 쓸데없어요. 미꾸라지처럼 빠져나갈 놈은 나가고, 애꿎은 사람만 걸려들지요. 그리고 설사 법망에 걸려도 돈만 있으면 다 해결되는 세상 아닙니까?"

"현실이 그러하지. 그래서 노자가 이런 말을 했다네."

"어떤 말인데요?"

"도리나 진리에 맞게 나라를 다스리고, 기이한 계책으로 군사를 부린다지만 천하는 무위로 다스려야 한다. 내가 그런 줄을 어떻게 알겠는가? 그 까닭은 이러하다. 천하에 금하고 꺼리는 것이 많으면 백성이 가난해진다. 나라에 법령이 많으면 많을수록 도적은 점점 더 많아진다 하고 말이네."

"그렇기는 해요. 이 법 저 법 잘 피해가는 도둑놈이 많으니까 법이 또 생기지만 그래 봤자지요. 또 다른 범죄형태가 생기니까요."

"그렇기 때문에 도가 더욱 필요하지 않겠나? 권력자나 백성이나 모두 제 자리에서 할 바를 다하면 그것이 무위이니 법이 필요가 없지. 법이 많으면 많을수록 좋은 나라가 아니고 법이 단순하면 단순할수록 좋은 사람들이 사는 좋은 나라라 할 수 있다."

"좋은 말씀이지요. 요즘 세상에 꿈같은 이야깁니다."

"꿈 같아도 양식이 있는 사람은 그렇지가 않아. 양식 없이 제멋대로 살다보면 언젠가는 재앙이 미치기 마련이니 천도가 무위로 그리 하는 것이다. 천도는 사람을 통해서 혹은 부지불식간의 재난을 통해서 응징한다. 자네도 이 점 명심해야 해!"

한성민은 여태 예사롭게 말하다가 마지막 말에 힘을 주어 강조했다. 그 말에 강철호는 자신도 모르게 뜨끔은 했다. 그러나 별로 내색할 정도는 아니어서 문득 의문스런 표정을 지어 질문했다.

"그런데 형님, 운명을 바꿀 수 있어요?"

"당연하지, 운명은 인연을 따라서 오고 가는 것이니까 인연을 따라가지만 않으면 바뀌게 되어 있다. 도둑이 호미를 쥐면 농부가 되고, 농부가 비수를 들면 강도가 될 수 있듯이, 좋은 인연을 따르면 좋은 운명이 되고, 나쁜 인연을 따르면 나쁜 운명이 되지 않겠나. 그래서 매사를 생각한 뒤에 옳고 그름을 잘 판단해서 옳은 인연을 따라가면 재앙은 오지 않는다. 즉 마음을 바로 써야 한다. 마음의 힘은 하늘을 움직일 만큼 위대하니까 도를 행하듯 하면 세상사 무엇이 걱정이겠나?"

"좋은 말씀입니다."

"노자가 이런 말도 하였다네. '마음이 기를 부리는 것이 가장 강력하다' 하고 말이지. 불교에서도 마찬가지다. 마음의 힘을 다라니라 한다. 무엇이건 일심으로 최선을 다하면 이루지 못할 것이 없고 물리치지 못할 재앙이 없다는 뜻이지. 그러므로 마음의 힘으로 하늘을 움직이고 자신의 운명을 바꿀 수 있는 것이다."

"그렇군요!"

강철호가 알아들었다는 듯 고개만 끄덕였다.

그러고 그만 일어날까 하다가 곧 단행할 일이 생각나서 의심의 눈초리를 피할 속셈으로 이런저런 시시콜콜한 이야기까지 한참을 더 늘어놓다가 자기 방으로 돌아갔다.

한성민은 여러 가지 좋은 말을 해주기는 했으나 강철호가 그리 쉽사리 마음을 돌이킬 것 같지가 않아서 걱정이었다. 이미 그 마음에 보화로 가득 차 있는 만큼, 눈에 선한 보화를 내놓으라 하면 마치 제 것을 빼앗기라도 하는 듯 반항할 게 뻔했다.

욕망의 구멍을 열어놓고 일하면 종신토록 구원받지 못한다. 만 가지를 적게 생각하고 보는 것이 현명하다. 보화를 보고 마음을 발광하지 않고 부드러워야 그 마음이 강한 것이니, 종신토록 재앙이 없어서, 이것을 항상 불의를 제압하는 것이라 한다 하였다.

그런데도 강철호는 그에 반하니 그 인생의 끝이 어떻게 될까?

사람은 처음 주먹을 휘두르기가 어렵지 한 번 휘두르고 나면 두 번 세 번 휘두르기는 쉬운 법이다. 남을 때려본 사람이 때린다는데 자꾸 때리다 보면 쾌감을 느껴서 습관이 된다 하였다.

살인을 하는 것도 그렇다. 목숨을 한 번 빼앗아 본 사람은 열이고 백이고 죄의식 없이 죽일 수 있다. 또 큰 부자가 되고 싶어 조급증이 일면 대개는 일확천금을 노리고 노름에 빠져들거나 사기행각 또는 도둑이 되기 마련이다. 그렇게 해서 한 번 큰돈을 벌면 재미가 붙어서 더 큰돈을 노린다.

강철호가 바로 그럴 것 같아서 그는 심기가 불편했다. 게다가 어느 하나의 일에 빠져들면 쉽게 헤어나지 못하는 성미였다. 삭일 줄 모르는 불꽃같은 욕망은 브레이크가 고장난 자동차 같다고나 할까. 그리고 주먹에 관한 한 이골이 난 사람이다. 자신을 위해 언제든 주먹을 휘두를 수 있는 습성이 먹이를 노리는 맹수처럼 꿈틀대고 있지나 않은지 저어했다.

어쩌면 지금 그럴 수 있는 가능성을 잠재의식에 묻어두고 때를 기다리고 있을 것 같았다. 사고를 당하고 나서 오래 병원에 있는 동안 잠자던 욕망과 복수의식이 맹렬하게 깨어나서 지금 한창 발광하고 있을지도 모를 일이었다.

아닌 게 아니라 그가 우려하는 대로 강철호는 짧은 시간 안에 손에 쥘 거금을 상상하고 잔뜩 들떠 있었다. 그것이야말로 꿈꾸던 야망의 완성이어서 흥분했다. 그러기 위한 방편도 오래 생각할 것도 없이 뚜렷이 스크린처럼 그려져 쾌재를 부르는 중이었다. 불의한 거금을 쟁취해 뜻을 이룬 뒤 실질적인 의를 행하는 자신의 모습을 상상만 해도 비할 데 없는 쾌감이어서 힘이 절로 솟구쳤다.

퇴원 후에도 그 쾌감은 머릿속을 떠나지 않았다. 그러다 보니 줄곧 기다리던 때가 저절로 찾아와서 역시 하늘은 원하면 기회를 주는구나 하고 신명이 나 있었다. 그리고 그일 때문에 며칠 전부터 소진수를 그곳에 보내 여러 차례 조사를 하도록 지시해서 만족할 만한 성과도 거둔 터라 이제는 손에 쥐는 일만 남았다. 그러나 만사불여튼튼이라 생각하고 소진수더러 오늘 마지막으로 한 번 더 조사하라 지시하고 기다리는 중이었다.

강철호가 의로운 일을 행하면서 꿈도 이루는 방법은 사채업자를 응징하는 일이었다. 낚싯밥처럼 작은 미끼로 유인해서 나중에 거머리가 피를 빨듯 죄다 빼앗아가는 그들 무리를 응징하는 것은 자신만이 할 수 있는 능력이자 당연한 임무라 생각했다.

강철호가 그렇게 합리화한 데는 그만한 이유가 있었다. 수련생 중에서 그릇 도매업을 하는 이영모라는 사람이 있는데, 수련원 초창기 때부터 열심히 심신을 닦는 성실한 사람이었다. 그런데 이 사람이 급한 일이 생겨서 부랴부랴 돈을 빌린다는 것이 그만 사채업자에 걸려들어 거리에 나앉게 되었다는 말을 소진수로부터 듣고서였다.

그 사람이 가게를 잡혀서 1할 이자로 5천만 원을 빌렸는데, 일이

여의치가 않아서 원금을 5개월 늦게 갚았다는 것이다 그런데 청천 벽력같은 소리를 들었다. 업자가 이자에 이자를 붙이고, 그것도 모자라서 위약금이다 뭐다 상상할 수 없는 이유를 들이댔다 하였다.

그 금액이 무려 3억 원이었다. 하도 어처구니가 없어서 항의를 했더니 깡패들이 죽인다며 칼을 들이대 할 수 없이 3억 원 차용증을 써주었다는 것이다. 그리고 그 3억 원이 또 이자에서 이자가 붙어 10억대에 가까운 돈이 불어났다며 자살을 생각할 정도라 하였다.

강철호는 그 이야기를 듣고 분노했다.

그리고 드디어 때를 기다려 온 보람을 느끼고 그 사채업자를 첫 응징자로 지목했다. 소진수가 그 사채업자를 잘 아는 인근 부동산을 통해 재산을 조사해 보았더니 재산이 천억 원인지 1조 원인지 상상이 되지 않는다는 말을 듣고는 하늘을 찌를 듯 용기가 솟아올랐다.

그런데 소진수가 마지막으로 조사하고 돌아와서 하는 말을 들어보니 그 사채업자가 그리 쉽게 호락호락 당할 상대가 아니었다.

"경비가 장난이 아니에요. 출퇴근할 때 보디가드가 세 명이 따라다니는데 한 명은 그 업자 운전기사 옆 자리에 타고, 두 명은 다른 승용차로 에스코트 합디다. 그리고 밤에도 세 명이 차고에서 지키고 있고요. 걔들 틀림없이 몽둥이나 칼을 준비하고 있을 걸요?"

하고 소진수가 고개를 설레설레 내저었다. 오늘도 아침과 늦은 저녁 두 차례 그 사채업자의 집 주변을 살피고 돌아와서 심각하게 한 말이었다. 그렇다고 포기할 생각은 추호도 없었다. 이미 예상하고 있었고 자신감도 있어서 묵묵히 고개만 끄덕이고 집안 구조를 세세하게 설명하라 하였다.

"하여간 그 집은 대단한 저택이에요 저택! 2층 양옥인데 대지만도 한 200평은 된답디다. 그런데 옛날에 야산이었던지 대문이 집보다 많이 낮은 곳에 있어요. 그리고 대문 왼쪽 담장 밑에 차고가 있는데 그 업자는 대문으로 드나들지 않고 차고로 다녀요. 그러니까 차고와 안채가 연결되어 있겠지요. 그런데 경호하는 놈들이 보통이 아니랍니다."

"어떤 놈들인데?"

"워낙 큰돈을 만지는 사채업자라 그런지 우리나라 최고의 조폭조직 불꽃파에서 경호하는데 밤에는 보스가 흉기로 무장한 부하들 여럿을 데리고 지키고 있어서 누구든 얼씬도 못한답니다. 해서 말인데요. 너무 위험합니다."

"최고의 조폭조직 불꽃파 두목이라… 그럼 그 새끼만 혼내주면 되겠네!"

강철호는 재빨리 머리를 굴렸다. 언젠가 독버섯 같은 조폭들을 손봐줄 생각이었는데 잘 됐다 싶었다. 이참에 최고의 조직 보스 한 놈만이라도 굴복시켜서 잘 이용하면 모든 조폭들을 가만히 앉아서 부릴 수 있을 것 같아서 회심의 미소까지 떠올랐다.

"두목 혼자도 아니고 부하들이 흉기를 들고 경호한다지 뭡니까! 위험해요!"

"짜식, 그런 걱정은 하지 말고 집안은 어떻고 지키는 놈들은 몇 이나 되는지 좀 더 자세히 말해봐."

"많을 때는 열 명 가까이 되는데 두목이 거기 있으니까 모여서 노는 거겠지요. 경호라기보다 저들끼리 노름도 하고 술도 먹고… 그런데 운전기사가 한 번 차고로 들어가면 밖으로 나오지 않았어 요. 아마 그 차고 안에 그들이 숙식하는 방이 있는 것 같았습니다."

"차고 문은 어떻게 열리지?"

"밖에서 리모컨으로 여는데 위에 것은 내려오고, 아래 것은 올라 가는 문인데, 얼핏 보니까 차고 안이 꽤 넓어 보였어요."

"그 사채업자 가족은?"

"그 사채업자 부부 나이는 60대 후반인데요, 아들 며느리는 미국 에 있어서 지금은 둘뿐이라 들었습니다. 그런데 하루 종일 지켜봐 도 그 업자 마누라는 어디가 아픈지 밖으로 나오는 꼴을 못 보았어 요. 찾아오는 사람도 없었고요. 그리고 영감은 오후에 일찍 집에 들 어오는데 밖으로 나오지 않더군요. 여하간 경호원들 경비가 보통 아니에요! 집을 지키는 조폭애들이 밤 11시쯤에 그 집에 모이더라 고요. 보기만 해도 보통이 아니었어요! 싸움에 이골이 난 격투기 선 수들 같던데요? 그런데 두목은 애들보다 키도 작고 몸집도 호리호 리해서 싸움꾼 같지가 않던데요!"

"본래 잔인하고 싸움 잘 하는 놈은 대개 그런 스타일이지. 하여간 염려하지 말고 너는 준비만 잘 하고 있어. 놈들을 혼내줄 날은 내가 잡을 테니까. 그건 그렇고 형님이나 누님이 눈치채지 않도록 각별 히 조심해! 물론 다른 사범들도 마찬가지지만… 그런데 그 전에 여기 사람들 주의를 딴 데로 돌릴 만한 방법이 없을까?"

"그 점은 저에게 맡겨주십시오. 생각한 것이 있는데 며칠 휴가를 내주셨으면 합니다."

"그래? 그럼 네가 알아서 잘 해봐."

일을 시켜보니 소진수가 의외로 꾀가 많아서 어련히 알아서 할 것이라 믿고 더 묻지도 않았다. 그래도 처음 하는 일이라 아무래도 걱정이 돼서 오래 만에 사범들 대신 수련생들을 지도하며 긴장감을 풀었다.

원장이 직접 지도하자 수련생들은 매우 진지하고 열심이었다. 허리와 허벅지가 굵은 비만 여성들은 특별지도로 군살을 빼는 방법을 일러주고, 강건해 보이는 몸을 요가 수행으로 유연하게 구부리고 펴는 동작을 직접 시범으로 보여주어 그들의 찬사와 감동을 불러 일으키기도 하였다.

강철호가 그렇게 며칠간 타인의 이목을 수련에 쏠리게 하고 있던 날이었다.

강원도 고향에 일이 있어서 다녀온다며 휴가를 갔던 소진수가 돌아왔다.

소진수는 시골에서 가져온 것이라며 사과 한 상자와 수십 명은 족히 먹을 만한 시루떡이며 곶감, 더덕, 도라지 등을 잔뜩 싣고 와서는 수련생들에게도 나누어 주고 나머지는 한성민의 방에 들여다 놓았다.

그리 하고 보니 수련원은 전에 없이 분위기가 좋았다. 게다가 강철호가 예전처럼 수련생들을 지도하는 데 열중했으므로, 그에게 미칠 우환을 걱정했던 한성민의 마음을 안심시키는 데도 성공했다.

무법자의 주먹은 무자비하다

날씨가 잔뜩 흐리고 으스스하게 추운 밤인데다 안개까지 자욱했다.

이런 날은 기분을 우중충하게 해서 특별한 일이 없는 사람들은 웬만하면 집안에 있기 마련이다. 그리고 묘하게 스트레스도 잘 받고 언짢은 기분 때문에 신경질을 내거나 다투기도 잘 하고 일도 손에 잘 안 잡힌다.

강철호는 처음으로 계획한 거사를 결행할 날을 바로 이런 때라 생각하고 기다리고 있었다. 일이 잘 되려고 그러는지 이날 마침 한성민도 수련원에 없었다. 장차 장인이 될 강서영의 아버지로부터 부름을 받아 오늘 거기서 하루를 유하기로 했다는 말을 듣고 하늘이 돕는다며 회심의 미소를 지었다.

한편 그 시간, 한성민은 곧 처가댁이 될 강서영의 집에서 저녁식사를 하고 있었다.

식후에는 장인 장모가 될 두 어른이 2층 서재로 불러 꼼짝없이 묻는 말에 대답해야 했다.

일흔을 훌쩍 넘긴 노부부가 자상하기는 해도 근엄한 기상이 있어서 한 마디 말이라도 실수할까 봐 마음을 쓰다 보니 밤이 깊은 줄도 몰랐다. 거기다가 첫 물음부터 혼사에 관한 것이어서 신경이 잔뜩 쓰였다.

"자네 꼭 집에서 식을 올려야 하겠나? 간소하더라도 예식장에서 하는 것이 좋지 않을까? 가족은 여동생뿐이니 혼수준비는 걱정하지 말고."

하고 장인 될 어른의 점잖은 질문이 떨어졌을 때부터 긴장했다. 그러나 그는 이미 마음의 준비를 단단히 하고 있었던 터라 머뭇거림 없이 대답했다.

"하나뿐인 따님 혼례를 훌륭한 장소에서 올려주시고 싶은 마음 저도 잘 압니다. 그리고 널리 알려서 많은 하객들의 축하도 받고 싶으시고, 체면도 생각하시고 아쉬움에 또 그리 말씀하시는 것도 이해합니다."

"그런 걸 안다니 다행이군."

"아버님, 장엄하고 화려한 것도 불과 한 두어 시간뿐입니다. 끝나면 허망합니다. 비싼 드레스는 더 이상 입지 못하고 꽃은 버려집니다. 그리고 하객들은 뿔뿔이 흩어져 가고 나면 즉시 저희들을 잊어버립니다. 주례하는 사람도 형식만 갖추었지 떠나면 영원한 타인입니다. 이런 줄을 알면서 굳이 형식을 갖출 필요가 있을까 해서 나름대로 심사숙고한 끝에 드린 말씀입니다."

"그래도 결혼식만은 예로부터 성대하게 치르지 않았는가?"

이번에는 장모가 될 어른이 한소리 했다.

"옛날은 예법을 중요하게 생각한 것이지 성대하고 화려한 것은 아닌 줄 압니다. 성대하고 화려한 결혼식은 체면과 가문의 명성을 생각해서였습니다. 저는 그것을 겉치레라 생각합니다. 중요한 것은 부부의 연이며, 한마음 한뜻으로 평생 서로 존중하고 아끼면서 살아가는 것이라 믿습니다. 화려하고 장엄하게 식을 올린다고 해서 부부의 마음까지 화려하고 장엄하며 사랑이 지극해지는 것은 아니지 않겠습니까. 타인이 보아서 비록 초라하더라도 부부로서의 참 도만 지킬 수 있다면 무엇을 더 비할 수 있겠습니까. 저는 부부의 참 도를 원합니다."

"여보, 우리 사위 하나는 정말 잘 둔 것 같아요. 서영이도 한 서방과 같은 마음이고, 그러니 당신도 이제 너무 섭섭해하지 말고 이 사람 말대로 해줍시다."

한성민의 말을 잠자코 듣고 있던 장모될 어른이 흡족한 표정으로 그의 편을 들어주었다.

"허어! 당신까지!"

장인 될 어른이 탄식했다. 그러나 아쉬운 듯해도 흐뭇한 표정을 읽을 수 있어서 마지못해 하는 말은 아니었다.

"또 하나 드릴 말씀이 있습니다. 저희가 서울에 살지 않는다고 너무 서운하게 생각하시지 않으셨으면 합니다. 시골에 우리 식구 먹고 남을 만한 논밭이 있어서 의식 걱정은 없습니다. 그리고 두 분

어른께서 오시면 별장처럼 편하게 쉬실 집도 따로 준비해 두도록 하겠습니다."

"그것 보세요. 이 사람이 생각이 깊잖아요. 서영이도 시골에 한 번 다녀와서는 꼭 그곳에 살고 싶다지 뭐예요. 천생연분이 따로 없다니까! 그러니 이 사람 뜻대로 해줍시다."

장모 될 어른이 아예 적극 응원하고 나섰다. 그러자 장인 될 어른도 고개를 끄덕여 무언의 동의를 표하고는 몸을 뒤로 느긋이 젖혀서 그를 은근한 눈길로 바라보며 말했다.

"아까 자네가 부부의 참 도라는 말을 했는데, 어떤 것이 도인지 나도 좀 배워보세."

"저도 도가 무엇인지 잘 모르겠습니다. 그러나 도는 착한 것을 따르되 악한 것을 미워하지 않는 것이라 들었습니다."

"참으로 좋은 말이군!"

"그리고 도라는 것은 실체가 없어서 모양을 말할 수가 없다 했습니다. 모양이 없는 모양이라 머리가 보이지 않고, 따라가자니 그 뒤가 보이지 않아서 황홀하다고 말합니다. 또 텅 비고 비었으되 그 크기를 알 수 없고 그 크기를 알 수 없으나 그 안에 만물을 다 끌어안고 있다 했습니다. 그래서 도라는 것은 황홀하고 오직 황홀하다. 황홀하고 황홀한 그 중에 만물의 상象·모습 없는 물질이 다 들어 있다. 황홀하고 황홀한 그 중에 만물이 있으며, 그윽하고 희끄무레한 그 중에 만물의 정기가 다 있다고 했습니다. 이러한 이치를 무어라 이름 지어 말할 수가 없어서 굳이 문자로 도라고 하지만 그 크고 넓음이 한이 없어서 좋고, 싫고, 사랑하고, 밉고, 깨끗하고, 더럽고를 가리지 않고 품어줍니다. 부부의 사랑 역시 이와 같은 도의 본을 받아야 한다고 생각합니다."

"그것 참 어려운 말일세! 부부의 사랑을 도에 비유한 건 실로 감동적일세. 그런데 자네 말만 듣고 깨우치기 어려우니까 소위 도란 것을 닦으면 이해할 수 있겠는가?"

"도를 닦는다는 말은 마음을 깨끗이 하고 텅 비운다는 뜻입니다. 그러면 도의 본모습인 황홀경을 경험할 수 있습니다. 사람이 마음을 깨끗이 하고 텅 비우면 마음이 참되고 몸을 온전하게 오래 보전할 수 있습니다. 그리 되면 하늘의 도가 땅에서도 이루어지는 것이라서 진정한 인류의 평화가 실현됩니다."

"참으로 오묘한 말이로군! 허나 세상 인심이 어디 그런가? 아무튼 자네는 내 사위이고 사위는 자식이니 우리 두 늙은이를 위해서 많이 가르쳐 주게! 자네 말을 듣고 보니 이리 무심하게 보내다가 죽을 게 아니라 도가 무언지나 제대로 알고 저세상에 가고 싶어졌네."

"명심하고 있겠습니다."

한성민은 자신의 생각에 전적으로 동감해 주는 두 어른이 비로소 어버이처럼 따뜻한 정이 느껴졌다. 그래서 이제는 진심으로 어버이라 여기고 아버지, 어머니라 부를 수 있는 마음의 싹이 가슴에서 새록새록 솟아났다.

부모를 일찍 여읜 뒤로 부르지 못한 아버지, 어머니라는 소리가 서먹해서 그동안은 쉽사리 입에서 떨어지지 않았던 것은 사실이었다. 서영은 외동딸이어서 그런지 그런 자신을 섭섭해하는 눈치였는데 늦었지만 마음의 문이 열려서 기뻤다.

 날씨가 잔뜩 찌푸렸다.

 강철호는 가로등도 희미한 한적한 골목을 서성이고 있었다.

 상당히 큰 빈 배낭을 짊어졌다. 그런데 붉게 물들여서 빛나는 길고 치렁치렁하게 늘어뜨린 가발을 쓰고 있었다. 거기다가 긴 수염까지 붙여서 본 모습을 어디에서도 찾아볼 수 없었다. 자세히 보아도 산중의 도인을 연상하게 하였다.

 성벽처럼 높은 담장에 둘러싸인 한 집 근처를 어슬렁이던 그는 그 집 바로 건너편에 홀로 우뚝이 선 전봇대 뒤에 몸을 숨겼다. 그리고 바로 눈앞에 묵직한 철판으로 장막처럼 가리고 있는 차고까지 거리를 가늠해 보았다. 사람과 차가 뒤섞여 다니는 외길도로라 단걸음에 뛰어들 수 있어서 별로 마음 쓸 것이 없을 듯했다. 그래서 전봇대 바로 옆집으로 오르는 계단에 만취해서 정신을 못 차리는 사람처럼 비스듬히 드러누워 자는 척했다.

 그러고 있은 지 30분쯤이나 지났을 때였다.

 자동차 소리가 들려왔다.

 강철호가 재빠르게 몸을 일으켰다. 그리고 헤드라이트 불빛을 피해 전봇대 뒤에 몸을 숨겨서 달려오는 차를 노려보았다.

 그 차는 검은색 지프였다. 잠깐 사이에 미끄러지듯 달려와 차고 앞에 정차했다. 그러자 즉시 묵직한 철판문이 위에 것은 아래로 내려오고 아래 것은 위로 오르며 서서히 열리기 시작했다.

강철호는 마치 먹이를 노리는 범처럼 몸을 움츠렸다. 눈 깜짝하는 순간 먹이를 낚아채는 범의 힘과 긴장감이 느껴지는 자세였다.

잠깐 사이에 묵직한 차고문이 활짝 열렸다. 그 앞에 대기하고 있던 지프가 안으로 서서히 들어가고 문이 천천히 닫히기 시작하였다. 그리고 안으로 들어간 지프 범퍼가 보일 듯 말 듯 할 때였다.

강철호는 그때를 노리고 있었다. 땅을 박차고 날아오르는 독수리처럼 벌떡 몸을 일으켜 그야말로 비호보다 빠르게 차고 안으로 뛰어들었다.

"뭐야, 이 새끼!"

부지불식간에 달려드는 낯선 괴한을 본 한 젊은 사내가 다급히 소리를 쳤다. 그리고 반사적으로 반격자세를 취했다. 그러나 사내는 눈 깜짝할 사이에 맥없이 꼬꾸라졌다. 사내는 언제 어디서 무엇이 날아온 지도 몰랐다. 마치 쇠망치 같은 것이 관자놀이를 내리치는 느낌만 느꼈을 뿐이었다. 그리고 정신을 잃었다.

"아니!"

그와 동시에 좀 떨어져 있던 두 사내가 반사적으로 강철호를 향해 멧돼지처럼 달려들었다. 그러나 그들 역시 마찬가지였다. 주먹 한 번 날리지 못했다. 무엇이 날아왔는지 모를 정도로 빠르고 강력한 주먹에 정신을 잃고 나자빠졌다.

"야, 저 새끼 죽여!"

뒤늦게 알고 방안에서 뛰쳐나온 보스의 일갈이었다. 그와 동시에

네 명의 사내가 보스 뒤를 따라 문을 박차고 뛰쳐나왔다. 그들은 스치기만 해도 치명상을 입을 수 있는 크고 날카로운 회칼을 쥐고 있었다. 그러나 그들의 사력을 다한 빠른 칼부림도 매번 허공을 갈랐다. 그나마 고작 두세 번 죽어라고 휘둘렀을 뿐이었다. 비명도 지르지 못한 채 순식간에 두 녀석은 머리를, 나머지 두 녀석은 배를 움켜쥐고 자빠졌다.

"야, 너 뭐하는 새끼야?"

지켜보고 있던 보스가 소리쳤다. 그의 손에는 야구방망이가 들려 있었다.

"너, 손에 쥔 거 버리고 꿇어!"

"강철호가 명령했다. 하지만 호락호락 고개 숙일 보스가 아니었다. 싸움도 잘 하지만 독하고 잔인한 자로 소문난 수백 명의 부하를 거느린 조폭계의 거물이었다.

"씹 새끼, 내가 누군 줄 알고!"

분노한 보스의 공격은 역시 달랐다. 야구방망이가 바람처럼 빨랐다. 동시에 강력한 발길질도 뒤따랐다. 그러나 보스는 이해가 되지 않았다. 방어할 틈도 없이 날아온 발길질에 옆구리를 걷어 채이고 맥없이 나가떨어지고 말았다. 헤아릴 수 없이 싸우며 살아왔으나 이처럼 빠르고 강력한 상대를 만난 적은 없었다. 그렇다고 이대로 굴복하기란 죽음보다 싫어 독기어린 눈초리로 소리치며 일어섰다. 이번에는 어디에 숨겨두었던 막대기 하나를 꺼냈다. 그리고 막대기 끝에서 뚜껑을 열더니 무언가를 뽑아냈다. 다 뽑아낸 걸 보니 길이가 일 미터에 가까운 칼이었다.

"이 새끼 너 오늘 내가 죽건 네가 죽건 끝까지 해보자."

"잘 들어라! 그 칼을 들고 덤벼도 맨손으로도 간단하게 너를 해치울 수 있다. 그러나 너를 언제 어느 때든 마음만 먹으면 귀신도 모르게 죽일 수도 있다는 사실 하나를 보여주마."

말이 떨어지기 무섭게 강철호가 주머니에서 무언가를 꺼내들었다. 그리고 쓰러졌다 깨어나려고 꿈틀대는 네 명의 사내들을 향해 마치 소금을 뿌리듯 손에 쥔 것을 휙 내던졌다.

실로 놀라지 않을 수 없었다, 네 명의 사내들 허벅지에 손가락 길이만한 가느다란 못 같은 쇠가 순식간에 날아가 박혔다. 녀석들이 비명을 지르며 꿈틀대던 몸을 다시 축 늘어뜨렸다.

그뿐이 아니었다. 보스의 눈이 허옇게 까뒤집어졌다. 사내들에게 날아간 쇠 하나가 총알 같이 날아와 자신의 이마에 정확하게 꽂혔던 것이다.

"죽지 않을 만큼 네 이마에 표창을 꽂아 넣었다. 마음만 먹으면 언제든 너의 눈을 멀게 하고 목숨도 빼앗을 수도 있다. 알았어?"

"아, 예, 예, 형님, 아니 도사님, 살려만 주십시오. 무엇이든 시키는 대로 하겠습니다."

보스는 이미 사색이 돼있었다. 잔인한 폭력배일수록 자신을 능가하는 힘과 잔인성 앞에 고개를 숙이기 마련이다. 보스는 강철호의 무서운 힘과 잔인성에 무조건 승복하고 복종했다.

"좋아, 오늘 이후로 이 더러운 사채업자 같은 놈들을 비호하면서 돈 뜯어 먹고 살 생각하지 마라, 알았어? 그리고 언제든 너에게 시킬 일이 있으면 연락할 테니까 반드시 시킨 일을 해놓아야 한다. 딴 짓 하면 그때는 죽은 목숨이다. 다시 한번 말해두지만 너의 조폭새끼들 백 명을 데리고 와도 나는 눈 하나 깜짝하지 않는다. 그리고 보스든 누구든 특정한 한 놈을 즉시 죽일 수 있다. 내 말을 우습게 듣지 말고 명심하여라. 지금부터 너의 보스는 나다. 알겠나?"

무서운 협박이었다. 듣기에 따라서 백 명을 이길 수 있는 힘보다 특정인 하나쯤 즉시 죽일 수 있다는 그 말이 더 무서웠다. 백 명이 아니라 천 명이라도 그 중 보스 너부터 먼저 죽이고 말겠다는 뜻으로 들렸다.

"예, 예!"

보스는 그저 복종하는 시늉만 계속했다.

"좋다. 그럼 애들과 꼼짝 말고 여기에 기다리고 있어라. 나는 더러운 사채업자 놈을 혼내주고 올 테니까."

강철호는 마지막으로 힘주어 명령했다. 그리고 혹시 녀석들이 무슨 짓을 할지 몰라 테이프로 녀석들의 손발을 묶고 입을 틀어막아 놓았다.

그렇게 폭력배들을 제압한 강철호는 즉시 차고에서 안채와 통하는 계단을 가볍게 뛰어올랐다. 밖에서 보면 차고가 1층이었으나 마당에서는 지하였다. 별로 넓지 않은 마당 잔디밭을 태연히 지나도 아무런 제지를 받지 않았다. CCTV가 있었으나 워낙 변장을 완벽하게 해서 개의치 않았다. 가벼운 걸음으로 현관으로 다가간 그는 철사줄로 손쉽게 현관문을 따고 성큼 마루에 올라섰다. 그리고 안방인 듯 싶은 곳으로 소리 없이 다가가 슬쩍 문을 밀어 방안을 살펴보았다. 경비요원들이 지키고 있어서 퍽이나 안심이 되었던지 문도 잠그지 않고 희미한 전등을 켜놓은 채 침대에 곤하게 잠든 부부의 모습이 보였다.

강철호는 조금도 망설이지 않았다. 침대까지 거침없이 성큼성큼 걸어가서는 지체 없이 테이프를 꺼내 늙은 여자의 입과 눈부터 막아버렸다. 그리고 그녀가 두 손을 허우적일 새도 없이 낚아채 팔목에 테이프를 감아 움직이지 못하게 꽁꽁 묶어버렸다.

그뿐이 아니었다.

늙은 그녀를 사정없이 주먹으로 양쪽 허벅지를 강타해 두 발을 버둥대지도 못하게 하였다. 워낙 순식간인데다가 입도 막히고 맞은 허벅지가 얼마나 아팠던지 신음조차 나오지 않았다. 그때까지 기척도 없던 영감이 이상한 낌새가 느껴졌던지 옆으로 누웠던 몸을 바르게 뒤채며 부스스 눈을 떴다. 괴한을 발견한 영감이 기겁을 하고 후다닥 몸을 일으키려 하였다. 그러나 강철호의 강력한 주먹에 인중을 강타당하고 그만 정신을 놓고 말았다.

"개 같은 새끼, 남의 것 얼마나 많이 빼앗아 쳐먹었어?"

강철호의 목소리는 싸늘하고 날카로웠다. 웃통을 벗은 영감의 몸이 그야말로 털을 밀어낸 살찐 돼지처럼 징그럽게 비만해서 한 말이었다.

"너 이 새끼, 내가 누군 줄 알고 감히."

위기에 처했는데도 영감의 강단은 아직 살아 있었다. 젊어서부터 돈을 벌기 위해 못할 게 없었던 악독한 영감이었다. 분노의 눈을 부릅뜨고는 용감하게 몸을 일으키려 하였다.

하지만 가만히 있을 강철호가 아니었다.

"입 다물어, 이 새끼!"

매를 사서 맞는다더니 영감이 그 꼴이었다. 제 아내처럼 가만히 있거나 공포에라도 질렸으면 더 때리지 않았을지도 모를 일이었다. 한 마디 욕설을 내뱉은 강철호의 주먹이 또 한 번 머리로 날아들었다. 평생 처음 맛보는 강력한 주먹에 실신할 정도로 정신이 희미해졌다.

"이 새끼, 남을 악랄하게 괴롭혔던 만큼 너도 오늘 맛 좀 봐라!"

강철호는 무지막지했다. 내면에 도사리고 있던 포악하고 잔인한 심성이 적나라하게 나타났다. 늙은 영감의 급소만 노리고 마구 치고 밟아댔다. 마치 성난 사자가 먹이를 물고 흔들듯 두들겨 패는 모습이 미친 악마가 발광하는 것 같았다.

영감은 그제야 사시나무 떨듯 벌벌 떨었다. 천하에 두려울 것 없이 살아온 사람이었다. 남의 눈에 피눈물을 흘리게 해도 일말의 가책도 느끼지 않았던 잔인성도, 깡패들이 칼을 들이대는 위급한 상황에서도 외눈 하나 깜빡이지 않았던 배짱도 먼 옛날의 이야기였다. 그저 죽음의 공포에 떠는 늑대 앞의 사슴처럼 겁 많고 불쌍한 한 노인에 지나지 않았다.

강철호는 사지가 늘어져 움직이지 못할 만큼 두들겨 팬 뒤에야 발길질을 그쳤다. 그러나 그것이 끝이 아니었다. 이번에는 영감의 어깨 급소를 강력한 손아귀로 움켜잡았다. 그러자 영감은 두들겨 맞을 때보다 더 아팠던지 입만 쩌억 벌리고는 고통을 못 참아 사지를 버둥댔다. 고문도 그런 고문이 없을 만큼 엄청난 고통이었다. 어깨뼈가 으스러지고 심장까지 터져서 죽을 것 같았다.

"금고 열어!"

강철호가 드디어 본색을 드러냈다. 그리고 손아귀에 힘을 더 가했다. 아픔을 못 참은 영감의 입이 비명도 못 지르고 찢어지게 벌어졌다. 고개를 끄덕여 무조건 시키는 대로 하겠다는 뜻을 나타냈다. 강철호가 손아귀에 힘을 빼자 영감은 그제야 일그러진 얼굴을 펴고 늘어져 방바닥에 닿은 배를 질질 끌며 엉금엉금 기었다.

금고는 책장 뒤에 있었다.

벽을 뚫어 그 안에 들여놓은 금고가 웬만한 큰 식당의 냉장고만큼이나 커서 돈과 보석이 상상 이상으로 많을 것이라 짐작했다. 사채업자들 중에서 특히 영감 같은 지하재벌은 현금을 은행에 많이 맡기지 않는 습성이 있었다. 자신의 돈이 얼마인지 비밀이 새나가는 게 두려워서 빌려준 돈 외에 현금과 보석을 집안에 철저하게 숨겨 놓았다.

아니나 다를까!

영감이 금고문을 열자 미화와 한화, 그리고 금덩이와 보석이 그 큰 금고에 차곡차곡 빼꼭하게 쌓였다. 상상하기도 어려운 엄청난 금액이었다. 어림잡아 백억도 넘어 보였다.

"개새끼!"

강철호가 일갈했다.

생각할 것 없이 남의 재산을 갈취한 것이라 단정한 그는 영감의 옆구리를 사정없이 걷어차 기절시켜 버렸다. 분노한 잔인한 발길질이라 영감의 갈비뼈 몇 대는 부러졌을 게 분명했다. 얼마나 고통스러웠던지 영감의 입이 찢어지게 벌어졌는데 신음소리도 내지 못했다. 그런데도 강철호의 표정은 냉정했다. 사람이라면 다소나마 있어야 할 측은한 감정의 빛마저 전혀 없었다. 그대로 두면 죽을지도 모를 영감의 손발을 냉혹하게 테이프로 꼼짝 못하게 꽁꽁 묶어 놓았다. 그리고 짊어지고 온 배낭 속에서 또 하나의 큰 포대를 꺼내 금고 속의 지폐와 보석을 거의 모두 쓸어 담았다.

강철호의 힘은 대단했다. 그 무거운 지폐와 보석이 가득한 큰 배낭을 짊어진 채 보기만 해도 묵직한 포대를 한 손으로 별 힘들이지 않게 들었다. 그리고 성큼성큼 걸어 차고로 내려왔다. 그동안 정신을 좀 차리기는 했으나 테이프에 사지가 꽁꽁 묶여 있는데다가 허벅지에 박힌 표창 때문에 아픔을 못 참아 온갖 상을 다 찌푸리고 있었다.

강철호는 또 한 번 잔인성을 드러냈다.

그들이 몰고 다니는 지프에 배낭과 포대를 실어놓고는 돌아서 그들을 죽지 않을 만큼 하나씩 짓밟아 놓았다. 그 모습을 바라보는 보스는 새파랗게 질리다 못해 얼굴이 흑갈색으로 변했다. 잔인해도 저렇게 잔인한 인간은 처음이었다. 사람이 아니라 지옥에서 온 악마라는 생각이 들었다.

　그런데 그렇게 인정사정 두지 않은 강철호의 속셈은 따로 있었다. 잔혹하기로 치면 둘째 가라면 서러운 조폭들이라 이참에 그들보다 더 무자비한 모습을 보여줌으로써 복종을 강요할 심산이었다. 하지만 그는 잔혹한 본보기로 공포심을 심어주었지만 그들을 진심으로 복종시키기 위한 또 다른 계획이 서 있어 보스에게 다가갔다.

　"야, 너 보스, 이름이 뭐야?"

　"아, 예 예, 저 저는 천영팔이라고 합니다."

　천영팔은 공포에 질려서 말까지 더듬었다.

　"너 풀어줄 테니까 일어나서 차 운전석에 올라!"

　명령한 그는 천용팔의 이마에 꽂힌 표창을 빼주고 친절하게 흐르는 피를 닦아주었다. 그리고 손발을 묶은 테이프를 풀고는 안아 일으켜 주기까지 하였다.

　"예? 예!"

　천용팔이 황송해서 어쩔 줄 몰라 하며 운전석에 올랐다.

　"네가 운전하고 내가 가자는 데로 가자. 그리고 애들은 네가 돌아와서 풀어주어라."

　"예! 어디로 모실까요?"

　"구기터널로."

　강철호가 지프를 세운 곳은 구기터널을 지나 북한산 기슭 개울가 한적한 곳이었다.

"야, 천영팔!"

"예, 형님!"

"내가 너 여기 데리고 온 이유가 있다."

"뭐 무엇입니까? 뭐든 시켜만 주십시오."

"시킬 일은 다음에 말해주마. 차에 실린 배낭과 포대에 그 사채업자 영감이 남의 눈에 피눈물 나게 해서 착취한 돈이 들어 있다. 이런 돈은 강제로 빼앗아도 죄가 되지 않는다. 무슨 말인지 알겠나?"

"예, 당연한 말씀입니다."

"그렇게 추악한 영감 밑에서 피눈물 난 남의 돈으로 경호비를 받는 너희들도 좋은 놈들이라 할 수 없다."

"예, 예, 지당하신 말씀입니다. 그저 먹고 살려니까 이것저것 가리지 못했습니다."

"하긴 네놈들이 이 돈 저 돈 가릴 형편이 아니겠지."

"앞으로는 조심하겠습니다."

"됐고, 너 배낭에 든 돈 몇 억 줄 테니까 가져가라!"

"예?"

"짜식, 놀라기는 한 오억 정도 헤아려서 가져가! 그리고 애들 교육 잘 시켜서 나한테 복종하게 하고 너도 마찬가지다. 진심으로 나의 명령을 따라야 한다. 아님 언제든지 너를 응징할 것이다,"

"예, 형님 염려하지 마십시오. 절대로 복종하고 모시겠습니다."

"한 가지 더 있다. 너희 쪽 불꽃파 외에 조직이 잘 된 큰 파가 어디냐?"

"예, 해적파와 왕거미파가 있습니다. 그 외에는 잔챙이들이라서 명령만 하면 다 따라옵니다."

"좋아, 그럼 한 오억 더 가져가서 그 두 파 보스들한테 전해라! 내 명령을 따르라고. 만약 거절하면 두 놈 다 쥐도 새도 모르게 내 손에 죽는다. 놈들이 죽고 나면 부두목 놈이 보스가 되겠지. 놈들도 돈으로 회유해 보고 말을 듣지 않으면 역시 내 손에 죽을 것이다."

"예, 시키시는 대로 하겠습니다."

천영팔은 10억이란 거금을 받는 데에서 이미 그에게 진심으로 복종하고 있었다. 거기다가 말을 듣지 않으면 쥐도 새도 모르게 죽이겠다는 무시무시한 협박에 감히 딴 마음을 먹을 자신감도 없었다.

"배낭을 뒤져보면 포대기 하나가 더 있을 것이다. 꺼내서 내가 말한 대로 십억 만 헤아려서 가져가라. 도둑놈은 나고 너희들은 나에게 두들겨 맞은 피해자들이니까 영감이 신고해도 사실대로만 진술하면 아무 문제가 없을 것이다. 그러니까 돈은 미리 잘 숨겨놓고 돌아가거든 애들 풀어주지 말고 네가 먼저 경찰에 신고하여라. 시킬 일이 있거나 너의 보고를 받을 일이 있으면 사람을 보낼 것이다."

"예, 형님!"

천영팔은 웬 횡잰가 싶었다. 실컷 두들겨 맞은 자리가 아프지도 않았다. 서둘러 배낭을 열어보았다. 차곡차곡 쌓인 백 불짜리 달러 묶음과 오만원권 다발을 보자 긴장해서 손이 떨릴 지경이었다.

"짜식, 그렇게 많은 돈 처음 봤어?"

"예, 형님 처음입니다."

"십억 정확하게 헤아려 담았으면 그것만 남기고 배낭과 다른 포대는 차에서 내려놓아라. 그리고 너는 이 지프 몰고 돌아가도 좋다."

"예, 형님!"

씩씩하게 대답한 천영팔이 시키는 대로 일을 마친 뒤에 그에게 깊숙이 허리 숙여 절하고는 엔진소리도 요란하게 지프를 몰고 사라졌다.

천영팔이 사라지자 어디에 숨어 있었던지 소진수가 한쪽 문을 열어놓은 상당히 큰 지프를 몰고 나타났다. 그리고 강철호가 땅에 놓인 배낭과 포대를 싣고 차에 오르자 곧바로 차를 급하게 발진시켰다.

"별장에 가거든 돈과 보석 모두 뒷산 토굴 속에 숨겨두고 가발, 장갑, 옷, 모자, 신발 모두 태워 없애라. 그리고 새벽이라도 꼭 수련원에 와서 잠을 자도록 해야 해!"

시내 번화가에 차를 세우게 한 강철호가 차에서 내리면서 명령했다. 입었던 옷과 모자 가발을 벗어버린 말쑥한 양복차림이었다.

"예, 원장님! 다녀오겠습니다."

소진수는 강원도 산중 별장으로 곧장 차를 몰았다. 자정이 넘은 시간이라 훤히 터인 길을 거침없이 달렸다. 산길에 접어들어서는 땅이 거칠어서 엉덩이가 심하게 들썩여도 최대한 속력을 냈다.

별장에 도착해서는 집 뒤에 시커멓게 솟은 집채만한 바위 밑을 향해 헤드라이트를 비추었다. 바위 밑에는 강철호와 둘이서 여러 날 땅을 파서 만들어놓은 제법 널따란 토굴이 있었다. 소진수는 힘에 부칠 정도로 무거운 배낭과 포대를 간신히 그곳으로 옮겼다. 그리고 토굴 입구를 흙으로 완전하게 막은 뒤에 어린 소나무 두 그루를 심고 나뭇가지와 낙엽으로 덮어 사람의 시선이 이상하게 여기지 않게 잘 위장해 놓았다. 그러고 나서 장갑과 모자, 가발을 깨끗이 태웠다. 시커멓게 남은 재는 쓸어다가 여기저기 뿌려서 흔적을 없앴다. 일을 다 마치고 부랴부랴 수련원으로 돌아왔을 때는 어둠이 덜 걷힌 늦은 새벽 무렵이었다.

"원장님, 사람이 한평생 살면서 어떻게 그런 어마어마한 돈을 벌수 있을까요?"

소진수는 두 개의 배낭과 포대를 토굴에 가져다 놓을 때까지는 제정신이 아니어서 미처 깨닫지 못했었다. 산중을 벗어나 돌아오면서 흥분하기 시작했는데 두근대는 가슴이 좀체로 진정되지 않았다.

"야, 조용히 말해! 시키는 대로 확실하게 해두었어?"

강철호가 화들짝 놀라 조용히 소리치며 문 밖으로 귀를 기울였다.

"예, 염려하지 마십시오. 귀신도 모를 겁니다."

"수고했다. 나는 여기에 있을 테니까 너는 사우나에 가서 한잠 푹 자고 오너라. 다른 사범들한테는 내가 그리 말해 놓을 테니까."

"예, 알겠습니다. 하여간 세상 참 더럽습니다! 어떤 놈은 돈이 없어서 노숙도 하는데 어떤 놈은 사기쳐서 잘 처먹고, 잘 살고… 어디

그뿐입니까? 죽는 사람 돈 없다고 내버려 두는 병원이 없나, 뇌물 처먹고 뒤를 봐주는 놈, 어린애 강간하는 놈, 돈 안 준다고 부모를 죽이는 악마, 하느님, 부처 뭐뭐 하는 신들을 들먹여서 돈 긁어모으는 놈들… 좌우지간 돈이 신이고 목숨이고 명예고… 원장님, 이참에 그런 놈들 다 싹 해치워 버립시다!"

소진수는 어느새 강철호를 닮아가고 있었다. 거금을 만져보고는 눈이 뒤집힌 것 같았다. 충격이 컸던지 자신도 모르게 심사가 뒤틀려서 세상을 보는 눈도 삐딱했다.

강철호는 소진수의 그런 마음을 읽고 속으로 흐뭇했다. 마음 놓고 부려도 배신하지 않을 테고 뒤탈도 없을 것이라 또 한 번 확신했다. 그러나 대못을 박듯 마음을 확실하게 잡아놓기 위해서 자부심을 심어놓기로 하였다.

"나도 너의 말처럼 그러고 싶다만 전부 다 그러기는 불가능한 일이고, 아주 나쁜 놈들만 찍어서 혼을 내주자. 조폭애들을 뒤에서 마음대로 부릴 수 있을 테니까 앞으로 일하는 데 큰 어려움이 없을 것이다. 그리고 이제야 말이다만 이 많은 돈은 수련원 넓히는데도 쓰겠지만 불쌍한 사람들도 도울 것이다."

"정말입니까?"

"정말이지 않고! 내가 그 많은 돈 다 어디다 쓰겠어?"

"과연 원장님이십니다! 앞으로 신명을 바치겠습니다."

"짜식!"

"정말입니다. 원장님!"

"알았어. 그러니까 너를 믿지!"

"예, 믿으십시오!"

"그런데 그 영감탱이한테 당한 사람 수련 계속하고 있지?"

"네, 그 새끼한테 당한 그릇 도매상인 말이죠?"

"응, 네가 주는 척하고 그 사람한테 생활비조로 조금씩 돈을 보태주어라. 아마 당분간 그놈들한테 시달릴 일은 없을 거야. 어쩜 더이상 사채놀이를 못할 수도 있을 테니까 걱정하지 않아도 돼. 그리고 한 일 년 지나서 그 사람과 동업하자며 그동안 뺏긴 돈 다 돌려줘서 살도록 만들어 주어라. 지금 주고 싶지만 적지 않은 돈이라서 의심을 살 수도 있으니까."

"감사합니다. 원장님! 그 사람 이제 살았네요!"

소진수는 감격해서 눈물을 글썽였다. 그게 쑥스러웠던지 부리나케 일어서서 사우나 간다며 도망치듯 뛰쳐나갔다.

강철호는 회심의 미소를 지었다. 긴장도 풀어지고 마음도 가벼워서 벌렁 드러누워 노곤한 몸을 쭉 뻗었다.

그런데 몸이 편안해지자 잠은 안 오고 뜻밖에 이명숙의 얼굴이 떠올랐다. 잊으려고 눈을 감아도 묻어두었던 분노가 치밀어 자리를 박차고 일어나 앉았다. 생각 같아서는 지금 당장 달려가 머리채를 휘어잡아 패대기를 쳐주고 싶도록 증오심이 부글부글 끓어올랐다.

사랑을 노래처럼 수도 없이 속삭였었다. 그리고 살을 섞어도 한두 번이 아니고 결혼날까지 잡은 여자가 그럴 수 있을까? 그런 사고가 있었다고 해서 파혼을 통보한 이명숙이 치가 떨리도록 역겨웠다. 한성민의 말대로 개는 저 자신을 위해서 짖는다더니 사랑도 저 자신을 위한 위선이란 생각이 뼈저리게 느껴져 사랑이란 말 자체가 더러웠다.

그러나 한성민과 누이 강서영만은 존경스러웠다. 지순한 사랑의 향기가 그 두 사람한테서는 언제나 느껴져서 부러웠다. 부와 명예도 없고, 그렇다고 멀쑥하게 잘 생기지도 않은 한성민을 사랑하는 강서영이야말로 천사라는 생각이 들었다. 그리고 한성민은 감정이 없는 냉정한 갈기도 하고 어리석은 숙맥 같기도 하지만 말없는 가운데 누이에 대한 그 진한 불변의 사랑을 느낌으로도 감지할 수 있었다.

그래서 그들처럼 사랑을 희망하고 이명숙을 택했었다. 그러나 성기불능일 것이라 지레 짐작한 이명숙은 냉정하게 돌아섰다. 그 후로는 사랑이란 말조차 싫었다. 성기가 재생된다 하더라도 사랑은 차라리 시궁창에서 장미꽃을 기대하는 것이 낫다는 생각도 들었다.

그 대신 모든 인간이 가지고 싶어 목숨까지 내놓는 돈, 그것을 다 가지면 듣기 좋은 위선이라도 사랑을 노래하는 여인들이 줄을 서서 기다릴 것이라 믿었다.

그런데 이상하게도 마음 한 구석이 쓰리고 허전한 것은 왜일까?

이명숙의 배신이 가증스러워서 분노가 부글부글 끓어오르면서도 한성민과 강서영의 순수한 사랑을 생각하면 그리 못하는 자신이 한심했다. 시기와 질투는 아니지만 곧 결혼할 그들이 부럽고 초라한 자신이 불쌍하면서도 못 견디게 화도 났다.

도리천 가는 길 <1> 먹이사슬의 서막

저자 정경대
발행인 윤선경
편집위원 권응두, 박영옥

인쇄 2018년 3월 05일
발행 2018년 3월 12일

펴낸곳 도서출판 아름원
주소 서울특별시 종로구 삼일대로 461 운현궁SK허브 102-210
대표번호 02-2264-3334

후원 (주)이플랜텍, 韓國馨命學會

ISBN 979-11-950201-9-5
ISBN 979-11-950201-8-8 (세트)
값 15,000원